Mais Além do Eu,

Encontrando nossa essência
através da cura do trauma

Mario C. Salvador

TraumaClinic
Edições

Mais Além do Eu,

Encontrando nossa essência
através da cura do trauma

Mario C. Salvador

TraumaClinic Edições

Título: Mais Além do Eu, Encontrando nossa essência através da cura do trauma

© 2018 TraumaClinic Edições, Primeira edição

TraumaClinic
Edições

ISBN-13: 978-1-941727-63-8
ISBN-10: 1-941727-63-8

TraumaClinic Edições
SEPS 705/905 Ed. Santa Cruz sala 441
70390-055 Brasília, DF Brasil

www.traumaclinicedicoes.com.br
info@traumaclinicedicoes.com.br

Tradução: Alba Cardoso
Revisão Técnica: Alba Cardoso e Julieta Mendonça
Arte: Ederson Luciano Santos de Oliveira
Layout: Marcella Fialho

Título original: *Más allá del yo. Encontrar nuestra esencia en la curación del trauma.*
Copyright © 2016 por **Mario C. Salvador**
Originalmente publicado en español en 2016 por Editorial Eleftheria, S.L.

Aos meus pais e irmãos, meu berço e eternos aliados de sangue.

Às minhas filhas Iria e Antía, dois grandes presentes e os melhores frutos da minha vida.

À minha companheira Carmen, apoiadora incondicional e fonte da minha inspiração.

Agradecimentos Pelas Seguintes
Licenças de Reprodução

Figura 1.1. Chapter 8 by Colwyn Trevarthen, "The self born in intersubjectivity: The psychology of an infant communicating" in Ulric Neisser (Ed.), The Perceived Self, Ecological and Interpersonal Sources of Self Knowledge © Cambridge University Press 1993, Reproduzido com permissão de Cambridge University Press.

Figura 2.3. A janela de tolerância. Reproduzido com permissão de Annette Kreuz.

Figura 2.4. A janela de tolerância. Reproduzido com permissão de Mercedes Zaragoza.

Figura 2.5. Transtorno de regulação derivado do trauma. Reproduzido com permissão de Mercedes Zaragoza.

Tabela 2.1. Estratégias neurocomportamentais adaptativas segundo a Teoria Polivagal de Ruvalcaba, P. G. & Domínguez T. B. (2011). Ecfetos psicológicos y físicos de la modulación autonómica en el dolor miofascial: un estudio aleatorizado. *Revista Mexicana de Análisis de la Conducta,* 2(37), 99-115. Reproduzido com permissão de Dr. Geraldo Ruvalcaba Palacios.

Figuras 3.1. e 3.2., e ilustrações das páginas 124-143 realizadas por Anxo Vizcaíno Lopez. Reproduzido com permissão do autor.

Canção p. 162. Prada, A. (1988). Tengo en el pecho una jaula. Do álbum Navegando la noche. Reproduzido com permissão de Amancio Prada.

Figuras 5.1. e 5.2. realizadas por Anxo Vizcaíno Lopez. Reproduzido com permissão do autor.

Todos os esforços foram feitos para contatar os titulares de *copyright*. Qualquer omissão que chegue a nosso conhecimento será corrigida em edições futuras.

Índice

Agradecimentos

Há muitas pessoas às quais sou grato e que, ao longo da minha trajetória, especialmente do meu desenvolvimento profissional, têm me ajudado não só a construir o sentido da minha identidade profissional e do meu ego em geral, mas também a enxergar, num sentido mais profundo, quem eu sou e qual é meu propósito de vida.

Agradeço aos meus primeiros mestres no universo da análise transacional: Francisco Massó e Jesús Quadra, meu amigo, que me desafia, ao modo de um provocador, a expandir minhas ideias e argumentá-las de maneira mais elaborada. Eles abriram meus olhos para as dinâmicas nas relações humanas a partir de uma perspectiva inconsciente ou pré-consciente, e me fizeram ver a forma como eu impacto os outros ou como os outros despertam em mim reações que põem o roteiro de vida em ação, além da ideia sempre presente em mim do que fazer quanto aos estados do eu.

Gostaria de expressar um agradecimento muito especial àquele que foi professor e amigo, e que descanse em paz, Carlo Moiso. Com ele, eu despertei e cresci, indo do menino tímido que aprendia sua profissão ao adulto inquieto e buscador no qual me tornei. A ele, agradeço o afã pela busca intelectual e pela pergunta que carrego sempre no meu trabalho como terapeuta "O que está acontecendo aqui entre essa pessoa e eu?".

Ao meu mentor e professor durante anos, Richard G. Erskine, com quem pude apreciar o valor e a importância da sintonia nos relacionamentos e da força curativa da presença na relação terapêutica. Sem ele, dificilmente eu teria conseguido refinar minhas habilidades relacionais e o estilo de pensamento que tenho hoje.

Dentro do universo do *Brainspotting*, quero começar agradecendo à minha amiga, Esly Carvalho, que me apresentou ao *Brainspotting*, tendo sido ela mesma anteriormente, minha professora em EMDR. Hoje, somos bons amigos e colegas de profissão. Agradeço por toda a confiança depositada em mim, por sua fé e amizade, e por ter me levado à sua terra natal, o Brasil, para que eu pudesse compartilhar meus conhecimentos com seus compatriotas. Agradeço a David Grand, que desenvolveu o *Brainspotting*. Graças a ele, descobri uma forma de unir meus desejos e paixões mais profundos: o afã por ajudar na cura mais profunda do ser e a integração da dimensão espiritual da presença na ajuda do cérebro em sua capacidade de autocura. David sempre acreditou em mim e me acolheu como a um irmão de caminhada, dando direcionamento às minhas perguntas e à elaboração de meus conhecimentos.

Agradeço a todos os amigos que fiz ao longo desse caminho de ensino e aprendizagem do *Brainspotting*, e espero não me esquecer de ninguém: Ruby Gibson, por sua presença inspiradora e visão de cura do sistema transgeracional; Thomas Webber, por sua fraternidade amistosa e apoio incondicional; Robert Weisz por sua presença irradiante e seus ensinamentos sobre a vida e a superação da dor. E aos muitos colegas no campo internacional a quem pude conhecer em minhas andanças enquanto instrutor internacional no primeiro congresso de *Brainspotting*: Patricia Jacob, Cristiane Ramos, Daniel Gabarra e toda a Diretoria da Associação Brasileira de *Brainspotting*. À minha amiga Cacilda Costa, do Brasil, à Glenda Vilamarín, do Equador e Norma Contreras, do México, ao Damir do Monte, da Alemanha e à Susan Pinco e Pie Frie, dos EUA, à Monika Baumann, do Paraguai, ao Bernard Mayer, da França e ao Roby Abeles e Salene Souza, da Austrália. Todos eles me serviram de estímulo para continuar me encantando com a capacidade de autocura do nosso cérebro e com a força vital e das relações.

Ao Richard Schwartz, pelos ensinamentos em seu modelo *Internal Family System*. Com ele, pude observar um enfoque simples, porém muito poderoso e profundamente humanizador para ajudar a harmonizar nossas Partes internas. Por meio de seu modelo e de seu *know how* pude incorporar uma nova perspectiva da nossa multiplicidade interna que me ajudou a refinar e colocar em prática meus conhecimentos anteriores sobre a gestão dos estados do eu, parte do meu estilo atual.

Aos meus amigos e companheiros de profissão Pepe Zurita e sua esposa Macarena Chias por seu fiel apoio e fé desde o começo de seu Mestrado em Psicoterapia Humanista Integrativa. Nos ensinamentos dados no Instituto Galene de Madrid, também pude aprimorar meus conhecimentos e desenvolver minhas ideias durante anos. Foram anos de uma amizade frutífera e de muita alegria. Ao José María Herrera e sua esposa Cristina Fumás pela confiança em mim e no Instituto Alecés, que nos permitiram transmitir conhecimentos sobre o tratamento do Trauma no Instituto de Interacción, em Barcelona. Ao Peter Bourquin e sua esposa Carmem Cortés, expresso um agradecimento muito especial pelo carinho e pelas conversas mantidas sobre os temas desse livro, que me desafiaram a aperfeiçoar minhas ideias. Agradeço também pelas tarde e noites compartilhadas. Ao Jesús Sanfiz e Elisabeth Gil, por terem me acolhido em minha nova casa em Barcelona, quando nas muitas tardes e jantares compartilhados pudemos expandir nossa busca incessante de conhecimentos e formas de ajudar a curar o sofrimento. No campo da amizade, lembro-me de um amigo de minha cidade natal Enrique Vilar, que foi um apoio importante nos momentos difíceis da minha vida. Ainda no terreno da amizade, incluo meu irmão Jorge. Considero-o meu amigo mais fiel e incondicional, meu pilar nos momentos mais difíceis de minha vida, e que sempre terá um lugar especial no meu coração. Não posso me esquecer de minha inestimável assistente e secretária em Alecés, Pilar Ramil, por ter sido uma colaboradora fiel, cuidando dos assuntos práticos, para que eu pudesse descansar, também me apoiando nos momentos difíceis.

Faço uma menção carinhosa e respeitosa aos inúmeros pacientes que atendi na minha jornada profissional. Cada um deles, sem exceção, me ajudou a crescer pessoal e profissionalmente, representando um desafio contínuo na minha busca por atender e acompanhar, de maneira mais efetiva o sofrimento humano rumo à cura, além de servir como exemplo de resiliência e sobrevivência em sua própria busca pela verdade. Aos alunos das minhas oficinas de ensino em psicoterapia do trauma e *Brainspotting*, agradeço pela oportunidade de transmitir minhas ideias e aprimorar minha didática. Sem eles, eu não teria sido capaz de escrever este livro.

Aos meus editores Enrique e Marta, com quem iniciei uma bela colaboração profissional que acabou se transformando numa ótima amizade. Senti-me amparado e honrado desde o princípio e gostaria de agradecer por toda a ajuda na edição deste livro.

Agradeço ao meu mestre espiritual na prática da meditação zen, monge Joan Marqués, pois, graças a ele, posso compreender mais intimamente a natureza de minha essência e o caminho que devo seguir no meu despertar espiritual. Ele também me desafiou a desenvolver as ideias apresentadas neste livro.

À minha primeira esposa, Carmem Pérez, agradeço pelos anos de vida em família e por nossas duas filhas.

O último agradecimento vai para Carmem Cuenca, minha companheira de jornada e de vida. Por ela e com ela, pude florescer e deixar brotar o que levei anos para materializar. Graças ao seu amor, apoio e ajuda, posso estar onde estou.

Prólogo

Com este livro, o psicólogo clínico Mario C. Salvador realizou um projeto realmente ambicioso. Basicamente, ele nos apresenta a evolução, o estado atual e o futuro da psicoterapia. Mario C. Salvador aborda neste livro tanto a ciência quanto a arte da relação curativa. Englobando o princípio da incerteza, reconhece que, em última instância, a cura da estrutura cérebro-corpo-eu será sempre um mistério insondável a desafiar os psicólogos clínicos. A estimativa do número de conexões sinápticas no cérebro vai de um quatrilhão (Amén) a cinco quatrilhões (Del Monte), o que explica tanto a complexidade quanto as possibilidades da cura psicológica.

No capítulo 6, Mario C. Salvador, de forma generosa e precisa, cita meu trabalho sobre o desenvolvimento do método de psicoterapia denominado *Brainspotting*. Os conceitos nesse capítulo explicam e ampliam o uso do *Brainspotting* no tratamento avançado da dissociação complexa e os estados do ego, assim como a localização e a liberação da herança do trauma transgeracional armazenada no corpo. Gostaria de destacar o exemplo trazido por Salvador sobre a capacidade de cura do *Brainspotting* com sua transcrição de um estudo de caso. Os princípios básicos do *Brainspotting* podem ser estendidos e aplicados a todas as psicoterapias com o título de *Terapia Essencial*. O núcleo desse modelo integrativo, detalhado por Mario C. Salvador, pretende reunir os modelos clínico e neurobiológico.

O capítulo 2 deste livro traz reflexões sobre as contribuições convincentes de Siegel, Schore, Porges, Panksepp e Damásio, dentre outros, aos psicólogos clínicos da Psicotraumatologia. Além disso, os psicólogos especializados em trauma, com décadas de experiência no trabalho presencial com a cura, agregaram um enorme compêndio de informação intuitiva e prática sobre os processos neurais de valor inestimável para os estudos futuros sobre os mecanismos do cérebro.

O primeiro princípio da terapia essencial é o princípio da incerteza, citado anteriormente neste prólogo. Muitas terapias apresentam suas versões, algumas são hipóteses sutis, outras plenas certezas, como se a cauda de um cometa pudesse guiar seu núcleo. A vasta e complexa arquitetura do cérebro do cliente é sempre mais rápida que o terapeuta que procura se conectar com ela. Além disso, nada é o que parece ser no universo íntimo de uma pessoa, igual ao céu noturno mais estrelado, onde não percebemos quase nada de tudo o que existe no universo.

O segundo princípio da terapia essencial é o fato de a cura do eu exigir um tipo especial de presença por parte do outro. No capítulo 5, Salvador chama esse espaço de *bolha curativa*, que desperta no cérebro traumatizado a capacidade de cura. Em meu modelo, esse fenômeno é chamado de *moldura de sintonia dual*. A essência dessa estrutura é a sintonia da presença relacional, que é reforçada pela consciência, em sintonia neurobiológica (cérebro e corpo), harmonizada com os processos experimentados internamente e observados externamente. Esse enquadramento, ou essa bolha, permite ao terapeuta adotar o Princípio da Incerteza sem tentar ir além dele. Nesse capítulo, Salvador exemplifica, de forma apropriada, como a evolução da sintonia interpessoal facilita o contato intrapessoal e a autocompaixão, com o objetivo de transcender, ou colocar o nosso senso pessoal no Eu Essencial, indo além da natureza de nossa experiência. Esse processo desperta as capacidades curativas profundas do cérebro. Destaca-se também no capítulo 5, que Salvador expande e conceitua o poder de cura da Presença e porque é crucial que o terapeuta esteja em seu próprio Eu Essencial (estado de Presença) para estimular que o cliente também esteja em seu Eu Essencial (Observador Amoroso). Outro raciocínio inovador deste capítulo é a aplicação da física ao Princípio da incerteza, que descreve o estado de silêncio estruturado no qual a experiência do cliente pode apresentar *comportamento de onda* (em oposição ao *comportamento de partícula*).

O terceiro princípio da terapia essencial é o fato de o trauma ser parte do desenvolvimento da pessoa e alguns indivíduos terem sido muito mais traumatizados que outros. Em resposta ao trauma, o cérebro se defende criando uma multiplicidade de barreiras dissociativas. Essas barreiras podem ocultar informações excessivamente dolorosas, dando forma a certas Partes encapsuladas ou estados do ego. Tais barreiras de sobrevivência e partes protegem o eu ameaçado e ferido, ao mesmo tempo em que impedem o processo de cura. O autor deste livro examina profundamente todos esses fenômenos no capítulo 3, pesquisando como e por que eles se desenvolvem e como são curados pela interação do eu Essencial com a Comunidade Interna.

O quarto princípio da terapia essencial é o fato de sermos resultado daquilo de onde viemos, normalmente conhecido como experiência transgeracional. Grande parte da sombra de nosso Eu representa a sombra de nossos ancestrais a qual carregamos silenciosamente em nossos corpos, córtex cerebral e nosso núcleo mais profundo. A cura profunda e completa do trauma compreende e aponta para as sombras que carregamos em nossos *Eus* celulares, liberando os grilhões de nossos ancestrais que trazemos de forma inconsciente. No capítulo 4, Salvador fala da cripta e do fantasma que carregam esses fardos como herança. Com um golpe de mestre, Salvador desenvolve o conceito de Compaixão Transgeracional, que pode nos orientar no caminho de nos tornarmos bons ancestrais para as gerações futuras. Todos esses conceitos sobre o trauma geracional são ilustrados por transcrições interessantes de casos terapêuticos.

O leitor encontrará em *Mais Além do Eu: Encontrando Nossa Essência através da Cura do Trauma* um olhar sábio e profundo que o permitirá expandir sua mente e sua experiência. Este livro é uma contribuição fundamental que oferece os princípios básicos subjacentes a toda abordagem ou relação terapêutica.

David Grand. Criador do *Brainspotting*

Capítulo 1:

A Aventura de Construir Nossa Ideia do Eu

"Você não precisa chegar à sua essência, pois você já é sua essência. Ela virá até você se você der uma chance. Abandone seu apego pelo irreal, e o real aparecerá por si só rapidamente e sem problemas. Pare de imaginar que você é o que faz, seja isso ou aquilo, e a compreensão de que você é a fonte e o coração de tudo se fará presente em você. Com essa postura virá um grande amor que não representa escolha, predileção ou apego, mas o poder que torna todas as coisas dignas de amor e bondade."

Sri Nisargadatta Maharaj,
Eu Sou Aquilo

Neste livro, pretendo ilustrar a longa jornada que nos leva da nossa natureza essencialmente gentil e pura até nossa identidade egoica associada às experiências que vivemos, aos ambientes nos quais nos desenvolvemos e educamos e, em geral, às influências às quais nos vemos submetidos ao longo da vida. Exponho como vamos moldando nossas ideias a respeito do Eu para, no melhor dos cenários, voltarmos a nos reencontrar com o nosso Eu central ou com a essência de nossa identidade – aquilo que, no fundo de cada um de nós clama por uma saída, para encontrar o sentido próprio da vida.

Ao longo do livro, vou explicar tanto o processo de construção das ideias do Eu quanto a maneira de sanar as feridas associadas a ele, ou aos diferentes sentidos do Eu, para tornar mais nítida a visão de nossa própria identidade genuína e mais verdadeira. O objetivo é chegar ao centro do Eu, de onde poderemos gerenciar nossa existência, enxergando as experiências como o espelho d'água no qual se reflete nossa natureza essencial, e a partir daí, empregarmos o Eu como uma ferramenta útil para conduzir nossa vida.

Na cura da nossa dor e na superação das nossas dificuldades, podemos reconhecer a natureza compassiva que nos caracteriza como profundamente humanos, e despertar para uma percepção mais fundamental e pacífica da vida.

Chegando a ser do jeito que somos

Começarei esta seção pelo princípio: a chegada do ser humano a essa vida corpórea que ocorre no momento da concepção. Há um momento específico no qual experimentamos o senso corporal do nosso eu, e isso acontece no instante em que tomamos consciência de que há um corpo e de que nos encontramos nesse corpo em contato com outro corpo, o de nossa mãe. É a partir desta conexão inicial com outro ser humano – e através dele com os outros seres humanos que compõem o contexto e o sistema no qual nos encontramos – que vamos sendo influenciados pela qualidade das nossas experiências e, consequentemente, pela qualidade das experiências que os outros nos proporcionam.

Geralmente, vivemos nossas vidas sem a consciência de que "o eu" que sentimos hoje é resultado do nosso próprio conceito, e de que *fomos formando* ao longo da nossa história pessoal acreditando que nosso passado já passou e que ele já não tem nenhum peso sobre nossa vida atual. Isso, por si só, é uma crença ilusória, pois sabemos que a cultura na qual vivemos hoje, as leis e os direitos humanos que conseguimos consolidar, também são resultado do aprendizado alcançado ao longo da história pelos nossos países, civilizações e pela própria raça humana enquanto espécie. Temos construído nossa cultura e nossas tradições com base nos aprendizados e erros de nossos antepassados. A cultura, como define Geertz em seu famoso livro *A Interpretação das Culturas* (1973), é um "sistema de concepções expressas em formas simbólicas por meio das quais as pessoas se comunicam, reproduzem e desenvolvem seus conhecimentos sobre as atitudes diante da vida".

A função da cultura é dotar de sentido o mundo e torná-lo compreensível. Alguns desses legados nos ajudam a ter uma vida melhor, enquanto outros se mantêm como princípios norteadores de "como devemos viver a vida", embora já tenham se tornado obsoletos e deslocados, pois a razão original para a qual foram criados já não se aplica ao nosso mundo atual. Assim, muitos dos sistemas de crenças nos quais vivemos, mesmo sendo limitadores de nossa felicidade, permanecem rigidamente inalterados. Agarramo-nos às nossas crenças, embora elas nos dificultem a vida, porque nos dão segurança, deixando nossa vida falsamente previsível e necessariamente estável. Os fatos aceitáveis e óbvios quando observados atualmente em nossa cultura, enquanto resultado grupal, da história de nossas famílias, países e civilizações, nos parece absurdo quando utilizamos o mesmo pensamentos para nós mesmos, enquanto indivíduos. Geralmente, não queremos recordar a dor que um dia sofremos, ou tirarmos o valor de como nossas vivências passadas deixaram rastros em nossos sentimentos, pensamentos e ações presentes. Vivemos com a falsa convicção de que "podemos esquecer" o que passou.

Neste capítulo e no seguinte, pretendo ilustrar como todo o legado de nossas experiências fica registrado durante toda a vida em nossa psicologia e biologia. Nosso corpo, nosso organismo como um todo, funciona como a *caixa-preta* do avião, que registra os aspectos mais sutis e os incidentes da viagem. Diferencio dois aspectos do sentido de *ser* em termos de nossos sentimentos mais íntimos e profundos acerca da própria identidade. Chamo o primeiro aspecto de *Sentido Essencial do Ser*. Este é o aspecto relacionado à vivência da *essência pura* que cada um de nós tem enquanto seres humanos dignos de amor, essencialmente bons e inerentemente merecedores de respeito, valorização pessoal e consideração. Todo ser humano vem a esta vida com esse direito e o com o significado intrínseco de sua natureza humana de valor e dignidade. As tradições religiosas, os místicos e os psicoterapeutas transpessoais falam desse aspecto como o *Ser Essencial*, a *alma*, a *natureza pura da mente (rigpa)*, nossa *natureza sagrada*, etc. Trata-se do aspecto da identidade que todos possuímos além do conceito da nossa personalidade, que já existia antes de ganharmos o nome que temos. É um aspecto do ser com o qual viemos a esta vida, existente mesmo antes de entrarmos em contato com outro corpo humano. Talvez ele já existisse em estado imaculado já no momento da concepção. A partir desse momento, a mórula (primeiro estado do óvulo fecundado) começa a ter experiências pelas quais o ambiente externo fornece informações do meio, influenciando a forma como o gene irá se manifestar e se moldar. A ciência que estuda como o meio ambiente afeta a biologia recebe o nome de epigenética. Chamarei esse aspecto essencial de nosso eu de *Eu Essencial*.

Como dizia Eric Berne, criador da Análise Transacional, todos nascemos príncipes ou princesas, porém, no caminho do nosso desenvolvimento, vamos formando uma identidade dolorosa através da qual cremos ser sapos ou rãs, dependendo das falhas nas interações com os seres humanos dos quais dependemos. Esse *Eu Essencial* está sempre ali, como um princípio norteador de nossa vida, nos dizendo de maneira profunda e pressentida se nossa vida responde ou não à nossa natureza mais profunda e verdadeira. Ele é nosso *guia interno*, a voz do nosso coração, ou o depósito e a fonte da nossa verdadeira felicidade.

Contudo, a partir das experiências com o nosso entorno, dos resultados de seus efeitos, e da adaptação psicobiológica que desencadeamos, podemos abordar o *eu relacional* ou o *eu experiencial*, que corresponde ao sentido do Eu que vamos adquirindo e construindo a partir das interações com o meio ambiente e com as pessoas responsáveis por nossa criação e educação. Esse Eu corresponde ao que assumimos como nossa personalidade, o qual normalmente adotamos como nossa identidade real. A palavra personalidade tem origens no termo grego *prosopon*, que significa máscara, rosto, ou *prosopis*, aparência. Essa etimologia reflete a suposição de que a personalidade é o que mostramos à sociedade como forma de adaptação ao que entendemos que os outros querem que nós sejamos. Ou seja, trata-se de uma construção que serve para definir *quem eu sou para os outros, o que os outros esperam de mim* e *como é a vida*. E esse sentido íntimo geralmente acaba ocultando nosso senso de *Eu Essencial*, fazendo com que nos identifiquemos com o que acreditamos ser, ou nosso *eu experiencial*.

Nós, seres humanos, pertencemos às espécies dos mamíferos e, portanto, precisamos vivenciar um longo período de dependência com as pessoas que atuam como nossas cuidadoras para que possamos alcançar o desenvolvimento adequado. Se por um lado, essa condição nos torna capazes de desenvolver processos psicoemocionais superiores e complexos na escala das espécies, por outro lado nos deixa particularmente vulneráveis à influência dessas pessoas encarregadas pelos nossos cuidados. O ego – *quem eu sou* – vai sento construído a partir das primeiras interações da criança com a mãe, ou com a pessoa que atua como cuidador primário. Quando me refiro às primeiras interações, conforme já mencionado, também incluo o período pré-natal, já que o embrião e o feto experimentam interações biológicas com o organismo e a psique da mãe.

Durante muito tempo, psicólogos, psicoterapeutas, médicos, psiquiatras e neurologistas não prestaram muita atenção ao que ocorria no estágio da vida intrauterina, em parte também porque não dispunham de metodologias adequadas para saber o que acontecia nesse período de vida. Mais recentemente, a psicologia pré-natal e perinatal tem demonstrado que o feto tem percepção e já é sensível à voz da mãe, aos ruídos externos, às mudanças no ambiente uterino, ao ritmo do batimento cardíaco da mãe e a muitos outros estímulos. Biólogos descobriram como as estruturas cerebrais estão preparadas para perceber o mundo exterior como potencialmente seguro ou potencialmente perigoso; ou seja, algumas pessoas têm propensão para sentir seu mundo como mais previsível e seguro e outros são *marcados* por uma sensibilidade mais aguçada aos estímulos que podem indicar um potencial perigo com base no que perceberam na vida intrauterina.

Pesquisas compararam um grupo de ratas grávidas que viviam em condições seguras com um grupo de ratas grávidas que viviam em condições de estresse e ameaça constantes. Posteriormente, estudaram o cérebro dos embriões de ambos os grupos de ratos, e o que descobriram foi incrível! O cérebro dos embriões que se desenvolveram em condição de segurança apresentou neocórtex mais elaborado (a região do cérebro desenvolvida mais recentemente em nossa evolução e encarregada do processo complexo de aprendizagem), enquanto o cérebro dos embriões que viviam sob estresse, tiveram um desenvolvimento maior do cérebro emocional (sistema límbico). Essa é a região do cérebro responsável por ativar uma reação rápida à ameaça e ao risco, ou seja, ela é responsável pela sobrevivência diante do perigo. O que a pesquisa destaca é que o feto é capaz de interagir com o ambiente em que vive, tanto no líquido amniótico quanto no mundo exterior, sendo afetado por ele. O estado bioquímico da mãe reflete o estado emocional no qual ela se encontra, e essa atmosfera envia estímulos e sinais para o organismo do feto que reage a tais estímulos, configurando uma estruturação e um amadurecimento cerebral precoces. A pessoa tende a reagir de uma forma ou de outra, dependendo de como ela perceba o mundo, potencialmente seguro ou perigoso. O biólogo Bruce Lipton, em seu livro *La biología de la creencia* (em português, *A Biologia da Crença*), defende que, ao mudar nossas crenças sobre o mundo e sobre nós mesmos, mudamos nossa biologia.

Field et al. (2006) investigaram como o sistema nervoso e o perfil bioquímico do recém-nascido são moldados pelo estado mental da mãe durante a gravidez. Ao revisar a literatura da pesquisa, Field afirma que recém-nascidos de mães deprimidas mostram um perfil bioquímico/fisiológico que inclui um nível elevado de cortisol (hormônio do estresse), baixos níveis de dopamina e serotonina, maior ativação relativa do EEG (eletroencefalograma) do córtex frontal direito e tônus vagal inferior. A boa notícia da equipe de pesquisa é que a massagem da mãe, durante a gravidez, e do recém-nascido, após o nascimento, pode mudar esse perfil. Nós nos tornamos seres relacionais logo que nosso equipamento neurológico se torna disponível.

No livro *Epigenetics - The Ultimate Mystery of Inheritance*, o autor Richard C. Francis (2011), fala sobre a transmissão do estresse no ambiente do feto.

> *Quando a futura mamãe está estressada, ela produz mais cortisol do que o normal. Parte desse cortisol é transmitida ao feto através da placenta. Os altos níveis de estresse que o feto pode experimentar constantemente ajustam os parâmetros do eixo de estresse de forma a torná-lo mais sensível e mais hiperresponsivo aos eventos estressantes subsequentes. Tais alterações permanentes na resposta ao estresse são frequentemente transmitidas à programação de glicocorticóides, ou eixo HHA[1]. Eu chamo esse fenômeno simplesmente de* Transmissão de Estresse. *O estresse da*

---

[1] **Eixo HHA**, parte essencial do sistema neuroendócrino que controla as reações ao estresse e regula vários processos do organismo como a digestão, o sistema imune, as emociones, a conduta sexual e o metabolismo energético. Muitos organismos, dos seres humanos aos mais primitivos, compartilham componentes do eixo HHA. Este mecanismo e seu conjunto de interações de glândulas, hormônios e estruturas mediais do cérebro são responsáveis pela reação de estresse do organismo.

mãe pode advir de múltiplas fontes, a exemplo de um casamento ruim, isolamento social ou pobreza, para citar apenas algumas. Níveis extremos de estresse, como aqueles causados por TEPT (Transtorno de estresse póstraumático), também podem ter várias causas. A guerra é um fator que causa TEPT... Crianças cujas mães sofreram TEPT como resultado do holocausto são mais propensas a sofrer de TEPT, mesmo não tendo vivido o holocausto diretamente. Curiosamente, embora todos os filhos de sobreviventes do holocausto sejam mais propensos à depressão, a segunda geração de pacientes com TEPT só apresenta número elevado nos pacientes cujas mães sofreram TEPT; não havendo tal correlação em crianças cujos pais (homens) tenham sofrido de TEPT como resultado do holocausto. Esse fato sugere o importante papel do ambiente fetal... Os traumas experimentados através do útero podem ser fator contribuinte para a suscetibilidade ao TEPT.

Por outro lado, também é sabido que a existência de uma criança em fase intrauterina, e mesmo sua presença após o nascimento, levam a mãe de volta às próprias experiências com a pessoa que forneceu seus primeiros cuidados nesses mesmos estágios de desenvolvimento. O desconforto, a carência, o desamparo e a dependência do seu filho podem despertar memórias não integradas pela mãe em relação à sua antiga posição de filha, que pode não ter sido devidamente cuidada e amada (Fraiberg, Adelson, & Shapiro, 1975). A mãe vivencia as demandas emocionais da criança como algo terrível porque a comunicação afetiva e a necessidade de cuidados constituíram fontes de medo e dor na própria infância.

Todo o nosso ser guarda as memórias do nosso desenvolvimento. Nós temos uma memória corporal onde nossas células mantêm a lembrança das experiências vividas sem que nosso eu consciente tome conhecimento disso. Cientistas chamam esse tipo de evento de memória implícita, ou processual. É o tipo de lembrança que adquirimos através da nossa experiência com o mundo de forma automática e orgânica. São aprendizados sobre os quais não precisamos pensar nem nos tornar conscientes de que nos lembramos deles. Por exemplo, todos nós tivemos que aprender a andar em algum momento da vida, e foi um aprendizado difícil e complexo de adquirir, mas uma vez alcançado, nosso corpo simplesmente se lembra sem precisar estar ciente de que estamos agindo dessa forma.

Essas memórias corporais e sensíveis baseadas nas primeiras interações com a mãe e/ou o cuidador primário são as que moldam nosso sentido mais profundo do eu, nosso *eu nuclear*. Defendo, junto com neurocientistas como António Damásio[2], Jaak Panksepp e muitos outros, que esse *eu nuclear* é fundamentado em um senso corporal do eu. Sentimos que somos esse Eu, e que ele impregnará a qualidade de nossas experiências futuras.

Aprendizagem e resiliência: nossa capacidade de superação

A resiliência é definida no dicionário como a propriedade de um corpo retornar à condição original e não quebrar após um golpe. Em psicologia, refere-se à capacidade de enfrentar adversidades e se adaptar bem às tragédias, traumas, ameaças ou estresse severo. As pessoas resilientes têm três características principais: aceitação da realidade tal como ela é; convicção profunda de que há um sentido na vida; e capacidade inabalável de se recuperarem de problemas.

Ao revisitar a história pessoal, podemos ver que a resiliência é uma aptidão desenvolvida a partir da qualidade das relações mantidas durante a criação, e através do vínculo de apego seguro que cada criança mantém com sua mãe[3]. O apego seguro é o que oferece à criança a proteção necessária para os momentos de medo, pois proporciona calma diante da angústia e permite a exploração do mundo.

Uma das habilidades básicas que todo ser humano deve aprender é a regulação do próprio organismo e das próprias necessidades. Estamos falando sobre a regulação emocional, uma vez que as emoções são qualidades psicológicas que refletem os estados do corpo (Damásio, 2005) e informam sobre o bem-estar ou mal-estar da criança em relação ao seu mundo interno

---

[2] Damásio denomina esse Eu nuclear de *protoego*, numa alusão ao primeiro sentido do Eu.

[3] Emprego o termo mãe como genérico, relativo à pessoa que oferece os cuidados maternais, mesmo que não seja a mãe biológica.

(necessidades) e ao mundo externo (relacionamentos com outros seres humanos e, em geral, com o meio ambiente).

O bebê é uma criatura que ainda não tem capacidade de cuidar de si mesma e de se acalmar sozinho devido à ausência de maturação neurológica característica do momento do nascimento. Como mamíferos humanos, estamos equipados e programados com uma série de reflexos inatos que foram selecionados ao longo dos anos da nossa evolução como espécie, segundo a filogênese, e que se mostraram necessários para nossa sobrevivência. Eles são, portanto, o resultado da bagagem de bilhões de anos de experiência filogenética, ou o legado de nossa experiência histórica enquanto espécie, contendo a sabedoria ancestral registrada nos nossos genes e na nossa estrutura biológica. Essa sabedoria já vem programada, o que nos libera de ter que pensar nela para poder utilizá-la, enquanto nos diz o que acontece em nosso meio interno (o corpo) e o que precisamos fazer para alcançar o estado de satisfação. O bebê não é consciente do que está acontecendo com ele, nem do que precisa, e não consegue fazer muito para satisfazer suas necessidades. Para o bebê, sentir-se mal é algo extremamente desagradável, pois ele ainda não desenvolveu um sentido de tempo e, portanto, uma noção de atraso ou adiamento da satisfação de suas necessidades. Para ele, tudo é *agora* e quando se sente mal, tem que ser atendido imediatamente. Tudo o que ele sabe fazer é chorar como forma de informar ao mundo que algo está errado. E precisa de alguém que saiba como atender ao seu chamado.

As mães, graças à sua sábia intuição, e a uma inteligência emocional razoável, podem distinguir os diferentes tipos de choro de uma criança. A mãe emocionalmente inteligente responderá de formas diferentes quando a criança mostrar que está com fome, sono, frio, ansiosa, com fraude suja ou com gases, etc. Ela acode a criança e toma a providência efetiva que atenda à necessidade do bebê, alimentando-o, acalmando-o, protegendo-o, ajudando-o a dormir. É assim que a criança recupera seu bem-estar, sua satisfação e calma interior, ou sua felicidade, poderíamos dizer. Tudo no corpo é projetado para facilitar o crescimento e o equilíbrio. Os biólogos chamam esse equilíbrio de *homeostase;* então, quando as necessidades emergem, o programa interno é ativado para tentar recuperar a condição de bem-estar: a homeostase. Quando esse processo é realizado de forma adequada e efetiva, de maneira sistemática, estável e previsível, a criança aprende no seu ser profundo e corporal que ela *pode confiar no outro*, que suas necessidades são *importantes*, que *é bom pedir*, e que, como ser humano, ela é *digna e tem valor*.

E assim, ela vai se moldando sua identidade nuclear positiva. A criança se sente bem no mundo, se sente importante, amada e cuidada, se sente respeitada. Ela também sente que a vida é valiosa e aprende a consolidar uma sensação de otimismo, esperança e confiança, porque aprende que pode esperar coisas boas do mundo externo e que, eventualmente, irá recuperar seu bem-estar. Tudo isso ocorre desde a concepção até os dois primeiros anos de vida, quando esse aprendizado é consolidado. Neste momento, o vínculo com a mãe é a coisa mais importante, pois a criança, egocêntrica por natureza, ainda não aprendeu a se diferenciar da mãe e, portanto, sente que o outro deve estar sempre à sua disposição, ou seja, o outro é seu, uma extensão de si mesmo. Nesses momentos em que a mãe atende e cuida da criança, a mãe intervém de forma a diminuir seu desconforto físico, acalmando seu corpo e sintonizando-se com o estado afetivo interno. Nessa interação, há uma riqueza enorme de nuanças. Quando a mãe responde, ela faz isso de uma maneira especial: olhando a criança nos olhos, falando com uma linguagem própria com a qual se comunica com os bebês (discurso infantil ou *tatibitate*), usando uma entonação aconchegante, tocando-a com carinho. Observamos como os adultos falam dessa maneira especial com os bebês, em tatibitate, com uma linguagem mais simplificada e alternando os turnos e o ritmo para dar espaço para a criança responder na sua forma de se comunicar. Desse jeito, também é criado o *esquema básico* de comunicação cooperativa, ou protoconversação, onde há mensagens e respostas, que turnos simbolizamos na comunicação e onde cada um tem espaço para ser visto e ouvido. Isso vai dando sentido à experiência de que *um existe para o outro*. Esta maneira de se dirigir ao bebê transmite a mensagem de que alguém o ama, ele é importante e merece cuidados.

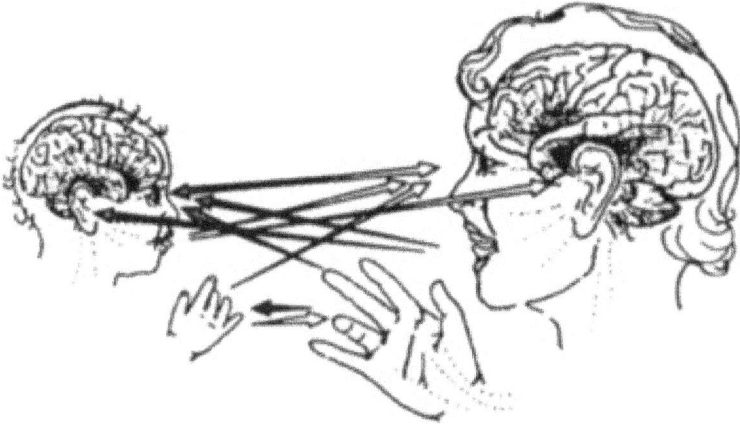

Figura 1.1 Interações cérebro-cérebro durante comunicação presencial em protoconversações, mediadas pelas orientações olho-a-olho, vocalizações, gestos com as mãos e movimentos dos braços e da cabeça, atuando em coordenação para expressar consciência interpessoal e emoções. Adaptado de Aitken & Trevarthen (1993)[4].

Nessas interações do desenvolvimento inicial, a criança experimenta a sensação de conforto e prazer em seu corpo trazida pela proximidade com outro ser humano; aprende a relaxar e a se acalmar com essa presença e aprende a *confiar* tanto nos sinais de seu mundo interior ("Minhas necessidades são importantes") quanto no outro ("As outras pessoas são confiáveis"). Essa interação em múltiplos canais estimula o cérebro e o organismo da criança, fazendo-o reagir com manifestações de prazer e alegria (a criança responde ao adulto com gargalhadas e gestos de aproximação) e, por sua vez, estimulam o cérebro e o organismo da mãe, que responde com mais expressões de alegria e contentamento para o filho. Assim, ambas as biologias se influenciam mutuamente (Figura 1). Esta é a base para a consolidação de uma comunicação sintônica e cooperativa na qual a criança se sente compreendida, vista e digna de amor. Ao longo do tempo, a mãe vai incorporando mais linguagens e se dirigindo ao filho nomeando o que acontece com ele ("Ah! Paulinho está com sede! Aqui está a água dele", "Paulinho

---

[4] Reproduzido com permissão de Cambridge University Press, Chapter 8 by Colwyn Trevarthen, "The self born in intersubjectivity: The psychology of an infant communicating" in Ulric Neisser (Ed.), The Perceived Self, Ecological and Interpersonal Sources of Self Knowledge © Cambridge University Press 1993

está com sono" – e aí, ela pega o menino e o conforta). Dessa forma a criança também aprende a nomear sua necessidade interna, e a sensação percebida. Ela aprende a ser mais ativa e a pedir. Se antes ela só sabia chorar, agora já pode nomear o que satisfaz sua necessidade ("Sede, mamãe", "Mamãe, fome").

Com o tempo, ela adquire a maturidade neurológica necessária para aprender a tolerar níveis maiores de desconforto e, se a maternidade tiver sido consistente e previsível, descobre que, às vezes, é preciso esperar porque a mãe está ocupada, mas que, em algum momento, ela irá atender. Se esse processo ocorrer de forma sistemática, um vínculo tranquilizador será estabelecido com a mãe, proporcionando segurança, o qual chamamos de sistema seguro de conexão, ou apego seguro. Por meio da experiência, essa criança percebe que, quando precisa da mãe, pode confiar na sua consistência, pois quando começa a explorar o ambiente além do próprio corpo e da proximidade da mãe – o que acontece quando já sabe engatinhar – ela continua a se experimentar e, quando precisa de proteção, chama a mãe, que vem até ela e aparece, sendo capaz de acalmá-la, e dar amor. Quando a criança já tiver recebido cuidado suficiente e sentir necessidade de voltar a explorar o mundo novamente, a mãe permite seu afastamento e facilita a situação. Com o tempo, também percebe que, mesmo que perca a mãe de vista, ela continua existindo. Esse é o momento do desenvolvimento no qual as crianças *entendem* que, mesmo quando um objeto está escondido sob uma almofada e não conseguem vê-lo, ele ainda existe. É um estágio evolutivo importante denominado pela psicanálise de *Estágio de Permanência do Objeto*, e de *Incorporação Virtual do Outro* pelos neuropsicólogos. Basicamente, refere-se à capacidade de internalizar a existência do outro e poder ficar tranquilo mesmo que não o vejamos. É isso que molda o nosso senso de segurança íntima (de que somos sempre amados e dignos de amor mesmo quando nosso comportamento não é apropriado), e reflete também a organização da nossa capacidade de acalmia, enquanto crianças estamos aprendendo a fazer o que os adultos fizeram conosco. Este fenômeno é chamado de internalização da figura do cuidador. Vejamos o exemplo de uma criança pequena que machucou o joelho. O pai se aproxima dela e diz "Opa, opa, não foi nada! Papai tá aqui e já vai passar", enquanto ele acaricia seu joelho ou aplica um pouco de mertiolate. Ao longo do tempo, podemos ver que quando se machuca, a própria criança diz "Opa, opa" e dá beijinhos com mão na região do machucado. É uma prova de que a criança incorporou o cuidador como figura constante e internalizada. Isso implica no desenvolvimento da capacidade de regular o mundo interno, de se acalmar e, consequentemente, de saber cuidar de si mesmo.

A capacidade de regulação emocional começa pela relação interpessoal, orientada a partir do exterior por alguém que sabe como fazê-lo, geralmente na dupla mãe-filho. De alguma forma, a mãe coloca seus conhecimentos, habilidades e instintos maternais de cuidadora (habilidades complexas que residem no neocórtex, além do conhecimento implícito e subcortical de como ser mãe) à disposição de seu filho, que ainda não tem conhecimento ou consciência (a criança é uma criatura governada pelas camadas mais primitivas do cérebro: o cérebro profundo ou subcortical, instintivo e biologicamente programado). Como afirma Allan Schore (1994), a regulação emocional começa com a *Regulação Interativa*, na qual a mãe atua como um córtex auxiliar externo, e depois evolui para uma *Autorregulação Autônoma*, onde a criança já é capaz de se acalmar e identificar, nomear e lidar com os próprios afetos.

Pode-se dizer que o estado interno e a bioquímica do bebê são regulados pela mãe, pois ela acalma a criança e a ajuda a recuperar seu equilíbrio homeostático através de cuidados físicos e psicológicos adequados. Consideremos as implicações disso para nossa cultura psicofarmacológica na qual, quando não sabemos como acalmar nossa ansiedade ou dor interior, recorremos às drogas cada vez com maior frequência. Basta observar o que acontece com a criança quando ela começa a chorar, se é porque está triste ou assustada, se está de birra porque quer algo, ou ainda se não está confortável. Dependendo da resposta do cuidador, ela se acalmará ou entrará em um estado ainda mais agitado. Em geral, podemos ver o mesmo acontecer com qualquer mamífero, a exemplo dos cães que também respondem com calma ou nervosismo ao comportamento de seus mestres, o que é uma prova de como os organismos são regulados a partir da relação entre eles. Adultos que não tiveram a experiência de um cuidador estável que sabem como responder às suas necessidades, talvez façam uso de medicamentos ou outros vícios para acalmar sua dor e o vazio interior.

Biólogos como Bruce Lipton ou neurocientistas como Daniel Siegel vão além e afirmam que o ambiente pode, de fato, mudar nossa biologia. Lipton argumenta do ponto de vista biológico e celular, demonstrando como o entorno desperta, ativa e exige mais de alguns genes do que de outros, dependendo do que for necessário para se adaptar ao meio ambiente. Isso é feito através de sínteses de proteínas que ativam alguns genes enquanto mantêm outros inativos. Esse é o campo de estudo da epigenética. Daniel Siegel estuda e elabora, através de revisão da literatura em neurociência, como as ligações interpessoais determinam a maturação do nosso cérebro e moldam a arquitetura das nossas redes neurais.

Quando o aprendizado da regulação emocional é estabilizado e consolidado, o ser humano se torna resiliente, capaz de tolerar e enfrentar as adversidades da vida e as frustrações diante das necessidades não atendidas, sem pôr em perigo seu sentido de valor pessoal. Isso não nos torna imunes ao sofrimento e à dor, que faz parte da vida. Se perdermos um ente querido, iremos sofrer porque a separação envolve tristeza, medo, etc. Mas nosso senso mais profundo de identidade valiosa ("Eu sou digno e importante enquanto ser humano", "A vida ainda faz sentido") não é alterado.

Esse senso de valia no nosso Eu nuclear e corporal vai construindo a narrativa que contamos sobre quem somos em relação ao outro. Ou seja, estamos contando uma história sobre quem somos, quem são os outros em relação a nós e o que é vida. Construímos essa narrativa numa cooperação, isto é, em nossos relacionamentos. E nessas relações que vamos falando sobre nós mesmos, criando a história de quem somos, quem são os outros para nós e o que significa viver. As respostas a essas perguntas respondem à necessidade que temos de uma estrutura, ou melhor, de adquirir os códigos para saber como caminhar na vida, como se mostrar para os outros e tentar alcançar uma estabilidade mínima no mundo que nos rodeia. Precisamos tornar nosso ambiente previsível para nos adaptarmos e saber como responder a ele.

Não somos o resultado dos eventos e acontecimentos que vivemos, e sim **das histórias que contamos a nós mesmos, sobre quem somos, quem são os outros e o que é a vida** a partir do que a vida nos fez. Somos nossos próprios arquitetos. Os outros fornecem tijolos e materiais para construir o edifício, mas é cada indivíduo que decide como posicioná-los e a forma que terão. É por isso que sempre podemos mudar, pois a mudança envolve reconstruir a forma como nos percebemos e como vemos a vida – **mudar a história que contamos a nós mesmos** sobre quem somos e o que aconteceu conosco. Nosso cérebro está fazendo novas conexões e aprendendo a cada momento, pois ele é neuroplástico. A plasticidade cerebral se refere à capacidade de estabelecer novas conexões neurais ao longo de nossas vidas, de aprender e reaprender o que precisamos para reorganizar a nossa experiência de um modo diferente, sob a luz das novas experiências e dos novos relacionamentos.

Eu me estendi um pouco, especialmente quanto ao que acontece nos primeiros anos de vida, mas isso não significa que este seja o único período significativo. Certamente, é a totalidade da história e a qualidade da atmosfera na qual amadurecemos enquanto pessoas que determinarão o rastro deixado pelo ambiente no nosso desenvolvimento. Em condições *razoavelmente boas*, para usar o termo de Winnicot, o ser humano amadurece de maneira saudável.

As experiências deixam marcas relativamente profundas, dependendo da intensidade e do período do amadurecimento. A importância do que acontece nestes primeiros anos recai sobre o fato de serem o fundamento, as bases sobre as quais se assenta a construção posterior da identidade e da personalidade. Essas experiências iniciais organizam os primeiros esquemas e padrões de experiências (dos quais falarei mais tarde) e estabelecem *crenças nucleares* que servirão para interpretar acontecimentos posteriores que combinem com eles. Cabe considerar aqui que nós, seres humanos, vivemos, em geral, com os mesmos cuidadores por um longo tempo, de modo que a qualidade das experiências costuma se repetir, atuando como reforçador de um esquema ou rede mnemônica.

Nesse processo de interações repetitivas, a criança, e seu sistema neurológico, aprende a conectar e associar os sinais internos que representam as sensações físicas com as ações externas (o princípio, chama os outros por meio do choro ou o protesto com raiva), a antecipação de uma resposta externa e a recuperação do estado de equilíbrio e bem-estar, ou homeostase. Assim, aprende a antecipar e prever o que pode esperar.

Perguntas de Autoconhecimento

- O que você sabe sobre o estado emocional de sua mãe, pai e/ou dos primeiros cuidadores nos seus primeiros anos de vida?
- Como acha que eram as interações com eles quando eles tinham que cuidar de você acalmá-lo(a)?
- O que acha que via nos olhos da sua mãe (ou primeiro cuidador) quando ela alimentava, dava banho ou limpava você?
- O que esperavam de você quando você foi concebido(a) e/ou durante o período da gestação?
- Como eles lidavam com suas inquietações para explorar o mundo e conhecê-lo?

A construção da identidade dolorosa: quando as coisas dão errado

Até agora, mostrei o lado ideal do desenvolvimento. Mas o que ocorre quando as coisas não acontecem de modo satisfatório? A diferença do processo é notória. Se, pelo lado positivo, a criança pode moldar a atitude vital de *ficar bem no mundo e se sentir digna,* e aprender as regras apropriadas para amadurecer e tomar conta de suas próprias necessidades, por outro lado, quando o cuidado recebido é caracterizado por negligência, abandono ou desamparo, esse cenário trará efeitos devastadores para seu amadurecimento.

O ciclo da experiência segue basicamente as seguintes etapas: aparecimento do estado de carência: ocorre um desequilíbrio na condição de bem-estar, e aparece a *fome* de alguma necessidade; consciência do desconforto: o nível do limiar depende da idade da pessoa e do aprendizado ou amadurecimento; ação de pedir ou fazer algo para satisfazer a necessidade; reação do mundo exterior – do cuidador à necessidade. Ao final, duas coisas podem acontecer: a) que a resposta do exterior se sintonize com a necessidade e que o organismo recupere o bem-estar, o equilíbrio e a felicidade ("Eu sou merecedor e digno"); b) que resposta seja frustrante ou assustadora e o organismo tenha que reagir com uma resposta de sobrevivência: luta, medo e/ou paralisação.

No caso *b*, a necessidade não só não é satisfeita, como a dor é acentuada ao fechar o ciclo com uma conclusão que ajuda a lidar com a experiência e se proteger. A conclusão "Não sou importante, incomodo quando peço algo" pode levar à decisão do tipo "Eu me bastarei sozinho e não vou incomodar ninguém". Quando o ciclo se fecha com a alternativa frustrante, e se isso acontece repetidamente, o organismo irá se fechando para o exterior, a pessoa para de pedir, e em casos mais extremos, para de esperar, resignando-se ou desistindo. Esse é o princípio de um comportamento depressivo com o qual se tenta suprimir as próprias necessidades em relação aos outros seres humanos.

Pensemos o que pode gerar um esquema ou padrão[5] de experiência assim. Imaginemos que um bebê de poucos dias, ao sentir um desconforto devido ao surgimento de alguma necessidade, comece a reclamar e a chorar, primeiro de forma suave. A pessoa encarregada de seus cuidados não responde inicialmente, então o choro aumenta de intensidade para tentar chamar a atenção e causar impacto em alguém. A partir daqui, podemos observar diferentes alternativas. Na primeira, pode ser que o cuidador finalmente chegue e faça o que é apropriado para acalmar e satisfazer o bebê; então, ele irá recuperar seu bem-estar e registrar uma satisfação corporal e psicológica, sabendo que pode ser um indivíduo ativo no mundo e mantendo a esperança de que o mundo irá responder adequadamente aos seus pedidos, aprendendo assim a confiar. A segunda opção é que, mesmo chorando mais, ninguém vem acudi-lo, e então ele fica irritado, ou com raiva, tentando chamar com mais força. Se ainda assim, ninguém responder, chegará um momento em que o organismo ficará cansado, não podendo continuar lutando e chamando, e entrará em estado de resignação ou rendição. Nesse ponto, o

---

[5] Utilizo indistintamente as palavras padrão e esquema para me referir a um conjunto coerente e organizado de experiências, que comportam a execução de uma reação fisiológica acompanhada de uma conclusão, uma crença acerca do eu, dos outros e da vida, e uma manifestação comportamental decorrente. As pessoas utilizam esquemas para organizar o conhecimento atual e definir um marco para entender e predizer futuros eventos ou situações e saber o que fazer.

organismo desiste e se retira, para de esperar coisas do mundo externo e se deixa entrar numa experiência que pode atingir um marasmo emocional.

O marasmo é um estado de privação emocional que afeta indivíduos incapazes de estabelecer relação com o cuidador. Caso não seja cuidada a tempo, a pessoa morre. Isso acontece depois de um período progressivo de deterioração psicofísica, onde ela dirige toda a sua agressividade para si mesma, já que não pode direcioná-la para fora, podendo chegar à inanição e à morte. Se a criança experimentar esse estado de maneira crônica, ela deixará de ser ativa e se tornará passiva, triste e enfermiça. À medida que vai adquirindo linguagem, ela constrói conclusões do tipo: "Se eu pedir, vou incomodar", "Não tenho ninguém"; e crenças como "Não me importo", "Eu não existo", "Sou invisível", "Eu não valho à pena", "Eu sou um fardo". Geralmente, desenvolve uma atitude depressiva. Dessa forma, tomará decisões inconscientes para lidar com esse tipo de situação no futuro e, quando experimentar algum desconforto, não tomará nenhuma ação que demande nada do exterior: "Vou esperar, ficando triste, até que percebam", "Vou esperar ficar mais velho(a) para encontrar alguém que me ame, para ter uma família", "Vou deixar a vida passar até o fim". Essa segunda situação é uma opção que desenvolve uma sensação de *menos valia*, na qual a vulnerabilidade natural de cada ser humano – necessidades dos outros – é percebida como algo inadequado ou que, simplesmente, não se pode sentir ou mostrar, porque sentir necessidade ou demonstrá-la é experimentar novamente a dor de que ninguém responde ou responde de forma frustrante. Portanto, é melhor não sentir, não se expressar e estabelecer uma atitude de tristeza e desesperança perante a vida.

A terceira opção pode ser ainda mais traumática: se o chamado pelo choro for respondido com violência ou agressão, o organismo reagirá com medo – o corpo se retrairá, tenso e encolhido – tentando se proteger porque recebe algo prejudicial do seu entorno. Biologicamente, a reação de chamar a atenção (choro e raiva) é interrompida de repente e conectada a uma reação de sobrevivência baseada no medo, chegando mesmo ao terror, se a agressão ameaçar à integridade física e à vida. Se esse ciclo ocorrer mais vezes, esse organismo vai aprender a associar suas necessidades e desconfortos ao medo ou ao terror; vai se anestesiar perante as necessidades e nem sequer senti-las, pois sentir lembra agressão, e isso é perigoso. Essas pessoas aprendem muito cedo a viver na condição de *zumbis*, como se fossem autômatos que não sentem nem sofrem, vivendo inconscientes das próprias necessidades e não aprendendo a identificar suas sensações internas como indicadores de bem-estar ou mal-estar. Em muitos casos, não estão conscientes de sua necessidade de dormir, descansar, comer, e muito menos dos desejos mais sutis. Esse é o caso de crianças vítimas de maus tratos, abuso físico e sexual. Essa criança não pode enfrentar o agressor porque ele é mais forte que ela, que também depende dele e não consegue fugir porque não tem para onde ir e nem sabe como se defender. Diante do terror, a pessoa fica paralisada de medo, congela e, assim, *não sente nem sofre*. Mais à frente, falarei mais sobre esse padrão, quando abordar os mecanismos de defesa da dissociação.

É no primeiro ano de vida que se molda o esquema básico de como nos sentimos diante do vínculo com outro ser humano. Nesse primeiro ano, não temos linguagem ou pensamento abstrato para entender racionalmente, mas as vivências e experiências repetidas de como nos sentimos na proximidade de outro corpo humano são registradas em nossas memórias corporais, ou memórias implícitas. Se a nossa experiência foi agradável e reconfortante, nosso corpo se manifestará mais relaxado e confortável (obviamente, isso depende das qualidades do outro), e se essas experiências originais foram vividas diante de alguém perturbado, deprimido, irritado ou agitado, lembraremos *com pesar* que essa proximidade traz algo de desagradável. É o caso, por exemplo, da criança que experimenta sua mãe como uma invasora quando ela se aproxima para abraçá-lo. A mãe não beija e abraça a criança quando esta precisa e pede que o faça, mas quando ela própria experimenta o desejo de abraçá-la, independentemente do que a criança estiver fazendo, invadindo o espaço físico da criança. Muitos de nós talvez possam lembrar e notar a diferença do que sentimos quando alguém nos abraça por que *pedimos* ou quando vão *nos pegando*. São memórias inconscientes que nosso corpo sente sem se dar conta de que estamos lembrando de uma história antiga registrada em nossa corporeidade, em nossas células, e que, a partir daí, irá impregnar o resto das experiências de contato físico com outros seres humanos. Estou falando sobre as *impressões* que essas primeiras interações deixam nos nossos registros somáticos. Comparo o corpo à *caixa-preta* da aeronave que registra todos os incidentes e detalhes do voo. Da mesma forma, nosso corpo mantém a conta e o registro de toda a nossa história (e, como veremos, também de nosso histórico transgeracional), lembrando de tudo, mesmo que não tenhamos a memória consciente de tais experiências.

Essas *impressões* contêm informações do que aconteceu. A criança vem ao mundo equipada basicamente com reflexos programados e inteligência genética, produto da seleção milenar necessária para sobreviver e se adaptar à vida. Os reflexos não são executados por meio de uma operação consciente, são ativados por algum estímulo desencadeador, por exemplo, o reflexo de sucção quando o bebê está perto do peito e do mamilo da mãe, e vão se modificando e adaptando às circunstâncias a partir das interações com o meio ambiente. Um outro exemplo é a adaptação do reflexo de preensão palmar. O bebê fecha a mão quando aproximamos dela um dedo ou um objeto. Ele ainda não tem intencionalidade nenhuma de agarrá-lo, simplesmente o faz como parte de sua programação biológica. Nas interações seguintes com o meio ambiente, terá que adaptar a preensão à forma dos diferentes objetos (circulares, alongados, grandes, pequenos) pois cada um deles exige uma maneira diferente de pegar. Assim, o entorno, o meio ambiente e as experiências vão *moldando* o reflexo e as estruturas mais desenvolvidas do nosso cérebro; o neocórtex, responsável por acumular o maior volume de aprendizado possível, vai *assumindo o controle* e se transformando no controle voluntário de como devemos segurar as coisas. Chega um dia, conforme o desenvolvimento de nossa maturação cerebral, que podemos exercer controle consciente sobre o que queremos que nossos músculos façam.

O que eu quero dizer com tudo isso é que as experiências vão introduzindo informações ao nosso sistema. Essa informação é organizada relacionando algum estímulo interno – vontade de pegar em alguma coisa, fome, frio, desamparo – à execução de um pacote de comportamentos voltados ao entorno, à resposta que vem de fora e à experiência de satisfação ou insatisfação experimentada como consequência dessa resposta. Toda essa experiência fica organizada nas nossas redes neurais[6] que também contém um estado pessoal, que engloba nossa maneira de sentir, pensar e agir. Por exemplo, a criança logo aprende que quando o pai está sério, ela deve agir com cuidado porque pode receber uma repreensão dele, e, do contrário, quando vê que ele está calmo e sorrindo, sabe que pode se aproximar e pedir carinho. Este é um esquema usado para se portar em relação ao outro, e também é um estado do Eu: tranquilo ou assustado, dependendo do estímulo do mundo externo.

A experiência deixa um rastro que não só contém informações sobre o que foi vivido, mas que também serve como um filtro para perceber a realidade no futuro. A criança que, quando chora, se depara com um cuidador irritado, aprende a antecipar essa resposta, a *reconhecer no próprio corpo* que *é errado pedir*, e aprende a inibir o choro. Talvez o vejamos, já adulto, engolindo saliva quando se sentir triste.

Uma metáfora para ilustrar como essas marcas profundas de experiência são moldadas é o caso da neve na montanha e a experiência das pessoas que vão esquiar. O primeiro esquiador pode, literalmente, escolher por onde descer, pois a neve ainda não foi pisada, então, provavelmente, escolherá o passo que considerar mais fácil ou mais adequado. Seu passo deixa uma primeira impressão. O esquiador seguinte também pode escolher, mas é provável que ele opte por seguir a pista já feita porque já está marcada e é mais fácil de passar. O terceiro e aqueles que vêm depois quase certamente irão na mesma pista porque a neve marcada dá a certeza de que alguém já passou por ali. Da mesma forma, nossa experiência passa pelos mesmos caminhos neurais sempre que se depara com situações semelhantes. Chamamos a esse evento de generalização, pois é um processo de *economia de*

---

6 O neurônio é uma célula do sistema nervoso encarregada por transmitir informações através da condução elétrica a outro neurônio. Eles se conectam uns aos outros associando aprendizagem e conhecimento que vai ficando interconectado e armazenado em redes (ou aglomerados) de neurônios: redes neuronais. Estas associam alguns elementos de experiência com outros (estímulo com ação, antecipação da resposta e vivência final). A partir daí, essas redes são ativadas quando a pessoa se encontra diante de alguma situação que remeta a algo vinculado à experiência pessoal. Essa é outra forma de falar da memória: a tendência da rede neuronal ser ativada no futuro.

aprendizagem. Por exemplo, quando aprendemos a abrir a maçaneta de uma porta, generalizamos essa ação para abrir outras maçanetas, mesmo que elas sejam diferentes. Isso nos ajuda a extrapolar nosso aprendizado para situações que apresentam alguma semelhança, economizando recursos. É um modo de fazer, automaticamente, o que já conhecemos e, assim, liberar espaço da nossa atenção para incorporar coisas novas.

Esquemas organizadores da experiência: o Roteiro da Vida

Já mencionei que nós, seres humanos, somos mamíferos que precisam de um período de tempo mais longo para amadurecer. E que para amadurecer, precisamos estabelecer relação com alguém de quem possamos depender de forma saudável, ou seja, que respeite nossas necessidades, nosso ritmo, nossa natureza básica e temperamento, e que nos permita crescer e manifestar. Cuidadores muito machucados ou muito rígidos em suas ideias e concepções de "como uma criança deve ser" não deixarão espaço suficiente para a natureza genuína da criança brotar e amadurecer no seu ritmo e à sua maneira.

Uma vez que dependemos desse longo período de tempo para amadurecer, o tipo de experiência que ocorre no relacionamento com nossos cuidadores se repete com grande frequência. É essa repetição que ajuda a reforçar os esquemas, aumentando a probabilidade de, no futuro, o mesmo tipo de experiência e manifestação ser ativado diante de estímulos e circunstâncias que relembrem a experiência original.

Fatores da motivação humana

Nós, seres humanos, moldamos nosso senso de existência e organizamos nossas experiências com base em três motivadores que nos movem enquanto espécie: a necessidade de manter uma relação com os outros (vínculo), a necessidade de ser estimulado ao crescimento, e à necessidade de estrutura.

O primeiro motivador psicológico para garantir a nossa existência é a **necessidade de estar vinculado** a outro ser humano. Enquanto mamíferos, não conseguimos sobreviver por conta própria, pois nossas necessidades dependem de nossos cuidadores. Em todas as espécies de mamíferos acontece assim. Vemos como os cachorros vão atrás de suas mães para se manterem seguros e garantir comida. E essa necessidade de vínculo também programou a distância física dos nossos pais a qual nos sentimos seguros. Pense nos filhotes de elefantes que estão sempre correndo e grudados na mãe e no rebanho. Eles *"sabem instintivamente"* que ficar distante dos outros os torna mais vulneráveis diante dos predadores. Portanto, o distanciamento ou a ausência do cuidador desencadeia um sentimento de alerta e perigo, uma emoção de medo, ou a angústia diante do risco de separação. Independente do caso, a separação representa um perigo em si: a experiência do desamparo e da falta de proteção. Pensemos em quantos adultos têm reações de angústia e não estão conscientes para a causa de sua agonia. A raiz está nas primeiras experiências de separação, vistas como insuportáveis pela criança pequena.

Pesquisadores da teoria do apego, como John Bowlby e Mary Ainsworth, estudaram como os primeiros anos de vida afetam o senso de vinculação e a forma como costumamos estabelecer nossos vínculos afetivos mais tarde, na idade adulta. Bowlby começou a desenvolver sua teoria a partir dos estudos do comportamento animal e em crianças com problemas psiquiátricos; e Mary Ainsworth, seguidora de Bowlby, mais tarde elaborou com mais detalhes os diferentes padrões de apego ou o que chamamos de *esquemas de manutenção de relacionamento*. Bowlby argumenta que o apego é um fator básico para a saúde mental dos seres humanos e que as feridas formadas no aprendizado do estabelecimento dos vínculos determinam a saúde e o sucesso nas relações posteriores das pessoas.

Bowlby e Ainsworth estabeleceram os elementos-chave na definição do padrão de vinculação como segue:

- Duração do vínculo. A criança precisa de tempo suficiente para se vincular ao seu cuidador. Alterações muito frequentes nos vínculos criam um sentimento de *perda*, no qual a criança não experimenta o vínculo durante tempo suficiente para confiar que aquela relação irá durar, sentindo que ela termina cedo demais.

- Estabilidade. Tem a ver com o quanto a pessoa que oferece cuidados é estável, organizada e apresenta comportamento previsível.

- Acalmia e regulação emocional. A pessoa que cuida deve ter inteligência emocional suficiente para diferenciar o complexo universo interior da criança; diferenciando quando a queixa envolve medo, fome, frio, etc., para poder oferecer um cuidado que regula e acalma os estados internos da criança e a ajude a recuperar seu bem-estar.

- Proteção. É condição necessária para que a criança se sinta segura e protegida dos perigos e recupere a confiança.

- Permissão para explorar. Uma vez calma e satisfeita, a criança precisa voltar a explorar o mundo devido à ânsia de ser estimulado, para facilitar o aprendizado e o relacionamento com o mundo. O cuidador que permite ser satisfeita a curiosidade da criança e a ocorrência da aprendizagem facilita a sensação de que ela pode experimentar o mundo, sentindo que há alguém que a apoia e que acredita nela.

A criança, quando nasce, experimenta sua primeira separação do corpo da mãe. Até aquele momento, na vida intrauterina, a resposta às necessidades do organismo pode ter estado razoavelmente em sintonia, uma vez que a programação biológica é responsável pela comunhão e conexão entre elas. Fora do corpo da mãe, a criança e sua mãe precisam ajustar seus ritmos e necessidades. A mãe precisa se adaptar a um novo organismo, que demanda e precisa dela; e a criança precisa se adaptar ao uso dos seus próprios órgãos para se encarregar de funções vitais e também para se adaptar ao fato de a mãe nem sempre estar disponível. É o início da aventura do Eu, da narrativa da frustração e da elaboração dessa frustração. Mas nessa fase dos primeiros meses, o bebê se sente como uma extensão da mãe. Não estando ainda ciente de ser um Eu separado e diferenciado, ele depende completamente da mãe e vive feliz ou infeliz, dependendo da eficiência com que a mãe o acompanha.

À medida que amadurece, ele vai desenvolvendo sua capacidade perceptiva e seus órgãos ganham destreza para que se mova sozinho. Quando começa a engatinhar, percebe que é capaz de se mover além do corpo da mãe e por seus próprios meios, e, pouco a pouco, a consciência da separação e da diferenciação vai aumentando. É nesse processo de ir e vir, aproximação e separação, que ele aprende que a mãe está presente de forma consistente, estável e segura, acalmando-o, protegendo-o, amando-o e, sempre que ele já tiver o suficiente, permitirá que ele explore o ambiente novamente.

As interações nas quais a criança tenta repetidamente explorar o mundo, retornando sempre que sentir medo e, invariavelmente, encontrando a mãe a fornecer os devidos cuidados, reforçam a confiança de que a mãe estará sempre disponível quando a criança se sentir vulnerável. Algum dia, ela vai ousar sair do campo de visão da mãe, perdendo-a de vista e, se continuar experimentando isso e quando voltar a mãe continuar a acalmá-la, poderá incorporar esse fenômeno internamente e sentir que a mãe estará sempre lá, mesmo que não a veja. Isso é o que os psicanalistas chamam de *permanência do objeto de cuidado* e que permite à criança se sentir tranquila e segura na escola ou na casa dos amigos, mesmo não vendo a presença física da mãe. Adultos que não assentaram bem esse estágio e não consolidaram essa aprendizagem terão dificuldade de se sentir amados se a pessoa com quem estão ligados não expressar seu amor com grande frequência; e podem mesmo experimentar uma insegurança basal sobre seu direito de *merecer ser amado*.

Quando o vínculo é estabelecido com base em interações protetoras e calmantes, estabelece-se um **Padrão de Apego Seguro**.

As pessoas que amadureceram sob um estilo de apego seguro tendem a ser mais amistosas, mais estáveis e apresentarem relacionamentos íntimos satisfatórios. Elas tendem a ser mais positivas, participativas e terem perspectivas coerentes sobre si mesmas, demonstrando fácil acesso a esquemas e memórias positivas, o que as leva a ter expectativas positivas sobre relacionamentos com os outros, confiar mais e se tornar mais íntimas deles.

Já em situações adversas, a criança pode viver com cuidadores distantes e afetivamente frios, que podem até reagir às demandas e necessidades da criança com irritabilidade, ou mesmo hostilidade. Esses cuidadores não fornecem respostas calorosas, aconchegantes e carinhosas, embora possam ser pessoas eficientes em fornecer cuidados físicos com relação a comida, roupa, estrutura e ao ritmo das tarefas domésticas. Mas este tipo de cuidado não satisfaz todas as necessidades. As crianças que crescem com esse tipo de vínculo têm manifestações pobres de carinho ou não sentem falta em relação ao cuidador, afastando-se dessa figura em situações que normalmente exigiriam a busca pela proximidade. Eles têm estruturas de pensamento rígidas com inclinação à raiva e são caracterizados por objetivos destrutivos, episódios frequentes de ira e outras emoções negativas. Algumas crianças sujeitas a um regime imprevisível parecem chegar a tal ponto de desespero que demonstram desapego ou desinteresse relativo pelo cuidador – não indo até eles para buscar conforto ou consolo e resolvendo seus problemas sozinhos – adotando atitude de desconfiança perante os outros. O comportamento dessas crianças é caracterizado por agressividade e desobediência, e geralmente são propensos à retaliação. Quando adultos, podem se tornar pessoas com uma atitude fria e pouco afetuosa em seus relacionamentos, de caráter difícil, ou evasivas. Chamamos esse padrão de apego de **apego evitativo**, ou frio.

Outro padrão de apego é o chamado **apego ansioso** ou **ambivalente**. As crianças com esse padrão ficam muito próximas da figura de cuidado ou apego e exploram muito pouco ou nada do entorno, enquanto ela está presente. Elas manifestam uma intensa ansiedade de separação - têm um constante medo de perder contato com o cuidador - e quando vão para outra sala, se apegam ao cuidador e protestam intensamente. No entanto, quando a mãe retorna, sua reação é ambivalente: a criança permanece próxima a ela, mas resiste ao contato físico, permanecendo irritada pelo abandono e manifestando dificuldade de encontrar conforto e se acalmar. Essas crianças são extremamente cautelosas com estranhos, mesmo na presença da figura de apego.

Os pais dessas crianças têm uma atitude ambivalente, sendo contraditórios: acessíveis, sensíveis e calorosos em algumas ocasiões, e inacessíveis, frios e insensíveis em outras, o que geralmente depende do seu estado mental e do grau de estresse experimentado, que os impede de se concentrar na criança. Em geral, a mãe mostra pouca disponibilidade ou instabilidade. Diante da atitude de exploração e curiosidade da criança, tende a intervir com preocupação inadequada, interferindo assim em sua exploração do mundo e promovendo dependência excessiva. A atmosfera na qual a criança vive pode conter ameaças recorrentes de abandono, separação (por exemplo, hospitalizações) ou perdas de entes próximos. Essa miríade de condições adversas produz insegurança na criança. São essas crianças que costumam ter mais dificuldade de *soltar a barra da saia da mãe*. Aprendem logo a utilizar estratégias de manipulação para obter cuidado e atenção, que podem ser óbvias e ativas, como ameaças, agressões e punições com as quais tentam controlar o cuidador, ou de natureza mais passiva, como queixas físicas e psicológicas para manter o cuidador nas proximidades. Também podem ser observados comportamentos sedutores para cativar os pais. Elas se tornam pessoas *suscetíveis*, ou que sentem muita rejeição, e que exigem manifestações contínuas de afeto para se sentirem amadas. Não incorporaram o outro como estável e disponível. Enquanto adultos, são pessoas ansiosas que vivem em angústia e insegurança, muitas vezes com ciúme, na expectativa da perda do outro.

Como vemos, o que acontece na interação inicial com os cuidadores marcará o estilo pessoal nas relações com os outros seres humanos. Nosso cérebro tenta estabelecer padrões previsíveis de como atuar no futuro com base nas experiências que já vivemos, a fim de saber o que fazer quando ocorrer situação semelhante. Obviamente, na área das relações pessoais, particularmente nos primeiros anos, as situações serão repetitivas e com as mesmas pessoas, o que reforça e confirma os mesmos padrões de experiência e resposta. Todos nós sabemos o que esperar das pessoas mais próximas com base no estado de espírito em que estão e aprendemos a prever qual é a melhor maneira de lidar com elas. A partir desses *esquemas relacionais*, nós, seres humanos, criamos generalizações e transformamos a forma como nos comportamos com outras pessoas no cotidiano. Quando chegamos à escola, já temos um padrão aprendido de como ser e reagir aos adultos e às figuras de autoridade. E quando adultos, sem estamos conscientes, ativamos nossas maneiras aprendidas de sentir e estar diante dos outros. É evidente que desenvolvemos muitos esquemas de manutenção dos relacionamentos. Temos um esquema de relacionamento para lidar e sentir com nossos pares (geralmente aprendido em relacionamentos com irmãos e parceiros), um esquema relacional com figuras masculinas de autoridade, outro com a figura feminina, etc.

Essa necessidade motivacional de manter uma relação também condiciona uma outra necessidade psicológica básica: a

necessidade de estrutura. Refiro-me à necessidade de tornar o mundo previsível em geral e, em particular, à necessidade de definir a nós mesmos e aos outros, à vida e ao mundo. A estrutura nos ajuda a entender o mundo, é como um mapa que usamos para nos movermos nessa realidade, como um guia de ação no mundo. Consideremos que, quando chegamos ao mundo, ainda não temos experiência suficiente para entendê-lo. Por exemplo, ouvimos muitos sons de vozes humanas, mas elas ainda não fazem sentido. No começo, elas simplesmente representam uma resposta, que pode estar em sintonia com o que experimentamos (se estamos felizes e tranquilos e nos falam com carinho, suavidade e alegria, ou se estamos assustados e nos transmitem segurança, firmeza, limite e proteção). Pouco a pouco, nas interações cotidianas, vamos encontrando o significado que outros atribuem às palavras, associamos sons e fonemas com objetos, símbolos, estados de ânimo e afetos. Por isso, o idioma é uma das maneiras pelas quais damos estrutura à nossa experiência. As regras de comportamento também são outra maneira de dar estrutura à vida: aprender os ritmos das refeições, os horários dos ciclos de sono e vigília, os costumes e tantos outros aprendizados. Digamos que a estrutura nos dá códigos para nos guiarmos na realidade e na cultura familiar e social em que estamos.

Nós, seres humanos, desde muito cedo, precisamos nutrir nosso *Eu* achando respostas para a pergunta "Quem sou eu?". Começamos respondendo com o nome que nos é dado e vamos adicionando características à nossa identidade, aprendendo em nossas relações com as pessoas importantes em nossas vidas se somos vistos como *"bons"*, *"ruins"*, *"apropriados"*, *"suficientes"*, *"dignos"*, *"valiosos"*, *"importantes"*, *"bonitos"* e *"interessantes"*... Todas essas avaliações sobre o nosso Eu são elaboradas com base em como os outros nos tratam e como nos veem. Com isso, não pretendo transmitir uma abordagem determinista do que somos, pois não é simplesmente como os outros nos veem e nos tratam. Cada pessoa é um indivíduo muito ativo na construção do Eu, e define a *si mesmo* por si só. De certa forma, é como dizer que cada um de nós constrói o edifício da sua identidade, mas fazemos isso com os tijolos e materiais que o meio ambiente e as relações nos oferecem. Cada pessoa é o arquiteto de si mesmo, portanto, única e diferente.

Muitos pais dizem que trataram seus filhos da mesma forma, por isso não se justifica que um se comporte de forma adequada e outro não. A verdade, porém, é que todo ser humano está em um processo de mudança permanente, e os pais não são os mesmos com o primeiro filho e com o segundo ou o terceiro, simplesmente porque estão em um momento diferente de seu ciclo de vida, que pode ser mais tranquilo, mais estressado ou um momento de crise. Do mesmo modo, o temperamento de cada filho também influencia os pais de maneira diferente, provocando reações diferentes. A estrutura da identidade é cocriada nos relacionamentos, como consequência da interação entre nossa natureza e o modo como o meio ambiente nos responde.

Quando há harmonia e equilíbrio entre o cuidado e a atenção recebidos e a satisfação de nossas necessidades, definimos e construímos nossa identidade de forma positiva e saudável, nos sentindo *valiosos e dignos* já nos primeiros estágios do crescimento. E essa condição forma o esquema nuclear que organiza, daí por diante, nossa percepção de nós mesmos e dos outros em relação a nós: se são *valiosos, confiáveis, seguros* e *amigáveis;* e se a vida *é algo que vale a pena viver.*

Mas quando há uma resposta frustrante ou ameaçadora vinda de fora, a criança tem que encontrar um modo de lidar com essa realidade de forma que sirva, pelo menos, para ela saber o que fazer, como se adaptar ao meio ambiente e atender a dois requisitos básicos: manter um vínculo com os outros e, ao mesmo tempo, se sentir aceito e protegido. Tomemos o exemplo de uma criança que precisa de valorização do seu pai. Ela chega feliz da escola e mostra a ele as boas notas, esperando obter do pai uma demonstração de orgulho e reconhecimento. No entanto, o pai é um homem que teve que vencer sozinho na vida, um perfeccionista, e valoriza mais o esforço do que os resultados. Então, quando a criança mostra as notas, ele coloca mais ênfase no que precisa ser melhorado e sugere que ela preste mais atenção para não cometer erros nas provas. Diante dessa resposta, a necessidade de reconhecimento e valorização da criança é frustrada, ela sente que não é suficiente para o pai. Como esta interação se repete com frequência, a criança constrói uma autocrença: "Não sou suficiente", "Sou inadequado". Caso haja exigência de perfeição por parte do pai, a criança pode até mesmo desistir de obter sucesso e valorização, concluindo que "Não adianta fazer nada, pois nunca vou conseguir mesmo!", "Eu sou um fracasso". Aqui há uma inversão de responsabilidade injusta: o pai que deve apoiar e ajudar a criança a se sentir valiosa, melhorar e prosperar, é o mesmo pai que lesa a autoestima da criança, que, em seu esforço para ser aceita por ele, tenta ser *como esperam que ela seja*. A criança ainda não entende que os pais podem ser incompetentes no seu trabalho como pais, então quem parece errada é ela. Essa postura tem várias funções:

- Ao acreditar "Eu é que não sou capaz e valioso", a criança pode continuar mantendo a esperança de que seus pais são capazes de cuidar dela e amá-la, e que ela pode depender deles e ser cuidada por eles.

- Se a culpa está nela, ela também pode manter uma *sensação de controle* e acreditar que, se mudar, talvez possa se tornar o filho que os pais desejam e eles poderão aceitá-la e amá-la. Isso lhe proporciona uma sensação de falso controle – de que pode fazer alguma coisa e continuar tentando. Podemos considerar que o outro lado da esperança é a depressão e a resignação: não esperar nada do mundo exterior e se refugiar em si mesmo.

Em qualquer caso, o fato é que, para manter o equilíbrio do sistema, essa criança deve construir uma estrutura mais rígida que a ajude a manter o controle de suas necessidades. Como ela não pode satisfazer sua necessidade natural de reconhecimento e apreciação, conclui *não ser suficiente* como forma de manter sua necessidade sob controle, tendo que aprender a adiar sua satisfação enquanto se esforça para ser melhor para o pai e, um dia, talvez, conseguir seu reconhecimento. A necessidade de relacionamento insatisfeita faz a estrutura da identidade ("Não sou suficiente") tornar-se mais rígida para compensar ou tentar neutralizar o sofrimento, deixando espaço para a esperança.

O equilíbrio de forças entre a necessidade de relacionamentos e de estrutura pode exigir um esforço ainda maior. Imagine que a mãe da criança seja violenta, agressiva e se ausente com frequência por ser viciada em drogas. Nessa condição, a mãe não consegue ficar emocionalmente disponível e, quando a criança precisa, reage com a violência física e/ou psicológica transmitindo-lhe mensagens cruéis como "Você não deveria ter nascido", "Você veio para arruinar minha vida", "Você é um traste"... Essas mensagens são direcionadas ao âmago do ser da criança, nem mesmo ao seu comportamento. São as mensagens mais destrutivas da identidade e da natureza da criança. O provável é que, quando a criança sentir necessidade e tiver que buscar a mãe, ela reaja repetidamente com agressão verbal e/ou física. Essa situação produz uma confusão ou um paradoxo biológico e psicológico no qual, ao mesmo tempo em que a criança quer, precisa e tem que se aproximar da mãe para sobreviver, ela enfrenta a dor de ser rejeitada e maltratada. O paradoxo se dá entre precisar e tentar não precisar dela para não experimentar a dor da rejeição e da crença de que suas necessidades incomodam e não são importantes. A criança tem que construir um mecanismo para tentar resolver e compensar essa confusão. Muitas vezes, essas crianças desenvolvem uma parte muito agressiva contra si mesmas e se tratam de maneira muito cruel, funcionando como um *agressor interno*, uma parte muito crítica que desenvolve um diálogo interno agressivo: "Você é um merda!", "Você não merece ser amado por ninguém!", "Ninguém vai te querer!", "O amor deles é uma mentira, pois você nem é importante!" Este *agressor interno* tem a função de tentar dissuadir a criança (ou a pessoa adulta) de procurar os outros, simplesmente para evitar a dor da rejeição. Costumam repetir internamente o que ouviram da mãe, mas de um modo ainda mais agressivo. Isso também fornece uma *ilusão de controle*. O controle é realizado por essa parte autoagressiva que diz coisas cruéis para que não seja preciso escutá-las da mãe ou dos outros, o que é ainda mais doloroso. A função desse agressor é manter as necessidades encapsuladas e sob controle, ou mesmo tentar garantir que a criança não experimente nenhuma carência ou necessidade e, portanto, não precise sofrer, sendo autossuficiente. Mas o paradoxo desse mecanismo extremo é que ela se torna uma condenação à solidão, a viver uma vida triste e sem esperança, em um estado de letargia interna ou uma atitude de deixar a vida passar sem esperança em nada. Em casos mais extremos, a pessoa vive como um autômato ou um robô que existe, trabalha, dorme e faz o que tem que fazer por causa da rotina, mas sem encontrar nenhuma satisfação nela.

Esse último caso faz a estrutura da identidade se tornar muito rígida, de maneira que a pessoa define a si mesma de forma muito negativa, aos outros como não dignos de confiança e à vida como sem sentido. É uma autodefinição depressiva e traumática que não deixa espaço para que as necessidades naturais sejam satisfeitas em relacionamentos gratificantes. Mas como o controle nunca pode ser completo, pois todo organismo vivo continua tendo suas necessidades, muitas vezes essas pessoas entram em relacionamentos muito destrutivos nos quais são maltratadas quando sua necessidade se torna muito intensa. Quando elas ousam buscar o outro, geralmente estão em um estado de tamanha carência que não dispõem dos mecanismos de regulação e seleção adequados para saber quem oferece uma relação conveniente e quem não oferece. Costumam se relacionar com pessoas que as tratam com grosseria ou mesmo crueldade. Com isso, comprovam que não são dignos de amor e que não podem confiar em ninguém. Quando o ciclo é perpetuado, elas voltam a se refugiar em si mesmas e tentam viver na solidão. Não aprenderam a distinguir as pistas deixadas pelas pessoas que lhes tratam mal, porque cresceram aguentando, ou evitando dor, buscando não precisar de ninguém e desvalorizando aqueles que davam sinais genuínos de carinho. Então, quando suas necessidades despertam, facilmente iniciam relacionamentos com qualquer pessoa que demonstre o mínimo de atenção ou interesse, mas que lhes maltratará ou abandonará em breve.

Até agora, foi exposto como a necessidade de relacionamentos (vínculos) molda a necessidade de estrutura: quem sou eu, quem são os outros para mim, o que é a vida.

O terceiro desejo ou necessidade que motiva o comportamento do ser humano é a **necessidade de estímulos**. Na condição de organismo vivo, o ser humano precisa se nutrir do entorno, estando em contato com estímulos do seu mundo interno - sensações, necessidades, pensamentos, fantasias, emoções, memórias, – e com os estímulos do mundo externo que se encaixam ou não com o que é despertado internamente. Os estímulos internos são, portanto, tudo o que faz parte do universo íntimo, ou intrapsíquico, da pessoa. Tais processos internos dão informações sobre o que o indivíduo precisa ou deseja e o direcionam à execução de alguma ação que visa buscar, no mundo externo, sua satisfação e recuperar o estado de equilíbrio homeostático: o bem-estar. Já indiquei anteriormente como tudo no organismo está direcionado para a recuperação do bem-estar e da sobrevivência.

Contudo, quando o ser humano ainda é um bebê, os estímulos internos não têm *forma*, ou não são conscientemente conhecidos. Eles são simplesmente despertados quando o organismo biológico precisa de alguma coisa e a chamada é ativada (choro). Como dito anteriormente, é a mãe quem precisa responder, identificando, nomeando com uma palavra e fornecendo o sustento adequado ao que acontece internamente. Dessa forma, a criança aprende a associar suas sensações internas com aquela palavra, e o que precisa fazer para se satisfazer e para alcançá-lo. A mãe é, portanto, o regulador bioquímico do mundo interno da criança e a principal função do cuidado da maternidade é *dar forma* a esse mundo, em princípio, inicialmente caótico. Neste processo de aprendizagem ativa, o ser humano aprende a ler os códigos do seu mundo interior e também a interpretá-los para se mover corretamente no mundo externo. Em pouco tempo, aprenderá a identificar quando a mãe, o pai ou os outros cuidadores estão disponíveis, a antecipar e desenvolver mecanismos adaptativos - a personalidade - para se deslocar pelo mundo e mostrar o que é mais provável de ser aceito e respondido, e, por outro lado, aprenderá a inibir e reprimir o que prevê que será reprovado ou rechaçado. Assim, quando a mãe (sempre falo da mãe referindo-me ao primeiro cuidador) não atende às necessidades da criança, esta deverá iniciar a execução de mecanismos de defesa para sobreviver. A essas estratégias, Winnicot (1965) chama de *Falso eu*. O falso Eu, também chamado de *eu social*, que oculta e protege o *eu autêntico* - aquele que responde à própria natureza vulnerável - e busca se conformar às demandas mesológicas. O *Falso Eu* é aquele apresentado ao mundo porque a pessoa aprendeu que ele é mais aceito do que o *Eu Verdadeiro* (o *Eu vulnerável*), frequentemente escondido para evitar a dor da rejeição. O resultado é, muitas vezes, um sentimento generalizado de futilidade, falta de realismo, vitalidade e sentido na vida.

Em qualquer caso, a criança aprende tais códigos para se deslocar no mapa do mundo oferecido pelos mais velhos. Quanto mais funcionais são os adultos que a educam, melhor serão os códigos aprendidos e melhor e mais preciso será o mapa do mundo que a criança constrói para se mover no território da vida. Precisamos ser estimulados tanto pelo mundo interno quanto pelo mundo externo para nos desenvolvermos e amadurecer. Quando não somos suficientemente bem estimulados, nos tornamos passivos, retraídos e reservados como forma de defesa passiva, ou agressivos e violentos como forma de defesa ativa. O déficit de estímulos no mundo interno-externo leva à depressão; enquanto o excesso pode levar à ansiedade e ao estresse.

Winnicott fala sobre como o amadurecimento da criança se dá em um intervalo que vai desde um nível de frustração ótima - que ele chama de *decepção ótima* – até o extremo da frustração traumática. Quando a decepção resultante da deficiência de harmonização da mãe com as necessidades do bebê ocorre dentro de um intervalo de tolerância, aceitável para o nível de maturação de acordo com a idade da criança, ela não será experimentada como traumática, e até ajudará a compreender que o outro nem sempre está disponível a todo momento em que se pede, mas que é possível esperar um pouco antes de ser atendido. Mas se o grau de decepção não é ótimo, a criança experimentará uma usurpação de seu próprio desenvolvimento e adaptar-se-á às necessidades da mãe, sem aprender a desenvolver, de maneira gradual, um senso pessoal *digno de amor*.

O script da vida:

O conceito de script de vida foi desenvolvido de forma extraordinária por Eric Berne, criador da Análise Transacional, e fundamentado em seu livro *O que Você diz depois de Dizer Olá*. Berne definiu Script como "um plano pré-consciente de como viver a vida" (Berne, 1973) e "um plano de vida criado na infância, reforçado pelos pais, justificado por eventos subsequentes, que culmina em uma alternativa escolhida". Esse roteiro é um grande esquema inconsciente, porque foi *decidido* na nossa primeira infância e estrutura as questões sobre quem somos, quem são os outros, como nos relacionamos com eles e o que é a vida. Ele é, geralmente, construído pela criança pequena ao longo de seu desenvolvimento para estruturar uma forma de adaptação ao entorno e aos desejos de seus cuidadores principais, definindo como se vive a vida, como se deve ser, e com que tipo de pessoa se relacionar. Ele também prevê como serão desenvolvidas nossas relações com os outros, e até mesmo como elas deverão terminar. Por ser um mecanismo adaptativo, não só nos ajuda a sobreviver e a nos adaptarmos, como também envolve a perda ou a renúncia ao nosso *Verdadeiro Eu* (nossa vulnerabilidade), o que implica viver a vida de forma rígida, no sentido mais limitado e restritivo, conformado aos padrões familiares, culturais e sociais.

Ron Kurtz (1991), em *Psicoterapia Centrada en el Cuerpo*, também desenvolve essa ideia de forma muito clara, afirmando que primeiro, aprendemos a sentir o *Eu*, e depois, simplesmente nos estabelecemos nesse *Eu* e o utilizamos para o resto de nossas vidas. Desde pequenos, fazemos um mapa de quem somos, de quem são as pessoas que amamos, como vamos nos comunicar com os outros e qual é o sentido da vida. Criamos esse mapa que mostra como é o mundo, e o que pode ou não acontecer nesse mundo. Depois, quando adultos, usamos esse mapa sem ter consciência do que nos levou a construí-lo de determinada forma, e com os elementos disponíveis na idade em que o construímos. E mesmo que a experiência adulta nos mostre evidências contrárias a esse mapa, nós não mudamos facilmente. Tomemos o exemplo da pessoa que se considera indigna de ser realmente amada. Por mais que ela encontre pessoas que demonstrem interesse verdadeiro e saudável nela, ela não acredita, desqualificando-se internamente com o pensamento "Ele não me conhece de verdade" e desvaloriza o reconhecimento vindo dos outros, pensando "Só dizem isso para que eu me sinta bem".

Citando Ron Kurtz:

> *"Primeiro nós desenhamos o mapa, depois nós o usamos. Mas o autor do mapa e seu usuário fazem duas coisas muito distintas. Na infância, fazemos o Eu, e quando adultos, usamos esse Eu. Enquanto adultos, mantemos, por meio dos nossos hábitos, o Eu que criamos há muito tempo e esquecemos desse ato de autocriação. Quando usamos o Eu, não o sentimos como algo que possa ser mudado. Quanto mais o mundo ameaça mudar o Eu, mais energia gastamos para mantê-lo estável. Porém, ele pode ser alterado. O Eu já foi jovial e flexível um dia. A possibilidade de recriá-lo está em nós mesmos. Na parte mais profunda do nosso ser, ainda existe o criador ------ autor do Eu. A criança que desenhou os mapas ainda faz parte de nós. Os esboços dos seus planos ainda existem. Todos podem ser revistos. Ao aumentar a nossa sensibilidade enquanto terapeutas obtemos acesso ao mapa,*

a quem desenhou o mapa e à possibilidade de mudar. Ao acessarmos o núcleo, encontramos não só o Eu criado, mas também o poder que o criou." [traduzido da edição em espanhol]

Com esta citação de Kurtz, saliento que o mapa do Eu, do Script e do mundo que a pessoa fez quando criança pode ser mutável. Não somos vítimas do que vivemos na vida. Isso não pode ser alterado, mas podemos mudar o que nós concluímos a nosso respeito, e sobre a vida, a partir do que ela nos fez (nossos mapas). O esforço, a luta, os objetivos e a abordagem para alcançar cada vez mais realizações em todas as áreas da vida não nos ajuda a desenvolver um estado de consciência de como nos construímos e da responsabilidade que temos sobre o que nos acontece na vida e nos relacionamentos. É por isso que muitas pessoas vão para mosteiros budistas, buscam a natureza ou fazem o Caminho de Santiago para se reencontrar. O estilo de vida que criamos no ocidente torna muito difícil viver a vida em um estado de plenitude de consciência. A descoberta pessoal exige uma atitude reflexiva e gentil em relação a nós mesmos. Descobrir quem somos é realmente a peregrinação mais importante de nossas vidas. Não podemos forçar o Eu. A pressão e o esforço fazem com que o criador dos mapas se esconda. Ainda segundo Kurtz, para estudar o Eu, voltar-se para dentro, derrubar as muralhas de pedra que defendem a vulnerabilidade do nosso *verdadeiro eu*, é necessário ter paz.

Da mesma forma que os relacionamentos prejudiciais nos levaram a desenvolver um sentimento fragmentado do *Eu*, as relações seguras, de apoio, solidariedade e compreensão, nos ajudarão a reparar esse sentimento de *Eu* machucado. A não-violência, a não-imposição, o amor e a presença de pessoas que nos apoiam nos ajudam a baixar nossas defesas e afrouxar o medo diante do externo para podemos olhar para dentro de nós mesmos e nos reapropriarmos de nossas experiências, mesmo que sejam dolorosas. Somente assim o *Falso Eu* irá ceder para ser conhecido e alterado.

Exercícios de Autodescoberta

- Com qual estilo de apego você costuma se vincular com seus entes queridos?

    a) Cônjuge

    b) Filhos

    c) Amigos

- Quais são os padrões de comportamento mais frequentes com os quais você se manifesta (Eu Social) perante os outros? Agradar aos outros com o que acha que esperam de você; mostrar que você é forte e não precisa de ninguém; ter uma atitude séria e responsável ao executar um trabalho perfeito; ou, falar para os outros sobre a importância do compromisso e dos valores.

- Que é a parte que você esconde dos outros por medo de rejeição, crítica ou não aceitação?

- Como você é afetado pelo fato de não aceitar seu *Eu Vulnerável* (oculto) e não mostrá-lo em seus relacionamentos? Qual é o preço que você paga?

- Que questões se repetem constantemente na sua vida e sempre da mesma maneira? Que crenças sobre você mesmo, os outros e a vida são confirmadas por essas questões?

- Quais foram as mensagens dos pais sobre como você deveria ser e o que deve ter marcado você na construção do *script*?

- Quais são as consequências limitantes de viver sob o script da sua vida?

- O que você precisa mudar em sua visão de você mesmo, dos outros e da vida para levar uma vida feliz?

Mecanismos de Manutenção do Script de Vida

Até agora, expliquei como é moldado o nosso senso pessoal doloroso ou prazeroso. Pontuei a ideia de como esses primeiros esquemas de organização da experiência pessoal se tornam filtros a partir dos quais selecionamos as informações que iremos assimilar do mundo e quais informações deixaremos de lado ou rejeitaremos por não se encaixarem no modelo que conhecemos.

Parece que, embora paradoxal, a partir dos nossos aprendizados iniciais, acumulamos informações que confirmam ou negam o que é de nosso conhecimento. Nosso cérebro é um grande órgão responsável pela gestão e organização das nossas experiências. Sua função é integrar ou digerir as experiências que vivemos, a fim de desenvolver um aprendizado adaptativo, ou seja, tirar uma lição de vida útil que nos ajude a mudar o domínio da vida. Neste sentido, ele também é uma ótima ferramenta de antecipação e previsão do que pode acontecer para que saibamos enfrentar os possíveis eventos futuros. Em parte, essa é a tarefa da memória, lembrar da nossa história para nos ajudar a gerenciar a vida com base nas experiências já conhecidas, ou guardar alguns recursos em nosso repertório para saber o que fazer diante de algo novo.

Disse, anteriormente, que nosso cérebro é neuroplástico, isto é, capaz de aprender e reaprender novas habilidades ou conceitos ao longo da vida. Mas também afirmei que, quando as experiências vividas tiverem sido muito dolorosas, as estruturas que chamamos de crenças tiveram ambiente para se consolidar de forma muito rígida. Quanto mais cedo na vida tiver ocorrido o dano, mais inabalável é a crença, e mais difícil de mudar. Mas poderia pensar: "Qual seria o objetivo de tornar algo tão rígido e difícil de mudar?". O objetivo tem a ver com o costume, com a criação de um hábito que seja ativado sempre da mesma forma, ou uma experiência que se repita automaticamente. O lado positivo desse tipo de aprendizado é que o nosso cérebro consciente não precisa ficar sempre reaprendendo aquilo que ele já aprendeu, bastando estabelecer padrões de movimento sem ter que ponderar sobre o que fazer, sentir ou pensar. O lado negativo é que esses esquemas são mais fechados para o novo, para incorporação de nuances de experiências que podem enriquecer e expandir nosso repertório de manifestações.

Mesmo diante do que foi exposto, a função do estabelecimento de crenças rígidas não parece ser explicação suficiente. Afinal, o que há de vantajoso em estabelecer rigidamente a crença "Não mereço ser amado" ou "Não sou importante, sou invisível, e se outros me conhecessem, eles me rejeitariam"? Parece não haver nada de bom nisso, e, no entanto, se pensarmos novamente que o ser humano vive por um longo tempo em relação de dependência, geralmente com os mesmos cuidadores, isso faz as situações, as cenas, as reações e as experiências vividas terem um caráter frequente, crônico e previsível. Quero salientar o caráter contínuo de algumas experiências, o que as torna estáveis, previsíveis e conhecidas. Talvez seja mais fácil entender com um exemplo. Consideremos uma situação de negligência por parte dos pais que possa ser vivenciada por uma criança que chamaremos André. André tem uma mãe deprimida e um pai alcoólatra, que apresenta reações violentas com frequência, embora imprevisíveis. Isso cria uma atmosfera que André observa e sofre com explosões violentas, às vezes do pai contra a mãe, e às vezes contra ele mesmo. Essa mãe deprimida não tem a força, vitalidade e autoestima necessárias para impedir as agressões do marido contra ela ou mesmo contra André. Assim, a criança vive desprotegida perante o pai e sem a proteção da mãe. Além disso, a mãe deprimida carece de vitalidade e alegria essencial para oferecer à criança um vínculo com o qual ele tenha contentamento e orgulho de existir. André não pode experimentar as manifestações de apego, de que todo ser humano precisa, naturalmente, para amadurecer e desenvolver um sentimento profundo de *ser digno e valioso*, assim como ser olhado nos olhos com alegria, ser tocado e abraçado com ternura, ter a tranquilidade de se sentir cuidado, ser chamado com tom de voz que transmita carinho, apoio e alegria manifestos diante de sua presença. Esses comportamentos transmitem um sentido coerente e profundo de que a criança é realmente amada e os pais estão felizes por sua existência. Em vez disso, a mãe de André está geralmente triste, resignada com sua vida, normalmente suspirando e com a mente em outro lugar, de modo que André não percebe um sentimento de conexão e presença plena da atenção da mãe. Ela geralmente se queixa do quão difícil é sua vida, do trabalho que tem ao cuidar das crianças e do quanto o marido a maltrata. Desde a mais tenra idade, André *pressente* que se ele manifestar suas necessidades diante de sua mãe, ela se sentirá sobrecarregada e às vezes atenderá a seu pedido limpando-o, colocando comida para ele ou vestindo-o e fornecendo-lhe bons cuidados físicos simplesmente de forma mecânica. Embora funcional, no geral, ela não tem a paciência nem a serenidade para observar quando André está inquieto, triste ou assustado pelo comportamento violento do pai. Assim, o mundo interno e as necessidades emocionais de André não são vistos e atendidos com harmonia suficiente, pois a mãe não ressoa com a experiência interior de André não demonstra alegria e orgulho quando ele faz algo certo, não o conforta quando ele se sente triste ou assustado, nem o leva a sério quando ele está com dor. A criança desenvolve um sentimento doloroso de si mesma com crenças do tipo "Eu sou culpado de existir", "Não sou importante", "Eu sou um fardo para minha mãe", "Eu tenho que cuidar de minha mamãe e não trazer nenhum problema para ela", "Vou me resignar a não precisar dela e vou deixar passar o tempo com a esperança de que um dia ela me veja e cuide de mim", "Eu cuidarei da minha mamãe e não a deixarei sozinha com o papai". Para levar a cabo essas decisões inconscientes de forma eficaz, André deve aprender a minimizar suas necessidades e desejos – para não incomodar –, inclusive tentando não sentir, *não ser fraco*, que é o mesmo que ser vulnerável e carente. Vemos que isso exige um esforço sobre-humano para tentar anular a vitalidade e o impulso de ser e crescer como um indivíduo único. E logo ele aprende a carregar dentro de si mesmo, uma parte oculta que se sente triste, mesmo não sabendo o porquê, já que nunca teve as experiências que deveria ter e não tem com o que compará-las. Mas leva também outra parte, a que pode mostrar aos outros que é um *bom menino*, que não cria problemas, não pede nada e se vira sozinho (Eu Social). Pelo lado do relacionamento com o pai, ele aprende a temer a autoridade, a se sentir constantemente em perigo e a desenvolver um radar para tentar prever o risco, observando o rosto do pai. Se hoje ele está com cara de bom pai ou se chega carregado de tensão e disposto a explodir com qualquer coisa. Aprende a viver voltado à detecção dos sinais que o fazem prever se o pai reagirá com raiva e se a mãe pode desistir de tudo e ficar deprimida. Nessa relação com o pai, de quem ouve "Você não serve para nada", "Você está sempre atrapalhando", "Você nunca faz nada direito", "Você é um inútil, deixa que eu faço", etc., ele vai construindo sua autoestima em relação de ser ou não ser competente. Neste clima, conclui: "Eu não valho à pena", "Eu não sou capaz", "Eu não posso pedir ajuda porque não há ninguém para me ajudar", "Eu não posso confiar em ninguém", "Eu estou sozinho no mundo"... Então, como não há ninguém capaz de protegê-lo e defendê-lo das experiências de medo diante do pai, ele também tem que negar seu medo, tentar não senti-lo ou suprimi-lo. Nesse ambiente, no qual vive desde bebê até a adolescência, quando poderá sair de casa, ele vive umas mil vezes o mesmo tipo de interação e reação de ambos os pais. E assim é moldada uma visão da vida do tipo "É assim que funcionam as coisas", "A vida é assim: perigosa, triste, sem esperança e sem ninguém que possa me satisfazer lá fora". Como qualquer criança, André baseia sua autoestima na forma como foi tratado e desenvolve um estilo de apego ansioso com os outros seres humanos, com quem se comporta de forma retraída e com medo da humilhação. No fundo, reforça e consolida um sentimento de vergonha por se sentir inadequado e incapaz de cuidar de si mesmo.

Podemos compreender como as crenças dolorosas vão sendo formadas e confirmadas inúmeras vezes, e como a vida se torna previsível devido ao tipo de reação vindo dos pais ou dos cuidadores primários. Foi importante para André *assumir* crenças do tipo: "Não sou importante e digno de cuidado e amor", "Tenho que ser forte, não precisar de ninguém e me bastar porque eu só tenho a mim mesmo". Ele pode até ter desenvolvido uma parte interna que o trata com grosseria e crítica: "Você é fraco quando precisa de alguém!", "Ninguém vai te amar, então não acredite no amor!", "Vão te abandonar se souberem quem você realmente é!" Essa parte autocrítica tem a função de inibir as necessidades naturais de amor e o desejo de estabelecer vínculos para defender André contra uma busca por algo que ele não vai encontrar nos outros, além de protegê-lo do sofrimento da rejeição e das críticas externas que se repetem inúmeras vezes. De alguma forma, se ele "se convencer" de que não precisa de nada e que ninguém pode amá-lo, deixará de buscar algo que simplesmente não existe no mundo ou que não é para ele. As funções dessas partes e crenças tão rígidas e difíceis de mudar são: a) segurança garantida pela adaptação ao já conhecido e pela fuga do risco do desconhecido, ou do que não lhe pertence; b) continuidade ao sentido profundo do

Eu: "A vida é assim e você não pode esperar mais nada", "Você precisa se conformar e não sofrer pelo que não possui"; e, c) previsibilidade: "Você só vai ter isso, para sempre". A função dessas crenças rígidas é, portanto, simplesmente fazer a pessoa se adaptar e tentar não sofrer, não esperando por algo que nunca virá.

Lembremo-nos que nosso sistema é inteligente e sua primeira tarefa é nos ajudar a sobreviver em situações de risco. Temos que aprender a olhar para nós mesmos e para os outros, apreciando o jeito e a forma como cada um foi construído para sobreviver. Isso nos ajudará a ter um olhar compassivo e uma atitude de simpatia em relação ao outro e a nós mesmos.

A rigidez dos padrões de crença é o que funcionará como um filtro quase impermeável para toda e qualquer experiência que não se encaixe no que ficou tão familiar e foi tão difícil de aprender. Já adulto, quando André ouve de alguém as frases "Você fez um ótimo trabalho" ou "Você é uma pessoa incrível", ele ignora, e - de forma manifesta ou mentalmente – desvaloriza o que lhe disseram com pensamentos do tipo "Não é para tanto, eu poderia ter feito melhor", "Eu só tive sorte", "Estão dizendo isso para que eu me sinta bem, mas não sou tão importante e não valho a pena". O grande medo de André é que se ele se permitir criar vínculos e ser amado por alguém que o trate bem e o valorize, algum dia esse alguém poderá deixá-lo quando souber quem ele é de verdade.

O Sistema do Script de Vida

Ao longo do seu ciclo de vida, André foi organizando um sistema operacional coerente com a atmosfera em que viveu – um sistema para se adaptar e sobreviver. Chamamos a esse sistema, ou padrão de experiência, de *Sistema de Script* (Erskine e Zalcman, 1979). Ele é projetado com o objetivo de tornar a vida consistente, previsível e segura(!), ou seja, *familiar*. Mas ao mesmo tempo, ele cria uma forma de vida muito restritiva, limitada e empobrecida, com um estilo de comportamento difícil de se adaptar ao novo e à assimilação de novas experiências que a vida nos oferece naturalmente. Por outro lado, paradoxalmente, ele gera um circuito que se retroalimenta, confirmando constantemente que as coisas são assim.

Vejamos o sistema de script de André representado em um esquema:

Sistema do Script

Crenças	Manifestações limitantes	Lembranças dolorosas
Crenças sobre: **1. A própria pessoa** - Não sou importante - Sou um fardo - Não valho nada e sou incapaz - Tenho que ser forte	Comportamento observável **1. Condutas observadas** - Não posso pedir o que preciso - Vou me resignar - Não choro na frente dos outros - Espero que adivinhem o que eu preciso - Eu me esforço para agradar aos outros, mas os outros não correspondem	Lembranças afetivas - Quando eu era bebê, chorava e não me acudiam - Quando eu tinha dois anos, fui criado por uma avó mal-humorada que me repreendia - Aos 4 anos na escola primária, a professora me rotulava de tímido - Aos 6 anos, as crianças brigavam comigo porque eu me isolava
2. Os outros - Eles são mais importantes do que eu - Eles não estão nem aí para mim	**2. Experiências internas dolorosas** - Tenho dores de cabeça - Tenho má digestão e meu estômago dói - Durmo muito e não descanso	- No ensino médio, um professor ria de mim porque eu não entendia a matéria - Meu pai me dizia "Você não vai ser nada na vida", e me batia
3. A natureza da vida - É triste	**3. Fantasias negativas** - Eu me vejo sozinho e sem amor quando mais velho - Ninguém vai me amar	- Mamãe disse "Qualquer dia desses, eu morro", e eu ficava com medo. Ela também se queixava do quão triste era sua vida.

Crenças	Manifestações limitantes	Lembranças dolorosas
4. Sentimentos autênticos expressados - Medo		- Os colegas de escola não queriam andar comigo, e eu só tinha um único amigo. E depois eu perdi esse amigo. - Na adolescência, não me sentia atraente para as meninas, era tímido e não me aproximava delas

Nesse esquema do sistema de script, podemos ver como o padrão de experiências (crenças, comportamentos, sensações, fantasias, emoções e memórias) é consistente, ou seja, os comportamentos observados devem ser coerentes com a crença: "Como não me sinto importante, não mostro minhas necessidades nem me posiciono". O sistema se retroalimenta, funcionando como uma profecia autorrealizável e acumulando cada vez mais experiências que são adicionadas ao arquivo de memórias que confirmam que as coisas são assim. Essa é uma ferramenta útil para ilustrar como cada um de nós contribui e se torna responsável pelo que nos acontece continuamente em nossas vidas.

No entanto, neste livro, defendo a perspectiva de uma mudança possível a partir da natureza plástica do nosso cérebro, capaz de se transformar constantemente e assimilar novas experiências ao longo da vida. Quanto mais rígidos forem nossos padrões de experiências, dependendo da intensidade e da precocidade do trauma na vida, mais resistentes à mudança serão. Devemos adotar uma atitude reflexiva sobre nossa própria experiência para podemos transformá-la, situando-nos um plano acima, a partir de onde possamos observá-la. É óbvio que, se André quiser sentir que é importante, ele terá que desenvolver comportamentos diferentes, com os quais começará a dar valor às próprias necessidades, ouvindo-as e fazendo com que sejam vistas e legitimadas em seus relacionamentos com os outros. Além disso, para que a mudança seja sustentável, terá que curar suas lembranças traumáticas relacionadas à violência do pai, à negligência da mãe deprimida e à história de humilhação e desvalorização vivida na escola e ao longo de sua vida. A **cura do trauma** é essencial para **mudar o senso profundo de si mesmo** moldado nas memórias que correspondem às primeiras experiências de vida. Mas, além disso, terá que aprender novas maneiras de se mostrar ao mundo e se conscientizar para ouvir seu corpo, seus sentimentos e emoções. Terá que aprender um novo sistema para desenvolver novos hábitos, padrões de experiências e novas vivências. Chamamos essa nova estrutura de **sistema autônomo** por ser adotado conscientemente pela pessoa a partir de sua perspectiva atual enquanto adulto.

Sistema Autônomo

Crenças	Manifestações autônomas	Lembranças potencializadoras
Crenças sobre: **1. A própria pessoa** - Sou importante - Tenho valor e sou uma pessoa capaz - Sou digno, sendo vulnerável	<u>Comportamento observável</u> **1. Condutas observadas** - Peço o que necessito a quem pode me atender - Adoto postura ativa ao satisfazer minhas necessidades - Mostro-me vulnerável	<u>Lembranças afetivas</u> - A professora da 2ª série gostava de mim e me ensinava - Minha melhor amiga da 8ª série jogava comigo e me recebia em sua casa
2. Os outros - Eles tão valiosos quanto eu - Posso contar com eles	**2. Experiências internas potencializadoras** - Sinto-me bem com meu corpo - Sinto alegria e prazer pela vida - Gozo de boa saúde	

Crenças	Manifestações autônomas	Lembranças potencializadoras
3. A natureza da vida - A vida vale à pena	**3. Planos e visualizações positivas** - Vejo a vida com esperança - Tenho bons amigos com os quais compartilho meu tempo	
4. Sentimentos autênticos expressados - Alegria, vitalidade		

Na nossa jornada e no processo de desenvolvimento enquanto pessoas, todos nós tivemos experiências que serviram de *pilares* nos quais nos apoiamos para continuar mantendo a esperança e confiando que algum dia as coisas mudariam, pois encontraríamos alguém que nos amaria ou construiríamos uma família. Seria impossível nos mantermos vivos se todas as nossas experiências tivessem sido dolorosas e traumáticas. Se procurarmos no nosso arquivo de memórias, todos poderemos encontrar *pérolas* na nossa história. Podemos ajudar nosso cérebro e nosso corpo a recuperar os momentos nos quais gostamos de estar em relacionamentos de apoio e amor, em momentos de prazer na natureza ou conexão espiritual com algo superior a nós.

É nessas experiências positivas que nosso sistema cérebro-corpo adquire resiliência – a capacidade de superar e se recuperar das adversidades. Podemos direcionar nosso sistema de busca de informações para um lado positivo ou para um lado negativo. Como demonstrado até agora, nossas redes neurais percorrerão com mais facilidade o caminho que já percorreram com maior frequência. Esta é a razão pela qual as pessoas que viveram situações cronicamente traumatizantes apresentam mais dificuldade de ter uma visão positiva da vida e dos relacionamentos, e têm maior propensão a ativar os *esquemas* que contêm a versão negativa de si mesmas e da vida. A primeira missão do seu cérebro era ajudá-las a sobreviver. O que geralmente acontece é que o cérebro se organiza em torno dessas experiências de ameaça e se acostuma a considerar o mundo e as relações como ameaças.

Comecei falando sobre a possibilidade de alterar nossos esquemas profundos, e isso está essencialmente ligado à nossa capacidade de rever nossa história pessoal e nossas experiências traumáticas com novos recursos que não estavam disponíveis no momento da experiência, ou seja, com os olhos e o conhecimento que temos hoje, enquanto adultos - ou crianças mais velhas.

A ideia de nossos *esquemas* serem moldados ao longo da vida já foi defendida pelo psicólogo do desenvolvimento Jean Piaget. Ele propôs uma teoria do desenvolvimento humano com base em dois grandes princípios: acomodação e assimilação. Ele explicou como os primeiros esquemas biologicamente programados – os reflexos – vão se acomodando e se adaptando ao mundo exterior, na medida em que interagimos com o entorno (lembremo-nos do exemplo de como o reflexo da preensão manual se adapta aos diferentes objetos que são agarrados), e como esses esquemas são moldados e enriquecidos posteriormente pela incorporação de novas versões das experiências pessoais, processo ao qual ele chamou de mecanismo de assimilação. Assimilar é, portanto, ir adicionando e expandindo a nossa experiência à medida que enfrentamos novas nuanças da realidade que, de alguma forma, ampliam nossas opções para lidar com aspectos mais complexos exigidos de nós pela vida.

À medida que cresce, o ser humano amadurece de forma global sua estrutura e arquitetura cerebral, bem como todo o seu organismo. E, ao amadurecer, vai sendo capaz de assumir tarefas e aprendizagens mais complexas. No entanto, a criança deve ser exposta a tarefas e aprendizagens adequadas ao seu nível de amadurecimento em cada idade. Quando lhe é exigido algo para o qual ainda não está preparada, ela experimenta um sentimento de incapacidade. E se esse algo for solicitado constantemente, ela provavelmente irá moldar uma visão de si de incapacidade e fracasso.

Disse anteriormente que nosso cérebro é um órgão de integração de experiências e que precisamos de estímulos para poder crescer. Reitero que os cuidadores são responsáveis por fornecer à criança os estímulos necessários e adequados para incentivar seu desenvolvimento. O cérebro precisa de novos estímulos para continuar desenvolvendo suas conexões e aprendendo; precisa enfrentar novos aprendizados e desafios de forma gradual; precisa viver em um estado de estresse ideal para quebrar suas rotinas. Se a criança vive em estado de tédio – falta de estímulos – ela se torna passiva e desinteressada. O psicanalista Winnicott (1965) disse que a mãe deve proporcionar à criança experiências de *desilusão gradual* para que ela aprenda a tolerar e gerenciar a frustração. Quando a desilusão é excessiva e repetitiva, não poderá ser assimilada pelo cérebro que fica sobrecarregado por tanta dor ou medo, e a experiência será gravada como algo traumático.

Quando uma pessoa é submetida a uma atmosfera de crescimento em que há maus tratos, negligência e abuso, seu cérebro vai se configurando com um estado de estresse alto demais, o que simula ela ter vivido em modo de sobrevivência, precisando reagir a um ambiente externo perigoso em constante estado de alerta. Isso também gera um estado bioquímico alterado que afeta o funcionamento dos neurônios. Digamos que o cérebro tenha aprendido a viver em modo de alerta. Para ajudar uma pessoa a se enfrentar, consertar e curar sua história de dor, será preciso alguém que saiba como acompanhá-la, para que ela possa refletir sobre sua própria experiência e perceber como suas experiências traumáticas passadas foram configuradas. A pessoa que acompanha deverá ser capaz de oferecer uma relação de suporte, segurança e compreensão, além de ajudá-la a encontrar novas respostas dentro de si mesma.

Vivemos em uma sociedade em que, muitas vezes, somos educados para buscar as respostas para nossas questões existenciais do lado de fora, mas as respostas estão dentro de cada um. Para sermos capazes de desenvolver uma atitude de reflexão sobre o que somos e o que fazemos, temos que olhar para nós mesmos para reencontrarmos o *criador do nosso mapa*. E se os mapas construídos não forem adaptáveis à nossa realidade atual, devemos rever em que contexto consolidamos tal aprendizado e o que nos levou a ele. Temos que aprender, com nossa história, a estar conscientes de que nosso Eu e nosso repertório de comportamentos é resultado do aprendizado que tivemos ao longo do ciclo da nossa história de vida.

Não há experiência que seja traumática em si. O que acontece é a falta de capacidade para reparar a dor que vivemos, na companhia de alguém que nos compreenda, nos apoie e nos ame, apesar de tudo o que nos levou a registrar a experiência como algo inacabado.

Exercícios de Autodesenvolvimento

1. Pegue o gráfico do sistema de script e complete o seu. Reflita sobre quais são suas crenças limitadoras, profundas e dolorosas do sentido do seu Eu mais profundo. Em seguida, considere quais comportamentos você coloca em prática quando está imerso em suas crenças limitantes. Faça o mesmo com suas doenças físicas e suas fantasias negativas sobre o futuro. Por fim, faça uma análise de quais experiências de sua história foram usadas por você para moldar e confirmar suas crenças.

2. Agora, crie um registro semelhante para o sistema autônomo. Considere o que você quer fazer com suas crenças limitantes e quais crenças positivas deseja desenvolver a seu respeito, sobre os outros e a vida. Elabore quais novos comportamentos você precisará aprender e colocar em prática que correspondam e ajudem a alimentar suas crenças positivas. Considere também que memórias e experiências você já tem para atribuir um sentido positivo a si mesmo, aos outros e à vida.

3. Faça um plano para implementar seu novo sistema autônomo. Lembre-se de que a memória é instalada pela repetição e pela prática consciente do novo. Proponha-se a fazer as coisas em pequenos passos e em situações simples da vida diária. Se era difícil para você dizer 'não' em relacionamentos íntimos, comece dizendo 'não', por exemplo, quando lhes derem algo na cafeteria que não for o que você pediu, ou escolha, de forma consciente, satisfazer sua vontade de comer o que você quiser.

Capitulo 2:
A Construção da Mente Humana: Como os Vínculos Interpessoais Modelam A Arquitetura Cerebral
(biologia interpessoal)

"Os vínculos interpessoais configuram as conexões neurais a partir das quais a mente emerge"
"Os padrões relacionais e a comunicação emocional afetam diretamente o desenvolvimento do cérebro"
Daniel Siegel

Neste capítulo, quero expor ao leitor uma visão de como as experiências também moldam nossa biologia ao longo de todo o nosso ciclo de vida, principalmente como nosso cérebro amadurece com base nas experiências vividas. Também desejo mostrar como a estrutura da forma como percebemos as experiências continua presente no Eu percebido no corpo. Como já indiquei, nosso corpo e nossa biologia são como a caixa preta que os aviões carregam e que registra todos os incidentes da nossa viagem no decorrer da jornada da vida. É por isso que, mesmo que, muitas vezes, desejemos esquecê-la, não podemos prescindir de nossa história.

No capítulo um, já mencionei que, nos primeiros dois ou três anos do nosso desenvolvimento, são estabelecidos os fundamentos do senso do Eu que corresponde ao construtor da nossa personalidade: aquilo que acreditamos ser. Esses esquemas básicos que começam a definir quem somos estão registrados nas camadas mais profundas do nosso corpo e da região profunda e subcortical do cérebro. Para que nosso *Eu* possa ser vivido num sentido único e completo, ele precisa ser integrado por meio da conscientização e do processamento de todas as experiências que foram encapsuladas e não digeridas em nosso sistema psicobiológico, nossos registros e memórias corporais. O processamento e a integração dessas vivências nos darão acesso ao funcionamento coordenado desse sistema e ao senso integrado e unificado do nosso Eu. Em última análise, quando nosso sistema não precisar mais se preocupar ou vincular às questões de sobrevivência, poderá se voltar para o crescimento e a transcendência.

Neste capítulo, proponho explicar, do ponto de vista da neurobiologia, como nosso cérebro se desenvolve dependendo das experiências que vivemos, e como tais experiências são fornecidas pela qualidade dos vínculos interpessoais. Sigo as propostas da *neurobiologia interpessoal* do Dr. Daniel Siegel (1999) e de muitos outros neurocientistas que, na última década, mostraram a importância das primeiras relações e seu impacto na maturação cerebral e na regulação emocional.

Não pretendo fazer uma exposição prolixa e rigorosa de todos os mecanismos neurobiológicos envolvidos, mas sim oferecer uma visão geral, embora suficientemente específica, para explicar como nos construímos e como isso determina nosso funcionamento nas estruturas básicas de regulação e modulação das emoções; dos mecanismos envolvidos no armazenamento, processamento e arquivo da memória; da integração, fragmentação ou rejeição da experiência; e, obviamente, de suas aplicações e implicações na gestão e construção de nossa experiência e capacidade de enfrentar os desafios da vida em nosso tempo presente.

Descrição básica da nossa arquitetura cerebral

Nosso cérebro é um órgão de uma complexidade riquíssima, cuja missão fundamental é gerenciar nossa vida psicobiológica, o sistema complexo e os subsistemas que sustentam nosso funcionamento. Isso implica organizar, processar, dar sentido e gerenciar tudo o que acontece em nosso ambiente interno e sua relação com o ambiente externo. Sua função é integrar e digerir nossas experiências com o objetivo de organizá-las e dar-lhes significado útil para nos adaptarmos ao mundo e sabermos como nos manifestar e lidar com ele. O cérebro é, portanto, um órgão de metabolização e processamento[7] – integração – do que vivemos,

---

[7] O **processamento** é, em geral, "o acúmulo e a manipulação de elementos de dados para produzir informação significativa."

sempre registrando e selecionando o que nos ajuda a levar a vida, eliminando o que não é mais útil. Ao utilizar o termo processar, remeto à função de digerir e integrar. No capítulo anterior falei sobre isso de uma maneira ligeiramente diferente ao abordar a acomodação do que já temos em nosso arquivo de memórias e a assimilação do que é novo de modo a expandir nosso repertório de aprendizagem e poder enfrentar novas situações e desafios.

Quando falamos sobre o cérebro, não nos referimos apenas ao órgão dentro do crânio, mas a todo o sistema nervoso distribuído por todo o corpo para detectar informações sobre seu estado e enviar ordens para o seu funcionamento, dependendo do que o organismo necessite e/ou o ambiente externo requeira. O cérebro é um *scanner* sofisticado, responsável por *observar* e analisar o estado da nossa biologia 24 horas por dia para detectar o que está indo bem, o que está indo mal, e recuperar o estado de homeostase, o equilíbrio e o bem-estar. É o *scanner* mais preciso do universo e contém uma representação (mapa) dos estados do corpo e dos aspectos percebidos na realidade externa que sejam relevantes para a nossa vida.

Esse órgão complexo contém células nervosas especiais chamadas neurônios, que são células do corpo que atingiram um nível superior de especialização, mas que perderam a capacidade de se reproduzir. São células excitáveis que recebem, processam, armazenam e conduzem informações através de impulsos elétricos para ativar os neurônios vizinhos. Poderíamos comparar a função do neurônio à de um cabo através do qual a informação flui até o cabo seguinte. Existem cerca de 22.000 milhões de neurônios no cérebro, e embora o número exato não seja conhecido, diferentes estudos indicam que sejam entre 10.000 e 100.000 milhões. Cada um desses neurônios se comunica com pelo menos outros mil neurônios, enquanto recebe até dez vezes mais conexões de outras células nervosas. Ao longo da sua maturação, os neurônios estabelecem conexões entre si, formando extensas redes de conexões neurais que associam experiências e aprendizado, o que constitui o mecanismo da memória. Por exemplo, quando uma situação nos lembra algo que já aprendemos, a rede de conexões que contém a experiência aprendida é ativada, desencadeando novamente um padrão de comportamentos, emoções e pensamentos previamente estabelecidos. Essas conexões entre os neurônios são tecnicamente chamadas de sinapses, sendo formadas e modificadas ao longo da nossa vida. Para termos uma ideia da complexidade do nosso cérebro, o número de conexões sinápticas gira em torno de um quatrilhão! O número 1 seguido de 15 zeros, ou seja, um bilhão multiplicado por um bilhão. Sim, um número inimaginável, superior ao número de estrelas no universo, até onde sabemos, perto do infinito.

Toda essa vasta quantidade de conexões é um indicador da imensa quantidade de informações que este órgão é capaz de manipular e do potencial de aprendizado com o qual nós humanos estamos equipados. Somos os mamíferos com a maior capacidade de aprendizagem e criatividade no planeta, de tal forma que fomos capazes de modificar o ambiente em que vivemos de forma significativa, para o bem e para o mal. Nosso cérebro é maleável e modificável pelo meio ambiente e, por sua vez, pode moldar o próprio ambiente, um fenômeno chamado de neuroplasticidade, que envolve a habilidade do cérebro de sempre estabelecer novas conexões e aprendizados.

O conceito de cérebro triplo

O cérebro humano é o resultado da evolução de nossa espécie ao longo de cerca de 600 milhões de anos. Como podemos ver na figura 2, nosso cérebro é composto de estratos que contam a história da evolução filogenética das espécies ao longo da história. Segundo o Dr. Paul MacLean (1952), neurocientista da Universidade de Bethesda, nosso cérebro é composto por três camadas que foram geradas ao longo de milhões de anos de evolução. É o único órgão de nosso corpo no qual os estratos de nossa evolução podem ser vistos.

Temos um cérebro primitivo, o **cérebro reptiliano**, localizado no tronco encefálico, que recebe este nome porque está presente em nossa estrutura cerebral, e também é encontrado nos vertebrados inferiores. Esse cérebro é responsável pelas funções básicas, mas vitais, de manutenção de nossa vida e da nossa sobrevivência. Ele governa nosso metabolismo, nossa frequência cardíaca, a função da reprodução sexual, a temperatura corporal, os ritmos do sono e da vigília, dentre outras funções. É o nosso cérebro instintivo e automático. Ao longo de milhões de anos de aprendizado, ele selecionou as funções vitais necessárias para nos mantermos. Trata da regulação instintiva da vida, onde se encontra a *sabedoria inconsciente* e milenar das espécies, também base da nossa intuição e do nosso legado ancestral como uma espécie sem consciência. Gosto de comparar esta área do nosso funcionamento com a parte onde vive nossa *força vital*, o instinto da vida, a parte do nosso Eu que se encarrega de lutar para nos manter vivos. Penso nas pessoas que, quando estão deprimidas, têm uma parte de si mesmas que quer desistir e morrer, e, no entanto, há algo mais forte que continua se agarrando à vida. Em todo ser humano, por mais dolorosa que tenha sido sua história, há sempre um momento de conexão com a vida e com o impulso de viver. Na psicoterapia, podemos recorrer a essa nossa parte interna quando a energia vital pode chegar a ser tão baixa que a pessoa se sente tentada a *desistir*; e podemos acessar e estimular essa parte que continua seguindo em frente.

Sobre o cérebro reptiliano foi formado o **cérebro límbico**, também chamado paleomamífero[8] porque reflete a evolução do cérebro em mamíferos inferiores. É também conhecido como cérebro emocional. MacLean propôs essa camada do cérebro como mediadora e articuladora de reações emocionais. Está relacionado à memória, a atenção e às emoções, entre outras funções. Nesta região do cérebro, os processos também ocorrem de forma rápida e imediata, sem ser mediado por nosso pensamento ou processo de tomada de decisão consciente, ocorrendo tudo de forma reativa e automática.

Para o propósito deste livro, interessam-nos, principalmente, algumas estruturas dessa região do cérebro. A primeira, chamada *amídala* (veja a Fig. 1), é como um detector de fumaça em nosso cérebro, sendo responsável por ativar de repente toda a nossa resposta organísmica diante de algum perigo, real ou potencial. Imaginemos que estamos atravessando uma rua de forma tranquila e, de repente, vemos um carro se aproximando. Não podemos parar para pensar. Toda a nossa estrutura biológica é colocada em alerta para tentar salvar nossa vida. Por isso nós saltamos para a calçada. "Ufa!" Uma vez na calçada, tomamos consciência do perigo que corremos e de ter estado perto da morte, e então experimentamos

---

[8] *Paleo* significa primitivo: refere-se ao primeiro cérebro propriamente mamífero.

medo e nosso corpo pode começar a tremer. Mas antes disso, tivemos que simplesmente pular, sem pensar. Esta é a função da amígdala: desencadear o alerta em todo o nosso sistema para enfrentar um perigo iminente: lutar ou escapar. Devo dizer que essa estrutura já está totalmente formada ao nascermos e envolvida no registro de nossa memória. Ela serve, principalmente, de mediadora do tipo de memórias que são tecnicamente chamadas memórias implícitas, referindo-se às lembranças registradas em nosso corpo e memória sensorial, da qual não estamos conscientes. A amígdala também é responsável pelas memórias dos procedimentos automáticos necessários para nosso funcionamento (memória processual) no cotidiano. Aqui, refiro-me ao tipo de memória também gravada em nosso corpo, e que são vitais para tarefas como engolir, caminhar, andar de bicicleta, dirigir. Em dado momento da vida, tivemos que aprender a engolir um pedaço de bife, a andar na rua ou andar de bicicleta; mas uma vez que isso é aprendido, não precisamos mais pensar para realizar essas ações, pois nosso corpo simplesmente lembra e executa o movimento sem mais detalhes. Além disso, se tentarmos explicar aos outros como fazemos cada coisa, é mais provável que pareçamos desajeitados.

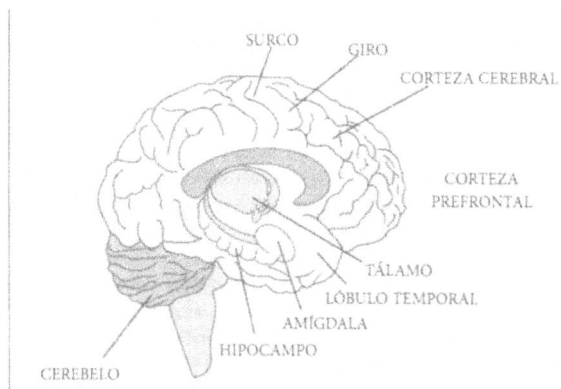

Figura 2.1 (Sulco Central, Giro Pós-central, Córtex Cerebral, Córtex Pré-frontal, Tálamo, Lóbulo Temporal, Amígdala, Hipocampo, Cerebelo)

O fato de a amígdala já estar totalmente madura no momento do nosso nascimento justifica que muitos de nossos aprendizados até os dois anos e meio, ou três anos de idade, sejam lembrados como memórias corporais e sensoriais (somatossensíveis). Por exemplo, depois de centenas de milhares de experiências de se encontrar nas proximidades do corpo da mãe, a criança aprende, corporalmente falando, que estar perto de outro corpo é uma experiência que proporcionará bem-estar ou, ao contrário, frustração e desconforto, pois seu corpo se lembrará de relaxar, até mesmo quando adulto, diante de um abraço, ou ficará tenso de expectativa diante de algo desagradável. O mesmo acontece com qualquer experiência de contato físico em geral. O contato visual também é uma experiência emocional primitiva que ativa nossas memórias sensoriais (memória processual) de sentir intimamente. Crianças que cresceram com mães deprimidas não registram a experiência de serem vistas com vitalidade e alegria, pois olham nos olhos de alguém que não está emocionalmente presente. O mesmo ocorre com aquelas que cresceram com pais que expressaram ódio, inveja ou luxúria através dos olhos. Esses seres humanos evitam o contato visual com os outros porque se lembram somaticamente dessas primeiras experiências.

Outra estrutura importante nos processos de memória que também está localizada no sistema límbico é o hipocampo. Seu nome, hipocampo[9], se refere à forma de um cavalo-marinho nos cérebros dos mamíferos superiores. Essa estrutura é responsável por *traduzir* as experiências vividas (experiências corporais e sensoriais) em experiências narradas e/ou explicadas. É, portanto, uma estrutura-chave envolvida na nossa capacidade de relatar o que nos aconteceu, como algo ocorrido em algum momento da nossa história de vida. Consideremos que contar o que vivemos implica em *falar sobre o que aconteceu* em vez de *reviver* o ocorrido. O fator de *reviver*, às vezes sucede quando nos lembramos de memórias muito carregadas de dor ou medo, experimentamos novamente como se estivessem acontecendo de novo. Falar sobre algo que já aconteceu implica em saber traduzir algo vivido em um código simbólico: as palavras remetem à experiência, embora não sejam a experiência original em si. Devo ressaltar que o hipocampo só alcança sua maturação por volta dos três anos da vida da criança, visto que o que ela viveu até essa idade é lembrado essencialmente em um formato *somatossensorial* (memórias corporais e sensoriais: cheiros,

---

[9] Hipo, do latim *cavalo*

sons, imagens, sensações táteis e sinestésicas, ou seja, o tipo de memória implícita mediada pela amígdala). É por isso que muitas pessoas dizem que não têm lembranças desses anos de vida, quando na realidade elas se referem ao fato de não estarem conscientes de lembrá-lo, seu corpo lembra toda a nossa história. O hipocampo é, portanto, uma estrutura responsável por digerir e integrar as experiências para extrair um significado adaptativo a fim de gerenciar a vida. Para fazer esta tradução do *vivido* para o *narrado*, o hipocampo se encarrega de três tarefas básicas:

a) **Contextualização.** Algo muito importante para que nossas memórias adquiram natureza adaptativa é elas estarem relacionadas a um contexto. Isso nos permite atribuir o fato vivido à situação com a qual tivemos determinado aprendizado. Precisamos saber, por exemplo, que se um professor nos tratou com desdém na 4ª série, foi só esse, e não todos os professores. Contextualizar uma experiência nos permite enquadrá-la em uma situação onde faça sentido, e não generalizá-la para tudo o que existe ou para qualquer situação existente. Quando esse não é o caso, a pessoa pode ativar determinada reação em contextos que não estão relacionados ao mecanismo de funcionamento. Por exemplo, digamos que uma pessoa tenha tido a experiência de ser cruelmente espancada por seu pai, que era autoritário e frio. Quando adulta, a pessoa tem reações de medo e rebeldia diante de figuras de autoridade, como seu chefe, instituições de poder, etc. Isso ocorre porque a memória traumática é ativada pelos mínimos sinais emitidos pelos outros quando eles assumem seu papel de autoridade. As pessoas traumatizadas generalizam gravemente o que experimentaram, aplicando suas conclusões a outros contextos além do trauma.

b) **Sequenciamento.** Outra característica importante de qualquer experiência é a presença de um começo, um meio e um fim. O fim, presente em toda experiência, é requisito necessário para ela fazer parte do passado. Recordações, por definição, são experiências que já passaram, mas que, para isso, devem ser arquivadas como tal. Quando as experiências são excessivamente dolorosas ou causam verdadeiro terror, elas podem ser registradas no sistema psicobiológico como memórias nítidas, que são revividas em toda a sua intensidade emocional e sensorial quando estamos em uma situação que contém algum estímulo que remeta a ela. Esse tipo de rememoração é chamado de *flashback* ou, segundo o Dr. Bessel van der Kolk (2015), *flash de memória*. A pessoa pode ter a sensação de que quem faz, pensa e sente "não é ela".

Sabemos que, quando a pessoa fica sobrecarregada e dominada por suas emoções, sem conseguir sair de alguma situação ameaçadora, o sistema de alerta do corpo permanece acionado diante de algum perigo que não se esvai. Isso leva a um desequilíbrio bioquímico, exigindo que se mantenha a ativação do sistema fora de padrões normais, pois a ameaça não desaparece se a pessoa não consegue evitá-la. O excesso de estresse mantido exige maior secreção do hormônio cortisol para aumentar o nível de açúcar no sangue devido à demanda por maior consumo de energia. O excesso de cortisol, por sua vez, inibe o funcionamento do hipocampo, dificultando a elaboração e integração da experiência vivida como recordação passada. Dessa forma, tais experiências continuam sendo relembradas enquanto experiências intensamente sentidas, como se continuassem acontecendo. A fobia e o pânico são exemplos deste tipo de memória (desde que o pânico não esteja associado a uma ameaça real à vida, que acontece no presente). Para as pessoas traumatizadas, o passado ainda continua ativo no presente, e elas experimentam as sensações físicas como perigosas e sem fim.

c) **Simbologia.** Essa característica refere-se à capacidade de transformar uma experiência e suas características (sentimentos, elementos sensoriais, imagens, sons, cheiros, etc.) em algo que pode ser contado com palavras. É através desse processo de simbolização que podemos expressar aos outros o que nos aconteceu e, pela experiência do compartilhamento, elaborar o sentido adaptativo que a experiência tem para cada um de nós. Quando podemos contar algo muito doloroso para alguém disposto a nos ouvir, entender e confortar, sem sermos julgados por isso, podemos tirar lições positivas do que vivemos que nos ajudam a gerenciar melhor a vida no futuro.

Aqui, devo ressaltar mais uma vez que não são as experiências em si que traumatizam a pessoa, mas a falta de oportunidade para expressá-las com alguém que esteja presente para apoiar e ajudar a recuperar o senso de dignidade pessoal. É nesse processo de poder contar nossas histórias para os outros, confiando na qualidade das relações, que construímos em conjunto a história sobre quem somos, que são os outros e o que é a vida.

Em muitas culturas, uma certa lei do silêncio ainda é imposta quando há situações de maus tratos ou abuso contra seres humanos. Conhecemos casos de mulheres que foram assediadas ou estupradas e cuja família, ou mesmo os vizinhos e o sistema de justiça, culpam a vítima pelo que aconteceu. Nessa situação, onde há críticas e silêncio, a vítima não pode falar sobre sua dor e sobre o terror que vivenciou com ninguém que conheça, pois ninguém vai apoiá-la. Assim, nunca pode terminar de digerir o que viveu, ficando aquele evento gravado como uma experiência traumática que nunca teve fechamento e permanecerá arquivado como algo desadaptativo, mal resolvido e arraigado em sua biologia.

Cito o exemplo de uma mulher adulta, de 40 anos, a quem chamaremos de Irene, e que atualmente tem um sentimento de baixa autoestima, não se sentindo capaz de estabelecer relações com homens nos quais possa confiar, e não confiando nos seres humanos em geral. Ela também apresenta frequentes explosões de medo, raiva ou tristeza. Quando tinha 6 anos de idade, foi abusada por um colega da escola que frequentava, que tinha 6 anos a mais que ela, tendo sido encontrada pelo pai quando a outra criança a tocava. A reação do pai foi explosiva e, em vez de proteger a filha do agressor, acreditando *absurdamente* que era um ato voluntário de sua filha, ele começou a correr atrás dela gritando "Tem que matar essa garota!". Quando Irene voltou para casa, sua mãe a confortou, mas sem falar sobre o assunto. Não a tranquilizou, nem perguntou o que tinha acontecido, nem disse que ela não era uma pessoa má só por causa do ocorrido. Nunca mais se falou daquilo em casa e o pai tinha explosões de raiva com frequência, desqualificando a menina e as mulheres em geral. Irene chegou sozinha à seguinte conclusão, depois confirmada ao longo de seu relacionamento com o pai e a mãe: "Eu sou suja", "Não sou digna de ser amada", "Não posso confiar nos outros". A experiência foi, portanto, armazenada de forma traumática, não só pelo abuso, mas principalmente pela incapacidade de recuperar seu senso de dignidade e não ter sido acalmada e consolada pelos próprios pais. Hoje, Irene sente pânico e desconfiança quando um homem se mostra sedutor diante dela, não sabendo como diferenciar o namoro normal do abusivo, e tolera situações em que eles podem dizer coisas humilhantes para ela. Ela ainda sente vergonha de si mesma quando percebe que gosta de algum homem ou se é vista em público com um homem de quem ela goste, tendo grande dificuldade de conseguir se acalmar quando se sente inundada por suas emoções.

Como podemos ver, o hipocampo tem uma função primordial na integração de nossas memórias e na consequente elaboração de nossa história pessoal. Já mencionei nos parágrafos anteriores que, diante de uma experiência estressante ou uma ameaça da qual não podemos escapar, o hipocampo é paralisado pelo excesso do hormônio cortisol (também é observada a destruição anatômica de neurônios no hipocampo, que apresenta volume reduzido em pessoas com traumas crônicos), impedindo as experiências traumáticas de serem integradas. Assim, a qualidade das memórias traumáticas ficam registradas em nosso organismo como experiências armazenadas no formato original em que foram vividas: como memórias sentimentais, emoções intensas, sensações olfativas, imagens vivas, sons ameaçadores e até sensações corporais internas consideradas perigosas, tais como taquicardia, náusea, transpiração, ansiedade, pânico. Pode-se dizer que a experiência é a própria memória, ou revivência. Muitas pessoas com hipocondria têm fobias com suas sensações físicas porque estas contêm memórias de reações traumáticas.

Outra característica dessas memórias traumáticas, devido à inibição do hipocampo, é que elas são armazenadas de forma fragmentada e não integrada. A pessoa não consegue extrair um sentido integrado do que viveu como uma experiência de sentido único. Esses fragmentos de experiência podem ser simplesmente imagens visuais, auditivas, sinestésicas, olfativas ou gustativas que retornam inesperadamente como flashes tortuosos (ilustradas por muitos filmes referentes aos problemas dos veteranos da guerra, que reveem imagens atrozes do que lhes aconteceu como se estivessem de volta à cena original). Podemos dizer que as memórias traumáticas ficam *congeladas* em nosso sistema neurobiológico em *cápsulas de experiência* e recordação, que podem irromper a qualquer momento da vida se alguma condição do ambiente atual estimular aquela memória. Ou seja, quando, hoje em dia, a situação oferece algum estímulo que se assemelhe aos estímulos que fizeram parte da cena traumática, ela atua como um gatilho para a memória que permanece encapsulada, irrompendo de repente e sem controle por parte da pessoa. Podemos dizer que as memórias traumáticas habitam um sistema mnemônico fora da consciência habitual da pessoa. Essa é a base da dissociação, na qual os aspectos da nossa experiência, incluindo do nosso eu, ficam isolados da nossa rememoração consciente.

Sabemos que as pessoas que tiveram vidas cronicamente traumatizantes não querem se lembrar, têm brechas de memória de períodos mais ou menos extensos de suas vidas e, em seu cotidiano, apresentam dificuldade de lembrar-se de coisas que fizeram recentemente. Muitas dessas pessoas atribuem seus problemas de memória à idade ou questões de ordem física, quando, na verdade, são o resultado de sua vida traumática e da maneira como elas conseguiram sobreviver, *tentando esquecer.*

Nesse ponto, quero destacar algumas conclusões importantes das funções da amígdala e do hipocampo em relação à memória e à construção de um sentido linear do Eu (viver com um *eu único e integrado*) ao longo de nosso período de vida:

- Nossas lembranças dos primeiros dois ou três anos de vida são de natureza sensorial, ou registros corporais ativados no nosso modo de sentir nos relacionamentos com os outros e com o mundo.

- Memórias de natureza traumática não são integradas como memórias narrativas normais e continuam sendo *relembradas* como vivências, ou seja, no mesmo formato em que foram vividas: sensações físicas, cheiros, imagens, emoções, respostas reflexas, sendo então revividas eventualmente.

- As memórias traumáticas são armazenadas em sistemas mnemônicos (redes neurais) que levam uma vida quase que independente da memória normal e consciente da pessoa. É como se uma parte da pessoa não quisesse saber nada a respeito da outra parte ancorada na dor do evento traumático. Existem pelo menos dois sistemas do Eu: o Eu que leva uma vida "aparentemente normal" e o Eu que se lembra do trauma. Mais tarde, vou desenvolver este conceito dos diferentes *Eus*.

- Quando os estímulos de uma situação atual detonam a cápsula traumática da experiência dolorosa, memórias vívidas irrompem sem controle no sistema cotidiano fazendo com que a pessoa experimente novamente alguma situação desconfortável, tal como uma ameaça terrível ou pânico – *flashbacks,* ou *flashes mnemônicos.* Cada vez que a memória traumática é revivida, ocorre um novo trauma, é como estar vivendo novamente em perigo.

- Cada vez que a pessoa revive um trauma (novo trauma) novos estímulos são associados ao seu sistema de lembranças correspondentes às situações atuais. Isso faz com que pessoa associe sua angústia e seu pânico a um número cada vez maior de circunstâncias.

- Pessoas com vidas traumáticas tornam-se fóbicas ao lembrar dos fatos, entrar em contato com situações que podem remeter a algum trauma, ou mesmo a sentimentos, porque sentir é lembrar. São pessoas que fogem de si mesmas, e sobrevivem tentando não pensar e não sentir o trauma. Isso as faz conduzir suas vidas para uma existência sem cor, robotizada, sem prazer, sendo intensamente reativas aos outros e às situações, com a sensação de que exercem pouco controle sobre suas vidas e seus relacionamentos. Elas tendem a se tornar pessoas que fogem de si trabalhando duro, alimentando vícios de comida, sexo ou jogos de azar, para não pensar e não entrar em contato com suas experiências traumáticas.

- Como aprenderam a se desconectar de uma parte importante de suas experiências internas e sensações corporais, elas não sabem como utilizar tais sensações como indicador de prazer ou desprazer de forma que as ajudem a selecionar os relacionamentos pessoais, ou as situações nas quais se sentem mal. Geralmente, permanecem em situações onde são maltratadas e alternam entre estados de aparente bem-estar e estados de depressão, cansaço intenso e tristeza, ataques de raiva ou reações de medo "irracional".

Até agora, descrevi alguns fenômenos de memória que consistem na separação entre dois sistemas: o da vida aparentemente normal e o da vida traumática. Os especialistas em trauma psicológico chamam esse mecanismo de **dissociação,** o que envolve a separação do que foi juntado. Desenvolveremos esse conceito de dissociação mais adiante, bastando agora continuar com a ideia de que, ao longo do nosso desenvolvimento, quando experimentamos condições de negligência, rejeição, abandono ou abuso, inibimos ou excluímos do contato com outros seres humanos, aqueles aspectos pelos quais temos medo de ser rejeitados ou maltratados. É como se quiséssemos banir ou eliminar os aspectos de nós mesmos que rejeitamos porque os outros os rejeitaram. Esses são aspectos marginais do nosso Eu, que tentamos esconder dos outros, e em casos mais extremos, até de nós mesmos, mas que, no entanto, fazem parte de nós e conduzem uma existência oculta ou fragmentada, como uma sombra, da qual não podemos escapar. Ressalto aqui que tudo o que foi separado no *Eu* deve ser reunido a fim de podermos desfrutar de um sentimento de unidade interna para termos a flexibilidade e a capacidade de levar uma vida feliz. Essas cápsulas separadas da consciência roubam energia vital e nossa capacidade de aproveitar a vida.

Dissociação significa, portanto, *separar o que estava unido.* Quando o corpo não consegue escapar do perigo, a mente tenta *se ausentar* da situação. As pessoas que enfrentam uma ameaça inescapável (como as crianças que vivem em uma família violenta) tentam não estar presentes nessa realidade dolorosa, fugindo por meio de suas fantasias para não sentir dor ou abuso em seus corpos. Podem chegar a criar mundos alternativos de fantasia (como uma família ou um amigo imaginário), vivendo vidas anestesiadas, iguais a robôs, como se a vida fosse algo irreal, ou como se elas se sentissem fora de seus corpos. Algumas pessoas que foram abusadas sexualmente quando crianças, depois de adultos não conseguem desfrutar de suas relações sexuais porque se sentem invadidas ou simplesmente se alienam de seus corpos, indo para o mundo de fantasia por meio dos pensamentos. É assim que elas conseguem seguir adiante na vida, embora dissociando e separando uma parte de si mesmas. Tais pessoas poderiam dizer que *vivem sem viver*, ou que vivem suas vidas como se não estivessem nela, vendo a si mesmos através de uma janela, sobrevoando o cenário da vida. Estas são algumas maneiras de refletir a dissociação que experimentam.

Há uma terceira estrutura cerebral ligada ao sistema límbico, que os neurocientistas geralmente indicam como extensão do sistema límbico: é o córtex pré-frontal, particularmente o orbitofrontal, a área do cérebro que está logo acima de nossas sobrancelhas. Embora eu volte mais tarde às suas funções e sua importância quando me referir ao uso da metarreflexão, da atenção plena ou do *Eu Essencial* enquanto *Observador Amoroso*, quero dizer aqui que essa estrutura também tem participação determinante na integração das experiências. Van der Kolk (2014) refere-se a esta parte do cérebro como *a torre de controle* que regula o tráfego de um aeroporto. Podemos dizer que é como uma grande central telefônica que atua como centro de coleta de informações procedentes de todas as outras regiões do cérebro, do corpo e do que acontece no ambiente externo, ou em nossos relacionamentos com outros seres humanos, cujo objetivo é tentar integrar tudo e organizar uma resposta congruente para as situações. O córtex orbitofrontal é responsável pela modulação e autorregulação das emoções, pois nos permite refletir sobre elas e regular sua expressão, incluindo a empatia com outros seres humanos, e envolvendo também a capacidade de planejar nossas ações e projetar nossos desejos para o futuro. Nessa área, também reside a capacidade da mente de se observar, ou a capacidade de estarmos conscientes de quem somos – metarreflexão. Esta última se refere à capacidade de reflexão sobre a própria experiência e de estar ciente da própria existência e dos próprios processos internos, que é algo essencial para a integração do Eu. Podemos dizer que esta última capacidade é *a mente observando a si mesma*, uma característica especificamente humana.

Por último, no *cérebro triplo*, desenvolveu-se o neocórtex (novo córtex), ou nas palavras de Paul MacLean, o cérebro mamífero, uma vez que é a parte mais moderna, desenvolvida especialmente em mamíferos superiores: primatas e humanos. Em outras palavras, este é o cérebro racional, responsável pelo processo do pensamento concreto e abstrato, concentração, resolução de problemas, raciocínio e linguagem. A característica mais marcante do neocórtex é sua capacidade de gerar, modificar e regular o grande número de conexões neuronais. Ele forma uma estrutura dinâmica capaz de regular e direcionar o fluxo de informações estabelecido entre os diferentes circuitos e redes neurais existentes. Ou seja, tem uma grande capacidade de adaptação e reelaboração das conexões anteriormente existentes (neuroplasticidade), aprendendo continuamente. É nessa camada do cérebro que reside a nossa maior capacidade de elaboração consciente. Poderíamos dizer que este é o *cérebro pensante*, capaz de elaborar o raciocínio. Evolutivamente falando, é uma área pequena, com apenas 6 mm de espessura, o que, comparado ao resto do cérebro, é muito pouco. No entanto, tendemos a acreditar que a maior parte da nossa experiência é o que pensamos. Mas isso não corresponde ao que foi dito até agora, pois a maior parte do nosso cérebro é subcortical, portanto, inconsciente e somatossensorial.

O interessante dessa teoria dos três cérebros é a explicação evolutiva filogenética[10] que ilustra enquanto nosso cérebro amadurece de forma hierárquica, tanto ao longo dos anos de evolução como espécie quanto durante o desenvolvimento de um indivíduo no seu período de vida. Ou seja, as camadas superiores do cérebro são assentadas na maturação ou falta de maturação das estruturas abaixo delas. Digamos que as estruturas inferiores, subcorticais ou mais inconscientes são a base sobre a qual o funcionamento mais complexo do neocórtex se assenta. O mesmo pode ser dito sobre todo o funcionamento de qualquer ser humano: seu nível de amadurecimento e funcionamento na vida adulta precisa do aprendizado mais básico e inicial da vida desenvolvido adequadamente. Essas camadas subcorticais profundas guardam toda a história inicial do desenvolvimento, bem como as

---

[10] Filogênese: relativo à evolução da espécie

experiências que não puderam ser integradas e assimiladas. E são as experiências iniciais, particularmente a qualidade das relações com os cuidadores, que fornecem as condições para um assentamento adequado da arquitetura cerebral. Podemos dizer que o ser humano está equipado com a bagagem biológica necessária para crescer enquanto indivíduo ímpar e desenvolver todo o seu potencial ao máximo, mas que esse longo período de dependência com seus cuidadores e educadores pode facilitar ou dificultar o florescimento do que está na semente.

Até agora, pretendi ilustrar as estruturas cerebrais envolvidas na organização da experiência e dos mecanismos de maturação cerebral e manter como as experiências positivas e negativas afetam a organização do nosso cérebro, principalmente, a organização da memória. Agora vou explicar outro mecanismo importante na regulação e na gestão da experiência: a regulação emocional.

Aprendendo sobre a regulação emocional

A regulação ou modulação da resposta emocional é uma das habilidades básicas que cada ser humano tem que aprender, pois esta está diretamente relacionada à resiliência e à saúde mental na vida adulta (veja a seção sobre a aprendizado da resiliência no capítulo 1). O bebê humano precisa de seu primeiro cuidador para regular seus estados internos, pois não está suficientemente maduro para lidar com o que acontece consigo. Como mencionado no capítulo 1, o bebê precisa de uma mãe suficientemente boa - emocionalmente inteligente - que saiba intuir e identificar o que significam as expressões de desconforto do bebê. A ferramenta disponível para a mãe modular os estados emocionais do bebê é a alteração das sensações físicas da criança por meio de balanço, alimentação, carícias, diminuição do desconforto físico, como retirada de fraldas molhadas, emissão de sons tranquilizadores e execução de outras interações físicas reconfortantes. A criança é, portanto, uma criatura subcortical, e só sabe se está bem ou mal, cabendo à mãe saber como acalmá-la, confortá-la e dar uma solução adequada a cada necessidade. A mãe atua intervindo nas sensações físicas da criança, ajudando-a a recuperar seu estado de bem-estar e homeostase. E isso é eficaz quando a mãe o faz com um estilo de comunicação sintonizado às necessidades da criança: com um tom de voz e um olhar amoroso e empático, em um ritmo reconfortante. A mãe é, portanto, o regulador bioquímico dos estados internos do bebê. Se ela não responder adequadamente, a criança intensificará sua manifestação de desconforto ao chorar até sentir raiva ou ter um esgotamento ou colapso.

Podemos dizer que a mãe coloca à disposição da criança, enquanto criatura subcortical, o aprendizado existente nas suas estruturas neocorticais e subcorticais que contêm os programas de cuidados dos outros. Quando o cuidado é sistematicamente bem feito, durante centenas de milhares de interações entre a mãe e a criança, os circuitos neurais que associam as sensações internas que comunicam a necessidade por meio da execução de um chamado (o choro do bebê, o pedido do filho mais velho), a resposta obtida do entorno (o cuidador) com sua consequente satisfação e recuperação do bem-estar são consolidadas como uma rede neural de experiências estáveis. Como diz o neurofisiologista Allan Schore (1994), a regulação emocional começa como uma *Regulação Biológica Interativa*, em que a mãe atua como um neocórtex auxiliar externo da criança, para depois tornar-se uma *Autorregulação Biológica Autônoma*, quando a criança é capaz, por si só, de se acalmar, identificando, nomeando e lidando com os próprios estados afetivos. A presença e as habilidades de sintonia emocional do primeiro cuidador, expressas através de aspectos não verbais da fala e atitudes sintônicas (olhar, toque, ritmo respiratório) transmite de hemisfério direito para hemisfério direito a informação de que a criança é compreendida, amada e acompanhada (Schore, 2012). Schore (2012) faz ainda uma tradução do papel regulatório emocional da mãe para o papel do terapeuta em terapia:

> *"No nível mais fundamental, o trabalho intersubjetivo da terapia não é definido pelo que o terapeuta deve fazer pelo paciente (hemisfério esquerdo), e sim pelo mecanismo chave de interagir com o paciente, especialmente nos momentos de estresse emocional no hemisfério direito".*
> [traduzido da edição em espanhol]

Quando o cuidador primário está em estado de calma e serenidade, pode transmitir a segurança e a presença necessárias para regular e sustentar o estado emocional da criança (leia-se também: terapeuta com paciente adulto), ou seja, o córtex orbitofrontal da criança capta a segurança do entorno que cuida dele e pode exercer sua tarefa de autorregulação motivada pela heterorregulação de seu cuidador.

Hoje, sabemos que esta área orbitofrontal tem conexões diretas com as estruturas do mesencéfalo, exercendo um papel que ajuda a diminuir a ação da amígdala. A integração da experiência, ou a cura, ocorre quando o cérebro consegue alternar entre um estado de ativação simpática e outro de ativação parassimpática, chamado de *estado de coerência mental*.

De volta ao aprendizado da autorregulação emocional, após milhares de interações efetivas da parceria mãe-filho, nas quais a criança sente de maneira estável e previsível que será acalmado, ela aprenderá a tolerar maiores níveis de desconforto e a adiar a satisfação imediata. Em última análise, ela aprende a registrar internamente a imagem da mãe como uma fonte constante de cuidados, de maneira que algum dia, possa se sentir segura e calma, mesmo que não a veja e, depois, saber como se acalmar sozinha. Este é um aprendizado básico para a vida que permitirá o adulto saber regular seu universo interior, escolher as pessoas que saibam como entender e responder às suas necessidades, e aprender a lidar com a frustração de que alguém, em algum momento, não está disponível sem isso significar que ele *não é importante*.

Desde o momento do nascimento, são os processos interpessoais e as relações que dão significado e contexto às sensações e às emoções. Se as crianças são bem cuidadas, conseguem estabelecer relações entre os sinais corporais, o estresse e as várias maneiras de se sentir melhor: aprendem a usar seus próprios sinais corporais e emoções como guias para agir e se comportar corretamente na vida. Isso é aprendido através do vínculo de apego no qual a mãe atua pela identificação, nomeação e acalmia em interações sutis. Assim, a criança aprende a tolerar níveis crescentes de estimulação. O apego seguro é baseado na *comunicação cooperativa* ("Eu sou compreendido"), através da qual a mãe atua de modo eficaz ao acalmar, fornecer segurança e permitir a exploração do ambiente quando a criança está pronta para isso. De acordo com a psicóloga Mary Ainsworth, isso implica uma comunicação contingencial, na qual os sinais de uma pessoa são respondidos de forma apropriada.

Quando nos sentamos diante de outra pessoa, conscientes disso ou não, estamos compartilhando muitas emoções e sensações. A neurociência explica essa realidade através de pesquisas com neurônios espelho. Esse tipo de neurônio é especializado em capturar os estados emocionais dos outros para promover uma resposta empática, de modo que, de alguma forma, *possamos sentir com o outro* e compreendê-lo. Nosso organismo inteiro está programado, como afirma Daniel Stern (1991), para participar da *vida afetiva interna* dos outros. No entanto, embora possamos ressoar com a experiência do outro, não sabemos com certeza o que está acontecendo no seu mundo interior. Basicamente, temos dois tipos de informação: a) os microexpressões faciais do outro que são *flashes* de milissegundos de manifestações emocionais de prazer, medo ou desgosto, por exemplo; b) posturas e movimentos sutis que podemos capturar, que contêm expressões emocionais. É assim que funciona nossa intuição, à qual Porges (2001) atribui nossa *neurocepção*, ou a forma como nosso sistema nervoso capta sinais do ambiente em um nível muito inconsciente e visceral.

Pessoas traumatizadas ou que tiveram uma vida caracterizada por traumas crônicos na relação com os cuidadores, e crianças que sofreram abuso, negligência ou abandono, não tiveram a experiência de terem participado de uma *parceria regulatória* saudável, na qual pudessem se sentir amadas e cuidadas. Essas pessoas não desenvolvem a capacidade de regular de forma efetiva seus estados emocionais. A consequência disso se manifesta como uma hipersensibilidade às interações, vistas sempre como ameaças existenciais e experiências desagradáveis.

Muitas vezes, essas crianças são definidas pelos pais e cuidadores como *muito sensíveis*, dando a entender que há algo de errado com elas, por se mostrarem vulneráveis diante de alguma agressão sutil ou grosseira do entorno. Tal definição só gera problemas, uma vez que não entendem que a sensibilidade é apenas uma reação ao que é doloroso vindo do mundo externo. Eu digo que uma pessoa sensível é uma metáfora para quem sofreu insolação decorrente de superexposição ao sol, logo, sua pele está queimada dói ao mais leve toque, pois está hipersensibilizada pelo dano sofrido. Pessoas que tiveram uma história traumática reagem com extrema sensibilidade diante de condições que percebem como ameaça ou insensibilidade extrema, pois começam a se sentir anestesiadas e prontas para aguentar algum sofrimento mais intenso. A hipersensibilidade se baseia na existência de mecanismos de modulação deficientes.

Autores como António Damásio (1999), Jaak Panksepp (1998a) e Stephen Porges (1995) argumentam que a experiência sensorial desempenha papel crítico na geração de estados emocionais. Eles afirmam que as emoções são o reflexo psicológico dos estados do corpo.

> *"Os estados emocionais são gerados pelo perfil bioquímico do corpo, pelo estado das vísceras e pela contração da musculatura estriada da face, pescoço, tronco e membros."* [traduzido da edição em espanhol, Damásio, 1999]

A conclusão sobre a importância da regulação emocional enquanto mecanismo principal de funcionamento vem do fato de que, quando o organismo vive em um estado de estresse excessivo, ou superexcitação, cria-se um ambiente interno de constante desregulação bioquímica na qual o cérebro não pode executar adequadamente seu trabalho de integração das experiências, acomodação dos esquemas já consolidados e assimilação do novo nos esquemas aprendidos. Na pessoa que vive emoções excessivas ou em estado de medo e alerta permanentes, o hipocampo não pode desempenhar sua função de metabolizar as experiências. Essas vivências ficarão registradas como lesões de desenvolvimento e memórias dolorosas, ativas por muitos anos, mesmo depois de terem ocorrido.

Daí a importância de a cura do dano experimentado em relações inadequadas ou traumatizantes, ocorrer por meio de uma nova relação, que ofereça segurança, suporte, compreensão e amor. Eu gosto de dizer que, como na medicina homeopática, se o veneno foi a relação nociva, o antídoto também deve estar em uma nova relação para facilitar o contato com o trauma pela presença amorosa de outro ser humano para que isso possa desencadear os mecanismos de autocura da pessoa. A pessoa traumatizada pelos relacionamentos deve ser capaz de explorar sua história dolorosa, mas agora com a ajuda de alguém que queira realmente estar perto, acompanhando, e que esteja interessado na sua dor, que um dia foi desconsiderada ou aumentada pelos outros. Esse é o sentido da presença e da compaixão.

A parceria interpessoal que proporciona uma relação segura e favorável pode fornecer proteção e suporte para vivências emocionais destemperadas e esmagadoras experimentadas pelo outro, ajudando-o a modular a intensidade dos estados internos, de modo que, agora, possa tolerá-los. Pessoas portadoras de traumas têm medo de enfrentar sua dor, porque temem não serem capazes de tolerar Áquila situação de novo, com receio de ficarem tristes para sempre, incapazes de parar de chorar, ou que isso não leve a nada. O que podemos dizer é que todo fenômeno tem um fim, e só termina quando permite que a energia presa nas memórias congeladas das cápsulas de informação traumática seja revelada, exprima a força dolorosa que precisou ser reprimida no passado, e conclua o processo por meio da integração de uma nova maneira, ao Eu da pessoa.

Uma tarefa importante para as pessoas portadoras de traumas crônicos é desenvolver a habilidade de se acalmar, desenvolvendo um senso de autocompaixão pela história e experiências vividas, e poder acomodar aspectos traumatizados que permanecem fragmentados e fixados, abrigando um sentido defeituoso do Eu, que dá origem às diferentes *partes do nosso Eu*. É preciso aceitar e integrar tudo o que a pessoa é para viver como um eu único e integrado.

O sistema nervoso e a regulação emocional: a conexão corpo-mente

Um conhecimento neurobiológico muito útil para entender nosso funcionamento emocional e sua regulação é a **teoria polivagal** do neurocientista Stephen Porges (2001). Sua pesquisa sobre o nervo vago mostra como este também evoluiu hierarquicamente ao longo de nossa evolução filogenética.

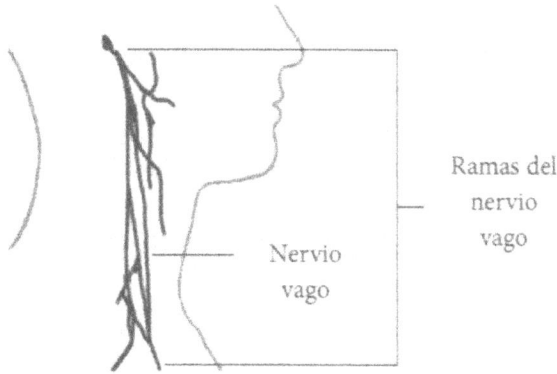

Figura 2.2 (Nervo Vago - Ramos do Nervo Vago)

O nervo vago (figura 2.2) nasce no tronco encefálico e se estende por fora da coluna vertebral. Está envolvido na regulação do nosso sistema nervoso autônomo (SNA), na regulação de nossos estados emocionais e nas respostas de sobrevivência e saúde.

Tradicionalmente, têm-se usado o conceito de que o nosso SNA é composto de um ramo de *ativação simpática,* que desencadeia nosso sistema de sobrevivência (luta e fuga diante das ameaças) e um sistema de *ativação parassimpática* envolvido nos processos de restauração de energia, cura e crescimento (entende-se por crescimento a multiplicação das células, os processos de digestão, sexualidade, e até processos de aprendizagem intelectual). Esses dois ramos se alternam e inibem um ao outro, ou seja, quando um está ativo, o outro está inativo, funcionando em ciclos de atividade-fadiga e descanso-recuperação. Porém, em casos extremos de ameaça à vida, e situações nas quais o indivíduo não pode escapar nem lutar, a *defesa ativa* (luta e fuga) torna-se um perigo em si, pois o agressor pode causar mais danos. Tomemos o exemplo da vítima de um assalto: se ela resiste fortemente, o ladrão pode atacá-la fisicamente e até mesmo matá-la. O mesmo pode ser observado em outros mamíferos. Quando dois cães lutam e o mais forte pode matar o outro, este sobrevive rendendo-se e *fingindo de morto.* Nos casos em que a defesa ativa se torna um perigo em si, sobrevivemos ativando nosso sistema de *defesa passiva*: a rendição, a *morte fingida* e até o congelamento. Este sistema de sobrevivência é muito antigo, utilizado pelos répteis, e envolve a desaceleração do nosso metabolismo para *passar desapercebidos*. Ele é iniciado automaticamente, sem a intervenção da vontade consciente, sendo, portanto, determinado biologicamente para evitar que o agressor continue a atacar e também para evitar a dor, uma vez que existe maior secreção de endorfinas que atuam como anestésicos naturais.

Da paralisia, o indivíduo que tem sua vida ameaçada passa a um estado de *morte fingida* e, se o agressor ou predador continuar atacando diante da movimentação ou da tentativa de fugir, entra em um estado chamado de imobilidade tônica ou colapso - congelamento - que envolve a retirada de energia dos músculos, a sensação de entorpecimento ou formigamento, torpor, ausência de percepção do corpo, náusea e até mesmo a sensação de frio que vem do interior do corpo e que não está relacionado com a temperatura externa. A pessoa que ativa essa defesa experimenta o que, na literatura do trauma psicológico, chamamos de um *terror indescritível*, o que explica o intenso pânico e dor psicológica e/ou física que as vítimas enfrentam. Além disso, explica como o hipocampo e o acesso às áreas da linguagem do cérebro (área de Broca) são bloqueados quando a intensidade das emoções é intolerável, impedindo a experiência de ser digerida ou convertida em memória normal. Da mesma forma, a execução desse mecanismo de imobilidade tônica implica na dissociação (ou fragmentação) de aspectos da própria experiência como mecanismo de sobrevivência extraordinário. Na dissociação, alguns aspectos da própria experiência são separados ou rejeitados no campo de nossa experiência consciente, sendo relegados a um sistema de memórias somáticas e sensoriais e encapsulados em nossa biologia, podendo ser ativados mais tarde, quando algum estímulo presente nos lembrar do trauma original. Mais uma vez, a dissociação faz a mente se ausentar da realidade quando o corpo não pode escapar, funcionando, assim, como se nada tivesse acontecido, não sentindo ou *não estando presente no próprio corpo*.

Consideremos que as crianças em seus dois primeiros anos de desenvolvimento tendem a utilizar esse mecanismo dissociativo associado ao congelamento quando vivem entre cuidadores negligentes, agressivos e violentos, pois não podem fugir e têm poucas chances de defesa ativa (apenas o choro e a birra). Isso gera um condicionamento, fazendo com que, no futuro, seu sistema neurológico reaja à ameaça *desconectando-se* de forma automática e condicionada. Dessa forma, elas podem paralisar a própria biologia e tentar *passar desapercebidas*, ficando ausentes e "não sofrendo". Mais tarde na vida, podemos ver como alguns adultos continuam a reagir de forma automática e inconsciente a ameaças ou maus tratos, simplesmente anestesiando-se e ficando paralisados, o que os coloca em uma situação de vulnerabilidade e incapacidade de levar em consideração seus sentimentos de desconforto para regular seus relacionamentos pessoais.

De acordo com a teoria polivagal, essa defesa da imobilização envolve a ativação do ramo dorsal do nervo vago: a estrutura reptiliana mais antiga em termos evolutivos. Seguindo Peter Levine (2013), podemos dizer que o trauma psicológico é como o corpo, e de forma instintiva e inata, responde à ameaça. Nosso cérebro subcortical estabelece respostas reflexas que nosso corpo executa automaticamente diante de uma ameaça inescapável. Quando essa resposta de defesa precisa ser usada repetidamente e mantida ao longo do tempo, o corpo lembrará dessas respostas reflexas que serão desencadeadas por qualquer evento ou estímulo que reflita algum aspecto da situação traumática original. No trauma, o corpo fica preso na resposta de defesa, seja de mobilização (luta e fuga) ou imobilização (congelamento), se encolhendo ou colapsando, o que é associado à sensação de insegurança e impotência. Algumas pessoas se referem a essa sensação dizendo "Eu tenho medo preso dentro do meu corpo". Até mudar o que percebe no corpo, a pessoa traumatizada continuará se sentindo hipervigilante, hiperativa e desamparada.

Uma tarefa essencial na cura do trauma é ajudar as pessoas que sofrem com isso a conseguirem ficar presentes e deixar expressar a história que está em suas sensações corporais. Quando mudamos o que sentimos no corpo, não revivemos mais o trauma. Por essa razão, na recuperação e no tratamento de um trauma, é importante que, diante da imobilidade, possamos promover movimento e ação (a capacidade de se movimentar, afastar ou enfrentar). E diante da insegurança, ter todas as vivências que ajudam a experimentar força (por exemplo, espremer uma toalha, empurrar algo, se posicionar, correr, etc.). Isso proporciona experiências sentidas no soma, que são contrárias à resposta de imobilização e congelamento associada ao trauma.

Quando falo de despertar no corpo respostas ou reações físicas de movimento, não me refiro apenas ao que a pessoa pode sentir nos músculos estriados, mas também ao que ela sente no sistema nervoso autônomo (neurovegetativo) no nível das vísceras. As sensações físicas associadas ao trauma na resposta ao congelamento têm um componente neurovegetativo predominante (falta de força, náusea, bradicardia ou taquicardia, respiração lenta ou agitada). Estes sintomas informam ao tronco encefálico, através do nervo vago, sobre uma reação de alarme e perigo extremo. O nervo vago liga nosso sistema corpo-mente de forma muito rápida, sem a intervenção do neocórtex ou das funções de controle consciente. E como as memórias traumáticas permanecem encapsuladas e não processadas, quando a pessoa volta a ter essas sensações neurovegetativas, seu cérebro profundo e subcortical, sem linguagem, *entende* que ela está diante de um perigo gravíssimo, embora no contexto real a pessoa esteja em uma situação e contexto seguros. Essa é a natureza dos ataques de pânico, por exemplo. Eles podem ser despertados por algum estímulo externo (meio ambiente) ou interno (mundo intrapsíquico) sem consciência por parte da pessoa, que sente que vai *morrer*, embora, conscientemente, saiba que não existe perigo algum. Para a pessoa traumatizada, se o corpo experimenta sensações associadas ao medo, seu cérebro subcortical avalia que ele está *realmente em perigo*. Por essa razão, é, geralmente, importante ajudá-la a despertar seu sistema de avaliação da realidade com base na informação que vem dos órgãos sensoriais externos (visão, audição, toque), pedindo-lhes que descrevam o que veem, ouvem e tocam no contexto atual. Isso despertará a experiência de que *agora estão a salvo*, embora *sintam-se em perigo*. Há muitas outras maneiras pelas quais podemos despertar sensações neurovegetativas reconfortantes como, por exemplo, cantar o mantra OM. Este som grave e a consciência de sua vibração no corpo ajuda a produzir sensações de conforto nos intestinos. Quando a pessoa é dominada pelos sintomas físicos e *flashbacks*, podemos dizer que ela está vivendo no trauma e, portanto, está se retraumatizando. Em uma abordagem gradual, a primeira coisa será ajudar a pessoa com trauma a viver fora do trauma, o que implica em ensiná-la a desencadear, por exemplo, sensações físicas não associadas ao trauma: força, equilíbrio, segurança, prazer, enraizamento. Tais sensações podem ser despertadas com certa facilidade através de exercícios físicos que estimulam essa experiência, os processos de atenção da pessoa traumatizada para a tomada de consciência sobre como as sensações são percebidas.

Uma vez que as sensações e memórias traumáticas são experimentadas como inacabadas pela pessoa, elas costumam expressar um medo de ficar deprimidas para sempre, não podendo escapar do pânico, ou explodindo de raiva, e temem não poder suportar tal situação. Sua maneira usual de lidar com essas sensações traumáticas costuma ser evitando-as, reagindo a elas (por exemplo, trabalhando duro para evitar ter que pensar ou sentir) ou anestesiando-se, o que faz com que o sistema acumule mais energia reprimida e exploda, quando a energia irrompe inesperadamente. O importante, portanto, é implementar ou ativar sensações físicas opostas às traumáticas: ação, mobilidade e sensações viscerais associadas à tranquilidade e ao conforto.

À medida que a pessoa tem *sensações corporais* que refutam a insegurança e o desamparo, tais como força, ação e capacidade de conter emoções, ela começa a ter experiências de vitalidade, excitação, poder, bem-estar, e se sente autora de seus próprios movimentos. Quando sente já ter controle sobre suas sensações e emoções, ela pode enfrentar os sentimentos associados ao trauma, e adentrá-los simplesmente observando e modulando sua intensidade para que eles possam contar sua história.

No abuso traumático, o indivíduo se dissocia não apenas do mundo exterior, do processamento e da integração de estímulos externos associados ao terror, mas também do mundo interior, dos estímulos dolorosos provenientes do corpo. Produz-se uma desconexão do próprio mundo interno (negação) e de aspectos relevantes do mundo exterior, deixando a pessoa com um sentimento de *incompletude* e incapacitação para se mover corretamente no meio ambiente por não perceber aspectos importantes que o ajudem a dirigir sua ação.

Em suas pesquisas, Porges afirma que o sistema de congelamento-dissociação, que ele chama de imobilização parassimpática é um sistema primitivo de sobrevivência herdado dos répteis e ativado em situações que ameaçam a vida, e nas quais os outros dois sistemas falham (proteção social e reação de luta e fuga). Este estado é altamente eficaz nos répteis, que podem ficar imóveis por um longo período de tempo, mas não para os mamíferos, cujo cérebro exige grande quantidade de oxigênio para se manter vivo e funcionando. Assim, o prolongamento neste estado implica em sérios riscos para a vida e a saúde humanas.

As pessoas que foram expostas a traumas crônicos e que tiveram suas vidas ameaçadas desde o início de sua existência aprenderam a sobreviver, muitas vezes, se paralisando, congelando e dissociando. Como indicado anteriormente, nessas pessoas, o trauma é encapsulado no sistema cérebro-corpo na forma de desregulação corporal e memórias somáticas, levando a uma desregulação neuroquímica não homeostática. Há um número crescente de investigações que demonstram a correlação entre trauma crônico e propensão ao desenvolvimento de doenças psicossomáticas tais como doenças autoimunes, que afetam o funcionamento do sistema digestório e visceral, distúrbios cardiovasculares, fibromialgia, diabetes, etc.

Porges fala de um modelo de regulação emocional ativado de maneira hierárquica nos mamíferos. Primeiro, nos regulamos através do contato social, que envolve a ativação do ramo anterior do nervo vago, desenvolvido apenas nos mamíferos. Ou seja, buscamos a proteção e a segurança oferecidas pela pessoa da qual dependemos. Se isso falhar, tentamos nos proteger ativando o sistema nervoso autônomo simpático, tentando fugir ou lutar. Se todos os itens anteriores forem ineficazes, ativamos o sistema mais antigo e primitivo: a resposta de congelamento (ramo vagal dorsal). Para a cura de pessoas com histórico de abuso, maus tratos ou negligência desde o início da vida, é crucial ensiná-las como se acalmar, criar segurança nos ambientes que frequentam, aprender a confiar em relacionamentos estáveis e se deixarem ser ajudadas e nutridas psicológica e afetivamente. Isso implica trazê-las de volta às relações com o outro para experimentar o outro como alguém presente, protetor e compreensivo, quando ele realmente for assim. Isso também promove a conexão e o interesse pelo entorno e a reeducação para perceber o meio ambiente de forma realista e atualizada.

Assim, as pesquisas valiosas de Porges demonstram como, na medida em que os mamíferos evoluíram, algo especial aconteceu com o nervo vago enquanto regulador de nossos estados emocionais. Os mamíferos desenvolveram um novo nervo vago (que ele chamou de parassimpático mobilizado ou parassimpático social) que atenua ou acalma o sistema nervoso simpático e as glândulas suprarrenais[11] para torná-los capazes de se envolverem em relações sociais com seus congêneres e otimizar os recursos metabólicos que lhes permitam usar habilidades cerebrais mais sofisticadas. Por isso, nós, mamíferos, acalmamos nosso estado de alerta através da interação social.

No envolvimento social com os congêneres, as demandas metabólicas e o consumo são reduzidos, e a saúde, o crescimento e a cura são facilitados. O mais relevante para a vida, o desenvolvimento e o amadurecimento é que nós, mamíferos, precisamos de oportunidades para interagir uns com os outros para regular os estados fisiológicos de cada um dos envolvidos. Em essência, criamos relacionamentos para nos sentirmos seguros e mantermos nossa saúde, facilitando a regulação de nossa energia. A segurança é a necessidade mais importante e sempre presente em nossas relações com os outros. Em uma relação de amizade, de casal ou terapêutica - ou em outras relações de cuidado ou ensino - essa segurança deve ser construída continuamente para que a pessoa com trauma volte às relações interpessoais para poder reformular seu mundo interior. Não conseguimos crescer, amadurecer, nos curar ou aprender quando existe muito medo ou perigo presentes.

Outra curiosidade é que a região do tronco encefálico que regula as fibras do nervo vago é anexada às áreas do cérebro que controlam os músculos estriados do rosto (ver Figura 2.2). Essa região do tronco encefálico controla nossa capacidade de ouvir através dos músculos do ouvido médio, nossa capacidade de articular sons através dos músculos laríngeo-faríngeo, e nossa expressão facial. Se alguém nos aborda com um tom de voz calmante (aspectos prosódicos da voz) ou nos mostra expressões faciais serenas e tranquilas, essa informação vai para o nervo vago. É por isso que as mães possuem essa maneira especial de conversar com bebês, chamada de *tatibitate*, com frases simples e tons infantis, com a qual abordam seus filhos para acalmá-los e confortá-los.

---

[11] Circuitos encarregados da secreção dos hormônios adrenalina e noradrenalina que disparam o alarme do corpo.

Podemos dizer que nosso sistema nervoso está programado para detectar as chaves que nos dizem se o outro é confiável ou ameaçador apenas pelo tom de sua voz e pela expressão do seu rosto. Então, quando ouvimos a entonação da voz de alguém, estamos lendo o estado fisiológico da outra pessoa. Se o estado fisiológico é calmo, nós nos acalmamos. Nos mamíferos, muito antes de existir a sintaxe ou a linguagem, havia vocalizações, componentes importantes das interações sociais. As vocalizações informam aos membros da mesma espécie se podem se sentir seguros perto de um indivíduo.

Em contextos não ameaçadores, o sistema de conexão social - as relações - regulam o sistema nervoso simpático, facilita o envolvimento e o interesse no meio ambiente e nos ajuda a formar vínculos afetivos positivos e vínculos sociais. Mesmo sob condições ameaçadoras, a pessoa bem ajustada pode usar o sistema de conexão social, por exemplo, para tentar argumentar com um possível agressor.

Assim, podemos dizer que o corpo e a mente não são realidades separadas, mas são vistas de perspectivas diferentes. A via principal dessa conexão é o tronco encefálico e o nervo vago.

A conclusão é que devemos fornecer e criar segurança nos relacionamentos para que as respostas de sobrevivência defensivas possam ser afrouxadas e permitam o envolvimento do sistema de interação social na regulação dos estados emocionais. Pessoas bem ajustadas acharão os relacionamentos com outras pessoas gratificantes e saberão discernir entre pessoas que lhes tratam bem e pessoas que as prejudicam.

Nas palavras do próprio Porges, não é uma simples questão de *não sermos criativos ou amorosos* quando estamos assustados. Nós não conseguimos nos curar! E também não conseguimos aprender direito, nem crescer. A Teoria Polyvagal enfatiza os aspectos fisiológicos da interação recíproca e registra que as vias neurais do apoio da conduta social são compartilhadas com os caminhos neurais que sustentam a saúde, o crescimento e a cura.

A principal mensagem é que precisamos entender que o sistema nervoso humano, como o de outras espécies de mamíferos, está orientado para a busca de segurança, e usamos as outras para nos sentirmos seguros. Para nos curarmos, precisamos nos encontrar em contextos e relações seguras de cuidados, com apoio e proteção. Só então poderemos fazer com que os sistemas naturais de autocura possam ser acionados novamente.

Outra questão importante é entender que os estados ou circuitos fisiológicos não são selecionados voluntariamente e/ou conscientemente. Nosso sistema nervoso avalia isso em um nível inconsciente. Stephen Porges usa o termo *neurocepção* para reconhecer que nosso sistema nervoso, sem consciência, está avaliando as características de risco do meio ambiente o tempo todo. É uma percepção neural. Nosso corpo funciona como um polígrafo e está continuamente respondendo e avaliando pessoas e lugares, tentando discernir se são confiáveis e seguros ou perigosos. Pensemos em quantas crianças crescem em ambientes agressivos ou negligentes, condicionando seu sistema nervoso a viver em um estado de alerta constante, onde não podem prever o comportamento seguro e estável dos adultos. Um exemplo é o pai alcoólatra que pode despertar sua raiva a qualquer momento e por pequenos detalhes. Nesse caso, então é melhor estar sempre alerta quando não se sabe quando o perigo pode ocorrer. O problema é que, se a sirene do alarme está sempre tocando, ela deixa de discriminar quando é ativada diante de um perigo externo e quando ele nem existe.

Assim, o nervo vago não é apenas um nervo motor que vai do cérebro às vísceras, mas também um nervo sensorial que vai das vísceras ao cérebro. 80% dos seus neurônios são aferentes, eles vão das vísceras ao cérebro, o que destaca a quantidade de dados relatados pelo cérebro abdominal. Essa é a verdadeira conexão mente-corpo.

Diante da segurança, o *sistema de envolvimento social* é ativado. Quando o outro responde com expressão facial e entonação positiva, ele estimula o sistema de envolvimento social. Consideremos, mais uma vez, a importância de nosso estado de bem-estar para os pacientes, estudantes, filhos e cônjuges. Não podemos gerar segurança se nosso próprio sistema estiver preocupado. E é por isso que as crianças não podem confiar em mães ou pais que vivem em um estado constante de preocupação, medo, depressão ou raiva. Essas crianças não querem preocupar seus pais, pois elas não esperam que eles respondam de forma satisfatória, ou têm medo deles. Frequentemente, tornam-se pessoas isoladas, tímidas, retraídas, assustas ou agressivas.

Outra conclusão relevante é que o rosto não é apenas uma máscara. Na realidade é a manifestação de um sistema neurofisiológico extremamente complexo que evoluiu e, certamente, se conecta diretamente com a regulação neurológica de nossas vísceras. Em outras palavras, os rostos não são máscaras sem sentido, telas em branco. A face é uma ferramenta que o cérebro usa, empregando certos músculos, para expressar emoções, que são a forma mais básica e mais fundamental de comunicação entre nós. Como os bebês ainda não aprenderam o instrumento cultural chamado linguagem, o sorriso maternal é uma mensagem de grande importância. A importância social e reconfortante do rosto da mãe é claramente demonstrada nos estudos de Tronik e Weinberg (1996) em seu *Experimento do Rosto Impassível*. Nesse experimento, podemos ver como a criança pequena se desespera diante da ausência de expressão emocional no rosto da mãe, e volta rapidamente a um estado de prazer, calma e envolvimento social quando a mãe recupera a expressividade emocional[12].

Nos relacionamentos onde há respeito, apreciação, compaixão, ausência de julgamentos e compreensão através de uma escuta profunda e atenta, criamos uma relação de contato pleno e contínuo, em sintonia com as experiências e os processos internos do outro. É assim que ajudamos o outro a retomar as relações, criando um contexto seguro e, assim, facilitando a dissolução dos sistemas de defesa para que o sistema não precise ficar alerta diante do mal que espera vir do seu entorno. Então, o outro pode ter segurança suficiente para conseguir explorar sua verdade negada, seu mundo interno anteriormente evitado. Em outras palavras, através do contato interpessoal seguro e sintonizado, ajudamos o outro a ter acesso e manter contato com o próprio mundo interior, fazendo com que o cérebro atinja sua capacidade de autocura e integração da experiência antes dissociada.

Na Figura 2.3, podemos ver uma ilustração da capacidade do cérebro para processar informações quando os estímulos são mantidos dentro de um limiar de intensidade passível de ser manejado. Este é o conceito de *Janela de Tolerância* exposto por Daniel Siegel (1999) e Ogden e Minton (2000). A janela de tolerância

---

[12] Ver en youtube Still Face Experiment

mostra como o nosso cérebro é capaz de lidar com estímulos mais ou menos intensos, dependendo do seu nível de maturação e da capacidade de regulação emocional. Em pessoas que se desenvolveram em ambientes cronicamente traumatizantes e em crianças pequenas, essa capacidade de tolerar estímulos intensos é mais reduzida. Isso significa que, quanto mais estreita a janela de tolerância, menor a tolerância diante dos estímulos dolorosos, e maior a demanda pela pessoa que desempenha o papel de suporte, ou cuidador, a fim de proporcionar mais presença e harmonia (assim como a mãe deve fazer com seu filho pequeno). E à medida que as pessoas amadurecem e seus cérebros são treinados para gerenciar o estresse, ou os pacientes aprendem a se autorregular, o limite de tolerância para emoções intensas torna-se maior e sua capacidade de processamento melhora. A sugestão é que ajudemos a pessoa a manter a intensidade de sua experiência dentro do limite tolerável (lembremo-nos do conceito de *desilusão ótima* de Winnicott).

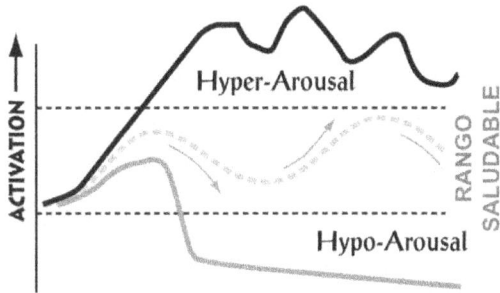

Figura 2.3 A janela de tolerância por Annette Kreuz

Ativação	- Superexcitação	Intervalo saudável
	- Hipoexcitação	

Com calma e segurança, nosso sistema nervoso pode analisar a experiência que armazenou, por mais dolorosa que seja, além de integrá-la e assimilá-la. Um sistema nervoso saudável se desenvolve e se consolida quando há suficiente calma e tranquilidade - coerência mental - tanto no ambiente exterior como no interior, ou seja, um *ambiente suficientemente bom* e com alguém *de apoio*, usando a terminologia de Winnicott. O cuidador primário - neste caso, o terapeuta - deve ajudar a manter o estresse e/ou a ativação da experiência interna no limiar superior da janela para que o cérebro possa reprocessá-la enquanto está sendo submetido ao enfrentamento daquilo que ele não pode metabolizar antes, ou sozinho (Figura 2.4)

Ventana de tolerancia

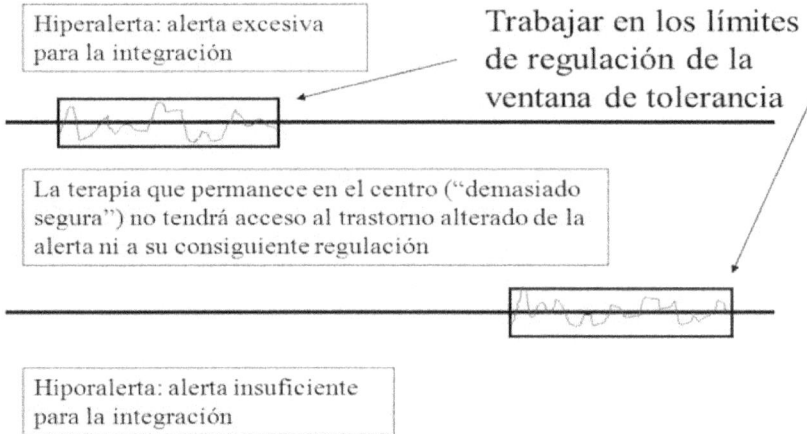

Hiperalerta: alerta excesiva para la integración

Trabajar en los límites de regulación de la ventana de tolerancia

La terapia que permanece en el centro ("demasiado segura") no tendrá acceso al trastorno alterado de la alerta ni a su consiguiente regulación

Hipoalerta: alerta insuficiente para la integración

Figura 2.4. A janela de tolerância por Mercedes Zaragoza

Janela de Tolerância	
- Hiperalerta: alerta excessivo para a integração - A terapia que permanece no centro ("segura demais") não terá acesso ao transtorno de alerta alterado nem à sua consequente regulação - Hipoalerta: alerta insuficiente para a integração	- Trabalhar nos limites de regulação da Janela de tolerância

Com uma atitude presente, o outro se coloca como apoio e suporte da experiência daquele que sofre, mostrando interesse, compaixão amorosa, ausência de intenções ocultas, além do interesse genuíno na experiência da pessoa que sofreu e sofre e sem preconceitos sobre o que é uma experiência de vítima. Em total aceitação, permitimos que a experiência vivida apareça e o que foi retido ou dissociado emirja para ser associado e integrado. Isso levará a uma *reconsolidação* de memórias somatossensoriais (processuais e implícitas) para que se *instalem* de maneira nova e adaptável.

As pessoas com Transtorno de Estresse Pós-traumático complexo[13] (aquelas com história de traumas persistentes e repetitivos) mantêm sua condição neurobiológica em um estado crônico de hiperalerta (correspondente à ativação simpática de luta e fuga), acima do limiar superior da janela de tolerância, ou vivem períodos de dissociação periódica e hipoativação (parassimpático imobilizado: congelamento-colapso), abaixo do limiar inferior da janela. Isso os leva a viver em estado de desorganização psicobiológica crônica, expostos à intrusão de sintomas que os levam a sentir falta de controle sobre suas vidas e seus estados internos (Figura 2.5).

Trastorno de la regulación derivado del trauma

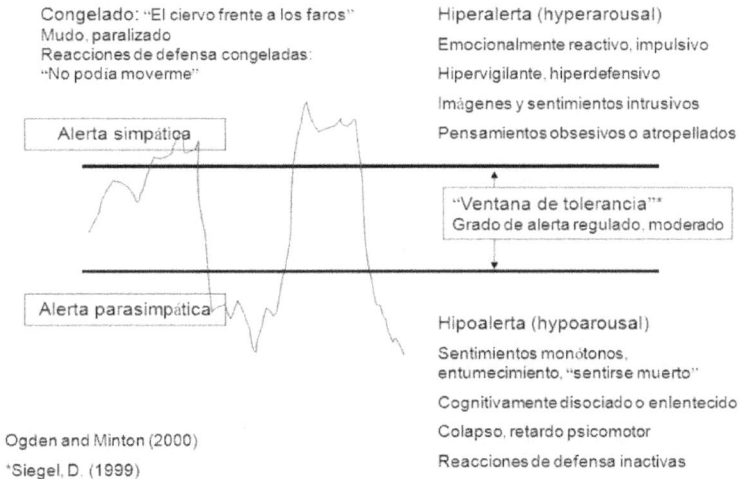

Figura 2.5 Transtorno de regulação por Mercedes Zaragoza

---

[13] O Transtorno de Estresse Pós-traumático complexo é caracterizado por ser uma síndrome de recordações intrusivas em forma de *flashbacks*, explosões emocionais, ou falta de emoções, baixa autoestima, falta de confiança nas relações, etc.

Transtorno de regulação derivado do trauma	
- Congelado: "O cervo diante do farol" Mudo, paralisado Reações de defesa congeladas: "Não podia me mover" Alerta simpático Alerta parassimpático	Hiperalerta (hiperexcitação) Emocionalmente reativo, impulsivo Hipervigilante, hiperdefensivo Imagens e sentimentos intrusivos Pensamentos obsessivos ou atropelados "Janela de tolerância" Grau de alerta regulado, moderado Hipoalerta (hipoexcitação) Sentimentos monótonos, entorpecimento, *sentindo-se sem vida* Cognitivamente dissociado ou desacelerado Colapso, retardamento psicomotor Reações de defesa inativas

Quando alguém experimenta uma falha crônica do sistema de conexão social capaz de gerenciar segurança e proteção, como é, geralmente, o caso de traumas crônicos infantis, o sistema geralmente *sai do ar*. Sem a modulação envolvendo os *freios* fornecidos pelo sistema de conexão social, o sistema nervoso simpático ou o sistema parassimpático de imobilização permanecem altamente ativados, fazendo com que a excitação fisiológica exceda o limite do que a pessoa e seu cérebro podem tolerar. Assim, fica impossível para o cérebro integrar a experiência, que é mantida e armazenada sob a forma de experiência somatossensorial encapsulada e congelada no tempo. Essa é a natureza das memórias traumáticas.

Nessas pessoas, o sistema de sobrevivência funciona como se estivesse permanentemente enfrentando uma situação de ameaça à vida. Elas alternam entre estados de hiperatividade, produzindo sintomas de reatividade emocional (transbordamento de emoções), imagens intrusivas, pensamentos obsessivos, tremores, sensação de estar fora da realidade ou do próprio corpo; e estados de hipoativação (congelamento-dissociação), que se manifestará por meio de sintomas de ausência de afeto, dificuldade de pensar e se concentrar, dormência, tonturas... (Figura 2.5). Alternam entre estados de alta atividade e desorganização bioquímica e estados de anestesia emocional. Lembremos que quando a estimulação interna se encontra fora do intervalo de tolerância do cérebro, este não pode realizar o processamento porque o excesso de cortisol inibe o funcionamento do hipocampo, que, como mencionado anteriormente, é uma estrutura do sistema límbico envolvida na simbologia (tradução para palavras) e contextualização das experiências. A conclusão é que, na alteração bioquímica, não é possível haver integração.

Essas pessoas precisam de psicoterapia ou de um processo de cura destinado à integração da história traumática e da própria relação terapêutica. Mas, antes de enfrentar suas terríveis memórias, elas precisam aprender a:

a) **Permanecer comprometidas em uma relação saudável e segura (por exemplo, na relação terapêutica e com pessoas que oferecem um vínculo respeitoso e compreensivo) e conectada ao contexto presente.** A relação segura e presente do terapeuta deve proporcionar limites, apoio e acompanhamento. O sistema de envolvimento social favorece os estados gerais de maior tranquilidade e flexibilidade para adaptação às situações (Porges, 2001) e, por isso, contribui para que a ativação fisiológica permaneça dentro da margem de tolerância.

b) **Modular e regular a intensidade de sua experiência, já que não possuem habilidades para regular suas próprias emoções, indo do sentir demais para o não sentir nada.** Isso significa que elas devem aprender novas habilidades para saber como se acalmar e sentir compaixão e amor por si mesmas, além de aceitar que sua experiência contém uma história que deve ser contada e conhecida pela pessoa que a experimenta. O objetivo é que a pessoa mantenha a intensidade de sua experiência dentro da *janela de tolerância* para que a integração seja possível.

c) **Diferenciar a parte de sua experiência que corresponde ao contexto atual e a que corresponde ao passado - o que Pierre Janet denominou mecanismo de** *presentificação*:

manter a consciência de que hoje lembramos de algo que já aconteceu e que essa nossa experiência passada influencia nossa vida presente. A pessoa com trauma deve se apropriar de sua experiência e habitá-la novamente, ou seja, associar o que antes fora dissociado e separado, para se sentir autora de sua vida e presente em sua própria experiência, habitando-a novamente. Janet chamou esse mecanismo de *personificação*. Personificar-se é o oposto de despersonalizar-se, o contrário da tendência de se dissociar através dos mecanismos de despersonalização ou desrealização.

Na Tabela 2.1, podemos ver como essas tarefas de aprendizagem correspondem à Teoria Polivagal de Porges e o que se diz sobre a *Janela de Tolerância*

Tabela 2.1

Estratégias neurocomportamentais adaptativas segundo a Teoria Polivagal			
Estratégia	Neuroanatomia	Fisiologia	Condutas
Imobilização	Ramo desmielinizado do nervo vago, emerge do núcleo dorsal motor, inervação relevante do coração	Inibição da atividade simpática. Sua atividade prolongada é letal para os mamíferos	Fingir-se de morto, desmaiar, síncope, depressão
Mobilização	Baseada na atividade simpatoadrenal e do eixo HPA	Inibição do nervo vago desmielinizado. Sua atividade prolongada está relacionada com síndromes crônicas	Estresse, ansiedade, atitude de luta e fuga
Socialização	Ramo mielinizado do nervo vago, emerge do núcleo ambíguo	Influi na atividade cardíaca, de tal maneira que é possível transitar rapidamente entre estados de mobilização e calma	Socialização, envolvimento com o ambiente, relaxamento

Tabela 2.1 de Ravulcaba, P.G. e Domínguez T. B. (2011)[14]

---

[14] Ruvalcaba, P.G. e Domínguez T.B. (2011). Efectos psicológicos y físicos de la modulación autonómica en el dolor miofascial: un estudio aleatorizado (Ensaio randomizado dos efeitos físicos e psicológicos da modulação autônoma na dor miofascial). Revista Mexicana de Análisis de la Conducta, 2(37), 99-115.

O objetivo desse aprendizado é ajudar a pessoa a recuperar o contato com seu mundo interior e se reeducar para considerar sensações como indicadores do seu estado de satisfação ou insatisfação, aprendendo como levar sua vida. Dessa forma, nos reconectamos com a profunda sabedoria do nosso ser e da nossa biologia, aprendemos a nos escutar e a considerar nossa realidade para conduzir nossas vidas de acordo com nosso Eu profundo e verdadeiro. Isso é respeito por si mesmo.

Nosso cérebro é neuroplástico, com a capacidade de estabelecer e fazer novas conexões sinápticas ao longo da vida. Então, cada vez que voltamos e analisamos nossa experiência sob um novo contexto, e somos capazes de ver nossa história a partir de uma nova perspectiva, aos olhos do adulto que somos e com os recursos que temos hoje, na presença de alguém que está conosco, hoje, e que nos ajuda, vamos incorporando novos dados experienciais à nossa antiga história mal resolvida. Vamos construindo novas redes neurais, mais flexíveis, que nos permitem desenvolver a capacidade de estar na vida de forma atualizada e nova e perceber os aspectos agradáveis e desagradáveis dos relacionamentos para que possamos discriminar e fazer escolhas melhores.

Quando nos permitimos *ver*, com um olhar compassivo e amoroso, o que aconteceu, o que nos machucou e as emoções intensas ainda ligadas ao fato, promovemos o que chamo de **neuroprocessamento**: observar e conhecer a experiência que foi interrompida, organizada apenas com o objetivo de sobrevivência, e que agora pode expressar o seu significado pleno, pode ser completamente finalizada, transformando-se e reconsolidando-se com um novo significado. Confiando em nossa capacidade de cura e abraçando nossas experiências, simplesmente damos lugar à sabedoria curativa de nosso cérebro profundo e subcortical.

Como conclusão final, quero enfatizar que o cérebro humano está programado para integrar experiências e curar a si mesmo, necessitando apenas de um ambiente que module e dosifique as experiências para as quais ele esteja maduro, sendo capaz de gerenciá-las e digeri-las, e, ao mesmo tempo, forneça os elementos necessários do meio ambiente (um vínculo seguro, favorável e estimulante e, às vezes, novas informações...). Adotando o conceito de Winnicott, falamos de um *terapeuta bom o suficiente* que ajude a modular e moldar a experiência do cliente para reconstruir sua história.

Exercício

1. Que sentimentos você tem quando estabelece intimidade com os outros? Você se sente tranquilo, envergonhado, nervoso, evita contato próximo? Você examina suas sensações, pensamentos, lembranças e imagens sem julgamento? Se você deixar suas sensações o guiarem, consegue se lembrar-se de alguma relação passada?

2. Pense nos possíveis traumas de sua vida.

3. Quais circunstâncias ou situações o deixam sobressaltado ou descontrolado?

4. Como você costuma administrar suas emoções mais intensas? Você se permite sentir quais emoções? E quais não se permite?

5. Como você administra suas necessidades essenciais diárias de descanso, prazer, recreação, intimidade e ócio?

6. Você tem algum plano de ação para melhorar sua capacidade de regulação emocional, suas relações sociais e amorosas, e a sua gestão do tempo?

Capitulo 3:
Integrando A Pessoalidade e A Comunidade Interna do Eu

"Cada um de nós é uma multidão"
Piero Ferrucci

Neste capítulo, quero expandir o que foi explicado nos capítulos anteriores para vermos como o sistema de defesa e sobrevivência, sob condições de crescimento caracterizado por abuso, negligência e abandono crônico, pode levar à dificuldade de integrar nossas respostas de autodefensas em um todo organizado e dar origem a uma fragmentação ou divisão do sistema do ego. Tradicionalmente, outros autores têm falado sobre esse assunto referindo-se aos estados do Eu, das subpersonalidades, partes da personalidade, ou, em graus mais severos, aos *alter egos*. Meu objetivo é aprofundar a compreensão de como a fragmentação do sistema do ego ocorre, a partir de uma perspectiva psicobiológica, e, em seguida, mencionar alguns procedimentos para promoção da harmonização e/ou integração do eu.

Sobrevivência, Trauma, Dissociação e Fragmentação do Eu

O neuropsicólogo Jaak Panksepp (1998a), em seu livro *Affective Neuroscience*, fala de **sistemas operacionais emocionais** ou **sistemas emocionais primários** para a vida, imbricados em sistemas psicobiológicos específicos que controlam a ativação de emoções particulares, ou seja, viemos equipados com sistemas de ação e emoção programados biologicamente, como produto da seleção milenar do que precisamos para sobreviver nos estágios iniciais da vida. Tais circuitos neurobiológicos básicos são, portanto, geneticamente predeterminados e projetados para responder, sem condicionamentos, a estímulos que tenham algum significado importante para o organismo, como por exemplo, estabelecer vínculos para nos alimentarmos e nos sentirmos seguros, retrairmo-nos e chorar quando temos medo, ou ainda reclamar, chorando e com raiva quando nos sentimos desconfortáveis ou incomodados.

Esses programas psicobiológicos visam produzir sequências comportamentais bem organizadas sem a participação de nossa vontade consciente (enquanto bebês, ainda somos muito jovens para isso). Esses sistemas emocionais básicos, ou primários, segundo Panksepp, são muito "racionais" porque fornecem um substrato neural para ativar vários tipos de coerência ou padrões organizados no funcionamento do organismo. Eles também fazem dos animais, e humanos, *agentes ativos* perante o mundo, em oposição à simples condição de *processadores de informações*. Ou seja, eles nos capacitam para interagir com o meio de forma muito ativa.

O *objetivo evolutivo* dos sentimentos afetivos – emoções – em seu estado natural e sem mediação do pensamento, que Panksepp chama de *processo primário*, é identificar ameaças primárias específicas, de forma incondicionada, ou programada, a fim de manter a sobrevivência, através da execução de ações que nos ajudem a enfrentar o meio ambiente sem a participação da vontade ou do pensamento. Esses estados psicobiológicos, que envolvem uma avaliação primária e instintiva da situação, também podem ser usados como dados para processos mentais superiores de aprendizagem. Com isso, quero dizer que nossa percepção consciente do que está acontecendo é sempre influenciada e matizada por essa percepção inconsciente e instintiva. Por exemplo, quando estamos em uma situação em que percebemos visivelmente o perigo (através da neurocepção), mesmo que não tenhamos consciência da origem do risco, nossa experiência consciente é influenciada pela sensação de *frio na barriga* ou nervosismo como resposta do nosso corpo perante o perigo.

Em geral, temos dois ramos principais nos *sistemas operacionais emocionais*: os sistemas organizados de defesa ou sobrevivência e os sistemas de desenvolvimento pessoal na vida cotidiana. Outros autores os chamam de *sistemas de ação* (Ogden et al., 2006; van der Hart et al., 2006). Um inibe o outro, ou seja, somos orientados para a defesa e para a sobrevivência, ou estamos orientados para o gerenciamento da vida normal (cuidado, aprendizagem, procriação, jogo).

Entre os sistemas de ação para autodefesa, temos:
- ☐ Choro de apego (ao chamar a figura do cuidador)
- ☐ Hipervigilância e exploração do entorno
- ☐ Luta

☐ Fuga
☐ Congelamento ou submissão total com anestesia
☐ Estados de recuperação:
  - Cuidado das feridas
  - Descanso
  - Isolamento do grupo (lamber as feridas)

Entre os sistemas de ação para a vida, temos:
☐ Apego (aproximação e ligação com os outros, estresse de separação, saudade)
☐ Exploração (interesse e curiosidade)
☐ Recreação (caracterizado por alegria e risadas)
☐ Regulação de energia (comer, descansar, consumir, etc.)
☐ Sociabilidade (motivada pelo carinho e pela convivência)
☐ Cuidado dos outros e de si mesmo (impulsionado pela ternura e pela compaixão)
☐ Reprodução/sexualidade (governada pela libido e pelo desejo sexual)

Esses sistemas de ação são as bases das memórias implícitas ou tendências processuais - aquelas tendências ou atitudes corporais apresentadas em determinadas situações ou contextos. Por exemplo, quando iniciamos o sistema de cuidado dos outros, ele se manifesta em nós por meio de um comportamento suave, cálido e sutil na medida em que o cuidador sintoniza seu comportamento, sua voz, e contato físico com as necessidades da pessoa de quem vai cuidar. Por sinal, todos os mamíferos sabem como ser mães ou pais, pois biologicamente o são! O programa é ativado quando as circunstâncias da vida o exigem.

Sistemas de Ação Genes e Ambiente					
Aproximação de estímulos atrativos			Fuga ou evitação de estímulos repulsivos		
Sistemas de ação da vida cotidiana e Sobrevivência das espécies			Sistemas de defesa: sobrevivência dos indivíduos ameaçados		
Ex. Apego	Ex. Recreação	Ex. Curiosidade	Ex. Congelamento	Ex. Luta	Ex. Submissão total

Sob condições adequadas de crescimento, todos esses sistemas afloram ao longo de nosso desenvolvimento, na medida em que nosso sistema neurológico amadurece, e é integrado e coordenado para que possam ativar os *recursos* adequados quando a situação ou ambiente demandar. Desta forma, uma pessoa com desenvolvimento suficientemente bom usará seus diferentes estados (para atividade produtiva, recreação, manifestação em relações sociais, autoproteção, etc.) de forma *sensata* e adequada ao que estiver acontecendo na situação. A pessoa pode estar aproveitando em uma relação social, mas se for atacada ou tratada de forma inadequada, ela pode ativar o sistema de defesa e pedir que seja respeitada, de modo proporcional à intensidade da ofensa.

Por outro lado, os sistemas de ação que aparecem mais tarde, no desenvolvimento da pessoa assentam suas bases nos sistema que já emergiram e foram previamente formados. Por exemplo, um dos primeiros sistemas de ação para a vida normal é o de apego, aquele que nos incita a nos aproximarmos e buscarmos vínculo com nossos cuidadores para satisfazer nossa necessidade de alimentação, proteção e cuidados. Se esse sistema for consolidado de forma adequada, devido à presença de um cuidador estável, previsível, confiável e oferecer bons cuidados, a criança se sente segura, certa de que seu cuidador primário a ama e protege, e o seguinte sistema de ação para vida normal (sistema de exploração do ambiente) emergirá e será posto em prática, fazendo-a se afastar do corpo da mãe, quando ela começar a engatinhar, para espiar e conhecer o mundo. Se o sistema de apego estiver bem estabelecido, a exploração e o aprendizado não serão perturbados pelo medo da falta de aceitação e amor do cuidador primário. Assim, a criança poderá explorar e aprender, sentindo-se segura pelo amor e proteção da mãe. Do contrário, quando o sistema de apego não for bem estabelecido (apego inseguro), a criança irá para a escola angustiada ou com medo da separação da mãe, o que interferirá no seu processo de aprendizagem (o medo inibe a aprendizagem, já que a criança está no modo de sobrevivência). Em outros casos, as crianças podem ter medo de fracassar nos estudos, medo das provas. Na realidade, não são as provas que representam um perigo em si, mas a cara ou a resposta dos pais diante da criança que não alcançou determinado resultado. Se o vínculo estiver em perigo devido à expectativa de censura, rejeição ou desapontamento por parte dos pais ou de outros adultos, o aprendizado e o comportamento de exploração do ambiente serão comprometidos.

O mesmo pode ser dito dos outros sistemas de ação. Em geral, os sistemas de defesa e de sobrevivência inibem ou perturbam o funcionamento dos sistemas de ação para a vida normal. Podemos desenvolver dificuldades de aproveitar os momentos de recreação, de oferecer cuidados aos outros, ou de desfrutar da própria sexualidade, caso nosso sistema neurológico seja ativado devido à percepção de perigo ou ameaça. Quanto maior for o medo, mais ativado será.

Sabemos que em pessoas com histórico de trauma cumulativo crônico, cujas vidas foram ameaçadas (pois viveram e cresceram sob condições de abuso, negligência ou maus tratos crônicos), esses sistemas de sobrevivência e interação cotidiana podem não estar integrados em uma resposta organizada, coordenada e sequenciada de sobrevivência, sendo fragmentados e dando origem à personalidade que experimenta, alternadamente, diferentes sentidos de ego. Isto é o que chamamos de *Partes da personalidade* ou *Estados do eu* (sistemas coerentes de pensamento, emoção, comportamentos e reações fisiológicas preparadas para serem postas em prática em determinada situação ou contexto). Em casos graves de histórico de trauma crônico devido a maus tratos e abuso repetitivo, essas partes da personalidade podem até se tornar dissociadas - desconectadas umas das outras (dissociação vertical), dando origem a subpersonalidades ou mesmo personalidades separadas que não se conhecem entre si (casos extremos são os Transtornos de Múltiplas Personalidades). Essas diferentes partes do Eu serão ativadas por alguma ameaça, mas cada uma delas contém um sentido íntimo próprio. A diferença entre o diagnóstico de Múltiplas Personalidades e o simples fato de experimentar diversas partes do Eu deriva, essencialmente, do grau de complexidade e separação, ou independência, das partes. No Transtorno de Estresse Pós-traumático complexo, as diferentes partes têm um certo grau de consciência e relação entre si, enquanto no Transtorno Dissociativo de Identidade (originalmente Transtorno de Múltiplas Personalidades), as partes podem não se conhecer, nem se relacionarem entre si, comportando-se como se fossem pessoas distintas. Existem casos de múltiplas personalidades que sentem possuir nomes diferentes, variando inclusive em identidade de gênero e tom de voz.

Nos casos de uma fragmentação menos radical, também podemos encontrar diferentes partes que assumem o controle do comportamento sem que a pessoa sinta que tem controle sobre a manipulação e adaptação às situações. Essa partes lutam internamente umas com as outras para assumir o controle do Eu. Algumas pessoas, por exemplo, podem experimentar reações repentinas de raiva, medo ou tristeza e se perceberem tendo os seguintes pensamentos: "É como se eu deixasse de ser eu mesma", "Esse não sou eu", ou "Eu não sou assim". A ideia de que a personalidade pode ser fragmentada em um sentido vertical, separando o senso de si, já aparece na literatura do século XIX (Breuer & Freud, 1893-1895; Janet, 1887). Segundo Janet, a dissociação seria uma divisão entre os diferentes *sistemas de ideias e funções que constituem a personalidade* (Janet, 1907, p.332). Por sistemas de ideias, Janet se refere não apenas aos pensamentos, mas também ao conjunto de sistemas associados a um determinado estado: pensamentos, estados afetivos, sensações, comportamentos e memórias, o que Van der Hart et al (2006) chamam de ações mentais. Janet sugere - assim como indicado mais tarde por Eric Berne, criador da Análise Transacional - que esses sistemas de ideias e funções têm seu próprio senso de identidade, embora isso possa estar pouco desenvolvido.

Por isso, podemos identificar uma parte que vive em estado de medo, outra parte que fica paralisada diante da lembrança ou do conflito com os outros, outra que apresenta ataques de raiva, e outra ainda que expressa choro por apego, ou dependência emocional. Van der Hart, Nijenhuis e Steele (2006) referem-se a este fenômeno como *dissociação estrutural*, e afirmam que a dissociação estrutural relacionada às experiências traumáticas podem ser derivadas de uma deficiência na coesão e na flexibilidade da estrutura da personalidade. O senso de identidade dessas partes pode ser bastante limitado e, portanto, reduzido e restrito ao conhecimento de apenas uma parte da experiência vivida. Ou seja, cada uma dessas partes está associada a determinado fragmento da terrível experiência vivida pela pessoa, mas que, devido ao intenso terror e à dor, foram parcialmente separadas umas das outras.

Tal condição é mais bem entendida com um exemplo. Maribel, administradora de empresas, é filha única. Sua mãe morreu quando ela tinha apenas dois anos e o pai participou da Segunda Guerra Mundial, tendo sido mantido em cativeiro nos campos de concentração nazistas. Quando a mãe morreu, o pai não conseguiu cuidar de Maribel e a deixou com os avós maternos, embora contribuísse com apoio financeiro. Os avós de Maribel eram camponeses com educação básica e rude, e seu principal valor era trabalhar e trabalhar. Quando pequena, Maribel teve que ajudar no trabalho doméstico e na agricultura. Seus avós a acordavam às 5 da manhã para ajudar no cuidado com o gado e a tratavam com grosseria, às vezes dando-lhe surras brutais. Maribel ia para a escola mal vestida e com sono. Na escola, não conseguia prestar atenção suficiente às aulas devido à falta de descanso, e recebia provocações dos seus colegas devido ao descuido de suas roupas e da dificuldade de atenção. Assim, ela cresceu em um ambiente de negligência, dureza e humilhação. Maribel não tinha o calor afetivo e a proteção que toda criança precisa para amadurecer de forma adequada. Vagamente, ela lembra que o avô tinha algum contato sexual com ela, mas é algo que não quer relembrar. Além disso, sonhava que seu pai vinha resgatá-la, e escrevia cartas que ele não respondia. Já na adolescência, ousou dizer ao pai como os avós a tratam, mas ele simplesmente reagiu dizendo: "Você deve ter merecido, pois algo de ruim que você fez". Isso deixou Maribel desolada, desamparada e sem esperanças. Seu senso de confiança nos seres humanos ficou gravemente comprometido. Na vida adulta, casou-se com um homem de perfil sociopata que arranjava problemas econômicos e acabou com o patrimônio familiar, levando-a à ruína. Finalmente, Maribel decidiu se separar. Apresenta sérias dificuldades para confiar em qualquer ser humano, tem pesadelos frequentes e ataques de pânico, experimenta impulsos de se jogar pela janela e sente que há uma parte interna que grita de dor e vive num beco sem saída. Não tem amigos íntimos e não se deixa ajudar. Varia entre estados onde não toma conta de si mesma, envolvida no trabalho até à exaustão, comendo qualquer coisa, dormindo mal e sem apoio íntimo, e períodos em que experimenta crises de pânico, explosões de raiva ou choro, com episódios de congelamento, quando diz que vive a viva como um robô. Ela também tem uma crítica interna feroz que a condena a faz sentir-se *insignificante e indigna de amor*. Neste caso, vemos como Maribel experimenta vários estados: pânico, raiva, choro por dependência emocional e até congelamento. Mesmo assim, ela mantém uma parte funcional que serve para executar seu trabalho de forma responsável. Cada um desses estados responde a uma parte de seu sistema de sobrevivência que foi dividido pelas emoções experimentadas em diferentes momentos para poder lidar com seu histórico de trauma crônico. Além disso, apresentam momentos importantes de esquecimento na vida diária e falta de memórias conscientes de longos períodos de sua história. Isso impacta na dificuldade de experimentar um sentimento de continuidade do Eu em sua história, e um senso de dignidade.

As diferentes partes do sistema, ou constelação interna, contêm um aspecto valioso do sistema completo da pessoa, pois são partes que contêm necessidades e desempenham a função de sobrevivência. No entanto, a pessoa que foi vítima de maus tratos severos durante um longo período do seu desenvolvimento sentirá que essas partes encontram-se em constante luta dentro de seu sistema interno. Na comunidade interna, esses subsistemas competem para assumir o controle do comportamento e do Eu, como que vivendo em oposição ou competição uns com os outros. Isso faz a pessoa se sentir, às vezes, sob o impulso de diferentes reações emocionais que podem ser desencadeadas por um estímulo do ambiente externo que lembre a cena do trauma. Com um estímulo interno associado à experiência traumática, por exemplo, para uma mulher que foi abusada sexualmente enquanto menina, pode ser que o ato de fazer amor com o marido desencadeie sensações de congelamento, medo, rejeição ou mecanismo de *ausência do corpo*, fazendo-a simplesmente se largar nas mãos da outra pessoa. Estados de fadiga e cansaço podem estar associados à sensação de fraqueza, fragilidade e desvalorização, que conectam a pessoa com a impotência experimentada no momento do evento traumático. A alta frequência cardíaca devido ao exercício aeróbico pode remeter a um alta frequência cardíaca (taquicardia) experimentada diante do pânico extremo quando a vida é ameaçada. Muitas dessas pessoas se acham fora de controle, *como se estivessem loucas*, porque não se sentem capazes de controlar seu ego nem sua biologia, que fica em um estado quase permanente de alerta ou de desregulação bioquímica e emocional. Podemos dizer que seus cérebros se organizaram com um estado de caos neurobiológico. Vivem vidas que passam de um estado de anestesia, como se fossem autômatos que sentem pouco ou nada, para um estado de emoções intensas (pânico, choro, raiva) ou cansaço extremo.

A pessoa traumatizada desenvolve fobia de suas emoções, sensações físicas e memórias afetivas porque estas representam a reativação ou nova vivência do episódio traumático. Esza é a maneira pela qual a dissociação, que inicialmente servia como mecanismo último de sobrevivência, se transforma em mecanismo de manutenção do trauma, pois impede sua integração ou associação. Pode-se dizer que o que foi separado deve ser unido novamente, por meio da associação, para fazer a pessoa se sentir como um Eu único, coerente, organizado e consistente.

O Transtorno de Estresse Pós-traumático complexo, como é conhecido na literatura especializada e no Manual de Diagnóstico de Estatística de Transtornos Mentais (DSM), é uma síndrome caracterizada pela evitação de memórias, e de qualquer coisa que possa lembrar um acontecimento, a invasão súbita de memórias somáticas, sensoriais e emocionais (*flashbacks*) com forte carga emocional, dificuldade de regulação emocional (explosões emocionais, destempero, raiva descontrolada, pânico, choro), dificuldades para regular o sistema de energia (dormir, descansar, atividade, diversão) e uma sensação de menos valia pessoal com sentimentos de vergonha e inadequação. Essas são as consequências do dano sofrido durante os longos anos de desenvolvimento, que afetam tanto o sentido do próprio Eu quanto os subsistemas de regulação do organismo e da memória.

Quase todas as pessoas, de alguma forma, falam de si mesmas referindo-se a esse fenômeno com as seguintes expressões: "Há uma parte de mim que não deixa eu me entregar", "Uma parte de mim está bloqueada para os estudos", "Às vezes, exploro de raiva e nesse momento sinto que não sou eu". As partes fragmentadas são componentes da pessoa e de sua personalidade, ou mais precisamente, *peças de um único Eu*. Embora as partes tenham um senso próprio de identidade, elas não constituem necessariamente identidades ou sistemas separados, mas sim, como já mencionado anteriormente, sistemas psicobiológicos que possuem funções de sobrevivência ou de gerenciamento da vida normal. Em pessoas com traumas crônicos, esses sistemas não estão suficientemente coordenados entre si para prover um funcionamento adaptativo. Para alcançar um sentido integrado de si próprio, é preciso conhecer a composição do sistema interno de personalidade, ter interesse por sua função de auxiliar a sobrevivência da pessoa, bem como a história rememorada por ela. Isso ajuda a harmonizar e integrar o sistema interno.

Podemos dizer que, como o corpo é composto de diferentes subsistemas envolvidos na gestão das diferentes funções vitais (subsistema cardiovascular, endócrino, nervoso, digestório, etc.), o sistema do Eu também é composto de diferentes subsistemas que ajudam a gerir a vida relacional da pessoa.

Os autores da Teoria da Dissociação Estrutural (van der Hart, Nijenhuis & Steele, 2006) chamam esses sistemas operacionais de sistemas psicobiológicos porque envolvem padrões ou esquemas de ação que ajudam a resolver desafios adaptativos através de um conjunto de padrões de pensamentos, comportamentos e emoções. Em pessoas razoavelmente saudáveis, tanto os sistema operacionais do cotidiano (cuidados com os outros e consigo mesmo, reprodução, recreação, trabalho, etc.) quanto os sistemas operacionais pró-defesa são integrados e coordenados de maneira adequada. Assim, uma pessoa pode levar uma vida normal, responder aos desafios do seu dia-a-dia e, ao mesmo tempo, ativar seus sistemas de proteção, por exemplo, para evitar caminhar por lugares potencialmente perigosos, arranjar problemas ou se relacionar com pessoas difíceis.

Van der Hart et al. adotam o termo Personalidade Aparentemente Normal (PAN), criado pelo psicólogo Charles Myers (1940) - pioneiro no estudo de traumas de guerra, após a Primeira Guerra Mundial -, para se referir às partes que se ocupam das funções da "Vida normal", e Personalidade Emocional (PE) para falar das partes fixadas ou associadas às memórias traumáticas. Eles argumentam que, no caso de um grande evento traumático ocorrido na vida de uma pessoa com histórico de desenvolvimento relativamente bom, ou seja, com boa resiliência, seria provável ocorrer uma síndrome de estresse pós-traumático (TEPT), o que implicaria na apresentação de uma PAN que leva a um funcionamento aparentemente adequado nas diferentes áreas da vida, mas carente de um senso de vitalidade, alegria e espontaneidade, com uma PE associada à memória do evento traumático. Digamos que a PAN e a PE seguiriam como existências separadas, uma não querendo saber nada sobre a outra. No entanto, embora a PAN não queira se lembrar nem saber nada sobre a PE, esta irá aparecer quando acionada, tanto por um estímulo externo que remeta à circunstância original do trauma (cheiro, olhar, tom de voz) quanto por um estado íntimo que também relembre as sensações ou emoções experimentadas no momento do trauma (fadiga, tristeza, crítica interna).

Quando a pessoa traumatizada, além disso, tiver vivenciado uma história de negligência, abuso, maus tratos e abandono desde o início da vida, desenvolverá uma baixa capacidade de gerenciamento emocional, com senso pessoal de menos valia e fragilidade do Eu, que, normalmente, corresponde ao diagnóstico de Transtorno de Estresse Pós-traumático (TEPT) complexo. Ela poderá apresentar um sistema de personalidade mais complexo caracterizado pela existência de uma PAN em conjunto com uma PE. Essas Personalidades Emocionais (PEs) são, geralmente, associadas à experiência de medo intenso, raiva contra os outros ou contra si mesmo (crítica interna severa), tendências autodestrutivas, impulsividade (seja em termos de relações sexuais ou direcionadas ao abuso de substâncias, vícios, jogos de azar, excesso de trabalho), crise de tristeza intensa, etc. Por último, se a pessoa sofreu maus tratos graves e crônicos, abuso sexual e foi criada em um sistema de apego desorganizado, ela terá maior propensão a desenvolver Transtorno Dissociativo de Identidade (originalmente denominado Transtorno de Múltiplas Personalidades), caracterizado por mais de uma PAN e mais de uma PE. Nesse distúrbio, as partes levam uma existência mais independente e emancipada e a pessoa tem pouca ou nenhuma consciência de suas diferentes personalidades. Esta última condição representa o distúrbio mais grave e menos frequente, estatisticamente falando; e apresenta o maior grau de dissociação.

Podemos dizer, em resumo, que cada parte possui uma *mente própria*, uma forma única de perceber a realidade, e um sistema diferente de comportamento, pensamento e estado emocional.

Orientações para A Cura da Fragmentação do Eu

Como mencionado, o que caracteriza o processo do trauma crônico é a falta de uma relação afetuosa, de cuidado e carinho, na qual o cuidador ressoa e responde às necessidades emocionais da criança, acalmando-a e regulando suas manifestações emocionais para que ela cresça e adquira um jeito próprio de ser no mundo. As pessoas traumatizadas sofreram fortes agressões, abandono físico e rejeições ao seu modo de ser.

Hoje em dia, de modo geral, os autores do campo da psicotraumatologia concordam que, nos casos de transtornos envolvendo dissociação ou fragmentação do eu, e para as as pessoas com sintomas dissociativos como despersonalização, desrealização, negação (esquecimento), confusão ou alteração da identidade, a abordagem terapêutica deve seguir um processo de três etapas:

1. **Estabilização dos sintomas.** Estabilização do sistema do ego (Partes Internas)

2. **Reprocessamento de memórias traumáticas.** No último capítulo deste livro, indico o *Brainspotting* como técnica de reprocessamento neurológico de memórias traumáticas e integração das Partes.

3. **Reorientação para a vida normal.** Envolve o aprendizado de algumas habilidades necessárias que não tenham sido aprendidas durante o desenvolvimento evolutivo, para que a pessoa leve uma vida normal, além do acompanhamento terapêutico para a transição de um sistema antigo baseado no trauma para um sistema atualizado.

Abordarei, nos próximos parágrafos, alguns aspectos relacionados à primeira Etapa de estabilização dos sintomas, especialmente a estabilização da comunidade interna, e proponho, no último capítulo deste livro, o *Brainspotting* como técnica poderosa de profundo reprocessamento de memórias.

Na Etapa 1, a terapia dessas pessoas deve incluir quatro componentes importantes: consolo, comunicação, cooperação e conexão, que são elementos básicos para a estabilização interna e autorregulação do sistema:

I. Consolo

Devido ao fato de terem vivido uma longa etapa do desenvolvimento em relações onde não havia resposta adequada às suas necessidades emocionais, essas pessoas não conseguiram aprender a autorregular seus estados emocionais. Como ilustrado no capítulo 1, a regulação emocional é aprendida na parceria mãe-filho, onde a mãe acalma os estados internos da criança pequena, que será, por sua vez, capaz de se acalmar, chegando o dia em que saberá cuidar de si mesma.

Além disso, é comum que, quando a criança está vulnerável, chorosa, triste ou assustada, mas é tratada com desprezo ou críticas ("Eu vou te dar um motivo para chorar de verdade!", "Você é um chorão!", "Você não serve para nada, hein!", "Você é fraco!"), isso a leva a sentir que, toda vez que demonstra suas necessidades, ou vulnerabilidade, é ainda mais atacada. Então, normalmente, essa pessoa aprende a se proteger criando uma parte crítica interna encarregada de reproduzir, para a comunidade interna de suas diferentes partes, as críticas que ouviu dos outros, externamente. Essa crítica interna, geralmente, tenta inibir a manifestação da pessoa para evitar que ela receba críticas de outras pessoas.

Quando Fiona nasceu, seu pai biológico deixou sua mãe porque aquela era uma gravidez imprevista e indesejada. A mãe de Fiona, por sua vez, era uma mulher muito instável emocionalmente, deprimida e desconectada. De fato, Fiona relata que nunca conseguiu se aproximar da mãe, e quando ela nasceu, a mãe teve graves complicações no útero, tendo que ser hospitalizada por três meses, incapacitada de amamentar e cuidar da filha. Quando a mãe voltou para casa, logo em seguida foi para outra cidade trabalhar e deixou Fiona a cargo dos avós. Fiona sempre ouviu dizer que seu pai tinha saído de casa e deixado a mãe porque ela tinha nascido. A avó tinha alguns comportamentos atenciosos, aceitáveis e presentes com ela, e outras vezes era rude e cruel, dizendo-lhe que sua mãe estava sozinha por causa dela. Fiona cresceu com vínculos confusos onde via que sua avó, seu avô e sua mãe, às vezes, tratavam-na com aparente carinho, e outras vezes a desprezavam e culpavam. A avó ficava brava e gritava, dizendo que Fiona não valia nada quando esta cometia pequenos erros. Aos sete anos, sua mãe foi cuidar dela quando já estava vivendo em outro relacionamento. O pai adotivo era frio e, quando ela tinha por volta de 12 anos de idade, tentou abusar sexualmente dela, o que fez Fiona querer sair de casa e ir para uma colégio interno. Aos 18 anos, ela foi estuprada por um rapaz um pouco mais velho que ela. Hoje, Fiona fica facilmente emocionada quando vê crianças ou cães abandonados. Apresenta muita ansiedade quando confrontada com alguma tarefa nova, e tem verdadeiro pânico de cometer erros. Uma parte interna crítica desperta exigindo que ela não cometa nenhum erro, que faça tudo certo, senão, não será valorizada ou digna de ser amada, nem terá seu amor aceito pelos outros. Essa parte a critica severamente, pior ainda do que a própria avó, com o objetivo de evitar que ela seja criticada externamente: se ela conseguir fazer tudo certo e sem erros, ela evitará lembrar dos gritos e espancamentos que recebeu da avó; evitará lembrar que quando se aproximava da mãe para expressar seu amor ou pedir ajuda, era rejeitada e criticada. A única forma de experimentar qualquer sentido de valor foi obtendo bons resultados acadêmicos, e quando isso não acontecia, voltava a sentir rejeição e indignidade. A função da crítica é ajudá-la a não sofrer com a desaprovação e ser *boa o suficiente* para ser amada.

Neste exemplo, vemos como Fiona desenvolveu uma parte crítica que, agora, embora procure protegê-la, perpetua a relação de abuso doméstico. Ela não tem um senso interior de tolerância com seus erros, a fim de aprender com eles, nem tem habilidade de se acalmar e se tranquilizar, a fim de tratar a si mesma com compaixão e respeito.

O autoconsolo é um problema para as pessoas que foram vítimas de abuso ou trauma. Além disso, a falta de um senso de conforto interno as leva a uma busca eterna de alguém para acalmá-las e amá-las. Poderíamos dizer que sua bateria afetiva está sempre descarregada. E mesmo quando alguém as trata bem e com carinho, há uma outra parte interna que irá desvalorizar o que lhes é dado com expressões do tipo "Ele me diz que gosta de mim por obrigação", "Ela diz isso porque quer algo em troca", "Se ele realmente me conhecesse, não me diria nada", "O amor realmente não existe". Elas precisam aprender o autoconsolo para regular sua fome de carinho e seu medo da solidão.

Essas pessoas têm que fazer um esforço enorme para se sentirem confortáveis e criarem um extenso repertório de habilidades para se consolar. É recomendado que estabeleçam um programa para cada dia da semana e que elaborem uma lista de coisas que podem fazer para se consolar. Aqui estão algumas formas de implementar habilidades de autoconforto para pessoas com dificuldade nessa área.

1. **Ouvir o coração.** As pessoas com trauma crônico se viam frequentemente invadidas em seu espaço físico, seus corpos e eram agredidas devido ao seu jeito de ser, suas ideias e suas emoções. Elas tiveram que se desconectar de suas emoções e tentar anestesiar seu corpo. Isso as levou a não prestarem atenção aos indicadores corporais e à sua intuição. Precisam restaurar o contato com sua bússola interior: o que o corpo e o coração lhes dizem sobre o que elas querem, do que elas gostam e do que não gostam. Elas levaram uma vida sem tranquilidade devido às agressões que vinham do mundo exterior, ou talvez tenham precisado cuidar de seus próprios cuidadores, pois estes eram deprimidos ou ausentes, de tal forma que desenvolveram um sistema de radar bastante consciente do que existe no mundo externo, mas não ouvem a si mesmas.

   Um prática útil é aprender a se fazer perguntas sobre as próprias necessidades, desejos e preferências:

   ☐ O que eu quero?

   ☐ Do que eu preciso?

   ☐ Quero fazer isso que estão me pedindo, ou faço porque é o que se supõe que eu deva fazer?

   ☐ Estou cansado ou estou com energia?

   ☐ Quero conviver com essa pessoa e dar o que ela me pede?

   ☐ Como eu realmente quero passar o fim de semana ou os feriados?

   ☐ O que eu realmente quero da minha vida?

2. **Falar com doçura.** Normalmente, essas pessoas possuem uma parte muito exigente, crítica e desdenhosa, não se sentindo merecedoras de carinho, bom tratamento ou boa sorte. Elas precisam aprender a falar consigo mesmas com carinho e bondade.

Uma prática importante é imaginar o menino ou a menina que foram, quando se sentem tristes, assustadas, ansiosas ou angustiadas, e como seria tratada por seu melhor amigo ou por alguém que tenha lhes dado amor e apoio na vida. Em seguida, escrever uma carta de sua parte adulta para a parte infantil, dando mensagens de apoio, compreensão e compaixão.

3. **Aprenda com os erros.** Cometer erros faz parte da aprendizagem de qualquer ser humano que enfrenta novas tarefas ou novo conhecimento. Como no exemplo da Fiona apresentado acima ela não tinha permissão para cometer erros, nem para obter resultados inferiores a excelente. Um modo de contrabalançar isso é dar-se permissão para cometer erros: "É normal cometer erros, pois faz parte do processo de aprendizagem inerente a fazer algo novo, quando não se sabe", "O que posso aprender com esse erro?", "Onde eu me equivoquei?".

4. **Permitir-se chorar.** É preciso ensiná-las a aceitar o sofrimento, a se consolar e parar de chorar quando estiverem reconfortadas. Quando chorarem, é preciso que elas ouçam o significado profundo das próprias lágrimas, deixar que elas expressem a mensagem esquecida ou enterrada que ninguém quis ou soube ouvir. É útil escreverem o que suas lágrimas expressam, podendo também estabelecer um acordo com um bom amigo ou amiga que esteja disponível para *simplesmente ficar presente* enquanto elas choram, sem detê-las, mas interessados no que as lágrimas expressam. O choro é a expressão e o pedido por uma figura reconfortante e afetuosa que não existia ou não sabia acalmar.

5. **Ler livros para crianças.** Essa tarefa ajuda a entender o processo de consolo e a desenvolver uma linguagem própria. A leitura de livros para crianças faz parte do processo normal de paternidade e maternidade, pois, enquanto se lê uma história, a criança pode desfrutar do contato com seus pais, dialogar através da história, mas também aprender a conceituar o mundo. Um modo de

implementar habilidades de autoconforto é imaginar a criança interior e ler uma história infantil para ela.

6. **Visualizar um lugar seguro e confortável.** Visualizar um lugar seguro ou um santuário, resgatar memórias agradáveis ou usar e trazer figuras espirituais que acompanham e confortam. Visualize um ambiente na natureza, construa um refúgio, decore do seu próprio gosto, e realize um ritual para torná-lo somente seu. Repare nos detalhes sensoriais que fazem do santuário um lugar de recuperação pessoal. Crie os meios necessários para que ninguém mais possa entrar lá (guardiões na entrada, escudo protetor invisível). Isso pode ser feito através de visualização ou mesmo desenho. Uma vez dentro do santuário, preste bastante atenção às sensações experimentadas no corpo diante dos sentimento de *bem-estar, acalmia* e *presença*.

7. **Cuidar da alimentação.** Outra maneira de promover uma experiência de autocuidado e conforto é preparar refeições saborosas e quentes. Especialmente nos meses de inverno. As pessoas traumatizadas geralmente não prestam atenção aos cuidados pessoais em termos de alimentação. Faça um plano para preparar alimentos nutritivos e saborosos, e preste atenção tanto ao cozinhá-los quanto ao prová-los. É uma forma de cultivar a atenção plena e o treinamento sensorial.

8. **Criar rotinas de vida saudável.** Elabore um cronograma que inclua práticas de algum exercício físico ou atividades que ajudem a sentir o corpo com sensações de força, controle, bem-estar. É especialmente recomendado praticar *yoga, tai chi* ou *aikido* porque são exercícios realizados com ênfase na consciência do corpo e sentimentos de estar firme, presente e forte. Isso compensa o sentimento de fraqueza e vulnerabilidade que acompanha essas pessoas. Na programação também devem ser incluídos os períodos apropriados para regular o sono, o descanso e qualquer atividade que ofereça prazer: banhos quentes, automassagem ou massagem oferecida por outrem, leitura de livros positivos ou espirituais.

Elaborar um cronograma com rotinas positivas é uma maneira de tornar a vida previsível e criar uma estrutura para pessoas que viveram na imprevisibilidade e no caos.

9. **Prática da respiração consciente.** A respiração consciente, inalada suavemente enquanto se conta até 5 e exalada lentamente, também ajuda fisiologicamente a "segurar" as emoções intensas e regulá-las para baixo, desativando a amígdala. A respiração consciente é uma prática que ajuda a adquirir, de forma rápida, uma sensação de autocontrole e autorregulação nas emoções e no corpo.

II. Comunicação interna

Criar novos diálogos consigo mesmo. Instalar uma voz interna (mais adiante, retiro-me a este processo como a dimensão do Eu Essencial) que possa responder de forma eficaz à parte que expressa medo, raiva, tristeza ou humilhação como resultado do trauma ou do abuso.

A pessoa pode começar a ouvir os diferentes conflitos existentes em seu mundo interior, identificar as partes que contêm medo, vergonha, crítica, tristeza, raiva, consolo dos outros, etc. Uma boa opção é fazer um *mapa das partes* que ainda estejam ativas no mundo interior. Pode ser feito por meio de desenho ou colagem com recortes de revistas que representem sua comunidade interna. Nosso cérebro é um ótimo organizador, projetado para integrar nossas experiências. Elaborando o mapa das partes, ajudamos a identificar, diferenciar e ouvir a mensagem profunda de cada uma, ao mesmo tempo em que elas começam a se conhecer e se comunicar. Esse movimento contrabalança a luta interna para dominar o espaço psicológico.

III. Cooperação

Estabelecer contato com os sentimentos experimentados por cada parte e incorporá-los é uma tarefa de cooperação. O que sente a criança que está dentro de mim? Ela está triste, assustada? Temos que envolver a dimensão do *observador amoroso* da pessoa, hoje (aquela que lida com o gerenciamento do sistema e da vida). O *observador* da pessoa deve demonstrar interesse e estabelecer amizade, fazer perguntas e ajudar a criança, ou crianças, de diferentes idades que emergem no seu sistema interno.

IV. Conexão

O processo acima resulta em uma *Equipe Interior*. A parte racional (PAN) pode cooperar com a parte emocional (Criança, PE) que permaneceu congelada na infância traumática. O Observador - que chamarei mais tarde do Eu Essencial - começa a considerar e indagar sobre as ideias distorcidas e percepções falsas que mantêm presa a parte dissociada da criança.

Através da comunicação cooperativa, as diferentes partes do sistema começarão a se conectar e, muitas vezes, se integrarão, fazendo bom uso umas das outras. A conclusão é que todas as partes são necessárias.

Nas seções a seguir, desenvolvo mais detalhadamente o trabalho com as Partes internas ou os Estados do Eu.

Integração do Sistema Interno

Na fase um, a estabilização dos sintomas, além de aliviar os vários sintomas que as pessoas cronicamente traumatizadas possuem (regulação do sono, somatização, ataques de pânico, pesadelos e flashbacks somatossensoriais, explosões emocionais, relacionamentos abusivos) devemos ajudar a pessoa a identificar, tratar e integrar o sistema de Partes internas. O objetivo é se conscientizar das diferentes Partes que compõem o sentido do próprio Eu, a comunicação e a cooperação entre as diferentes Partes, a fim de conhecer suas funções e papéis dentro do Eu e, finalmente, conseguir se integrar em um sentido pessoal mais coeso.

Os diferentes autores no campo da psicoterapia têm abordado o trabalho de integração das partes internas[15] ou subpersonalidades: Rowan (1990) fala de *Subpersonalidades*, Schwartz (1995) de *Partes Internas*, Van der Hart et al. (2006) referem-se a esses sistemas como *PAN e PE*, Eric Berne (1973) os chamou de *Estados do Ego*, Assagioli (1973) também denominou-as *Subpersonalidades*, Moreno (1965) falou dos *Papéis Internos*, da união de Hal y Sidra Stone (1989) veio o método *Diálogo de Vozes*, minha amiga e colega Esly Carvalho (2012) fala da *Galera Interna*, Dennis Genpo Merzel (2007) inventou o método *Big Mind*, e a escola da

---

[15] Utilizo a palavra *Partes* em maiúscula para enfatizar que se trata das subpersonalidades, ou dos estados do Eu.

neurociência interpessoal de Siegel (Badenoch, 2008) se refere a esses sistemas como a *Comunidade Interna*. Nessa seção, inspiro-me, em maior ou menor grau, no trabalho desses autores.

Como indicado anteriormente, uma Parte se refere à experiência de sentir diferentes estados mentais que envolvem um sistema próprio de sentimentos, pensamentos, comportamentos e estados fisiológicos. Quando estamos em um estado do ego que envolve um padrão de comportamentos, pensamentos, sentimentos e sensações físicas, costumamos chamá-lo de *uma parte de mim*. Podemos dizer que cada uma dessas Partes tem uma maneira diferente de se manifestar conforme as circunstâncias. Assim, diante de uma situação semelhante, podemos nos sentir ofendidos, por exemplo, enquanto outras vezes nos sentimos calmos e moderados. As Partes ou subpersonalidades estão vivas (elas possuem experiências) e são individuais, se relacionando *consigo mesmas* e entre si. Uma vez que as Partes são como pessoas dentro de um sistema interno, podemos estabelecer contato com elas, ajudá-las a se comunicarem umas com as outras e fornecer os instrumentos necessários para sua cura.

Cada Parte tem um papel a desempenhar na nossa vida, contendo atributos de nossa psique e nossas ações no mundo. Muitas Partes desempenham um papel positivo, saudável e funcional quando estamos serenos e calmos. Nesses momentos de tranquilidade, elas fazem nossas vidas funcionarem bem, nos ajudando a ter contato com outras pessoas, realizando nosso trabalho de forma eficaz, cuidando dos outros, etc. Mas, frequentemente, quando estamos sob estresse intenso, algumas Partes adotam um papel irracional e exagerado numa tentativa desesperada de nos proteger da dor, da vulnerabilidade e do risco de sermos prejudicados. Elas podem se comportar nos desvalorizando, criticando ou criando problemas com outras pessoas. Podem levar a percepções distorcidas da realidade, crenças ambíguas e preconceituosas, ou padrões de pensamento obsessivo. Podem ainda nos inundar de dor ou tensão corporal, diminuindo nossa capacidade de viver nossas vidas com flexibilidade e criatividade. Algumas também podem ser expressas por meio de sintomas físicos e estados emocionais. Quanto uma Parte fica muito intensa, ela tenta proteger a pessoa, criando um desequilíbrio interno dentro do próprio sistema.

Embora eu me refira às Partes como personalidades quase separadas que, de alguma forma, residem dentro de nós, como personagens que possuem sentimentos, e estão em conflito umas com as outras, dominando nossa maneira de ser em determinados momentos, não estou sugerindo que todos nós soframos de transtorno dissociativo de identidade, pois isso implicaria em um grau de separação e independência das Partes que criaria personalidades separadas entre si e, até mesmo, sem ter conhecimento da existência umas das outras. Todos nós temos um universo interno múltiplo e complexo, e isso é normal em si, só se tornando problemático quando algumas Partes descompensam ou reagem negativamente às outras.

Trabalhando com as Partes

O trabalho com as partes na terapia dos estados do ego abrange a identificação e a entrevista das Partes em conflito, facilitando a harmonia empática entre elas para promover um processo de harmonização interna e transformação de suas energias. O processo envolve a orientação das Partes em direção à pessoa – para a dimensão do seu *Eu Essencial*, que é maior do que qualquer uma das Partes, bem como para avaliar e revelar suas origens traumáticas e sua função de proteção primária – não importando o quão autodesvalorizadas se sintam, ou o quão aliadas estejam com o agressor.

Devem-se considerar também as preocupações ou medos que algumas têm das outras, bem como a preocupação que elas podem ter quanto ao terapeuta, ou outras partes do sistema da pessoa, querendo eliminá-las. A postura do terapeuta deve ser a de honrar os fundamentos emocionais dessa preocupação, mesmo que não estejam embasados em fatos ou na lógica adulta. Embora o sistema interno, ou comunidade interna, possa incluir Partes semelhantes aos membros externos da família, as Partes internas não podem ser expulsas, assim como um membro da família não pode ser expulso. Cada uma das Partes é um aspecto do nosso próprio Eu, mas que, às vezes, carregam a energia emocional e as atitudes das pessoas que foram ou são significativas em nossas vidas (introjetadas). As partes são companheiras para toda a vida, ou até que a maturidade às conduza à integração (Kluft, 1993b), e precisam aceitar que cada uma é necessária para o bom funcionamento do resto das Partes, de pessoa inteira, e do sistema como um todo. Devemos também ter em mente que lidar apenas com a Parte que está mais na superfície ou no exterior (aquela mais visível porque é mais visível socialmente) é como visitar apenas a varanda de uma casa. Por mais bela e agradável seja a varanda, o trabalho real deve ser direcionado para o que está por trás da porta fechada, no porão ou no sótão, assim como tudo o que está na varanda.

Embora uma das Partes possa ser perigosa ou de alguma forma prejudicial, o terapeuta deve tratá-la com empatia e afirmar sua função adaptativa histórica (Putnam, 1989). O terapeuta manifesta seu interesse ao ver as coisas a partir do *olhar da Parte* (Paulsen, 1989). Quanto maior tiver sido, e mais cedo tiver acontecido, o trauma, especialmente devido às relações tempestuosas ou negligentes com os cuidadores, maior será o nível de dissociação relacionada ao sistema de *duplo vínculo* (amor e ódio), no qual uma das Partes apresenta um elemento do vínculo duplo, enquanto e outra, geralmente, carrega o polo oposto desse vínculo. Isso resulta em Partes que podem ser muito polarizadas entre si, reagindo umas às outras de maneira extrema e com muita rejeição.

Uma paciente, que chamarei de Estela, que recebeu o mesmo nome de uma irmã que havia morrido dois anos antes dela nascer, tinha a demanda de perder peso e cuidar de si mesma, desejando adotar uma dieta saudável, fazer exercícios e meditação. Sua dificuldade era que uma parte dela queria fazer o que ela sabia que tinha que fazer para se sentir bem, mas a outra Parte, a quem ela chamou de Sabotadora, a impedia. No discurso inicial, com o qual ela se referia a ambos os lados, já ficava evidente que uma era *bem vista* e a outra era definida com adjetivos pejorativos. Então, comecei a trabalhar com ela, negociando com ambas as Partes o fato de que nós íamos lidar com as duas. Pedimos permissão primeiro à Parte Responsável para ouvir a outra. Sugeri a Estela que ela perguntasse à Parte que ela chamava de Sabotadora se esta queria que nós nos dirigíssemos a ela com esse nome ou com algum outro. A Parte disse que preferia ser chamada de Rebelde. Demos espaço a essa parte para expressar porque se recusou a levar uma vida saudável. De pronto, ela começou a dizer como sempre se sentia oprimida pelas regras ditadas por sua mãe, que, geralmente, dizia coisas do tipo "Se você pelo menos fosse como eu, ainda valeria alguma coisa", "Você tem o diabo no corpo", "Você é uma eterna insatisfeita", "Se você não mudar, ninguém vai te aguentar"; e começou a lembrar de como a única maneira pela qual a mãe a atendia e cuidava era quando estava doente, e, dessa maneira, ela podia sentir que a mãe cuidava dela da mesma forma que cuidava de seu irmão, por quem a mãe tinha uma predileção e com quem a comparava com frequência. Estela tentou ser como o irmão, aplicada aos estudos, ajudando em casa, sendo complacente com a mãe e deixando de brincar com as amigas para ajudá-la na loja que tinham (a Parte Responsável). Mas, apesar de tudo isso, ela nunca se sentiu aceita e amada pela mãe, que constantemente se dirigia a ela com críticas e rejeição. Por meio de Estela, a mãe ativava a dor da perda de sua filha falecida e não podia vê-la como ela era. O fato de ter o mesmo nome lhe atribuía uma identidade que correspondia à outra. Dessa forma, Estela sentia-se extremamente insatisfeita e frustrada, e apresentava ataques de raiva frequentes, o que a mãe repelia com seus julgamentos "Ninguém vai te amar assim", "Você tem o diabo no corpo". Esse momento deu origem à polarização de Estela, onde uma Parte tentou ser a filha que a mãe queria, seguindo as regras e fazendo o que "devia" fazer (a Parte Responsável) e outra que, quando não conseguia, ficava brava e zangada, e era definida pela mãe como "má" (a Parte que se chamava de Rebelde). Vemos que a mãe de Estela tratava o filho como bom e a filha como má. Essa mesma polarização ocorreu no sistema interno de Estela, que também chamou uma Parte de má (Sabotadora) e a outra de responsável e boa. Quando a Parte Responsável ouviu a história da outra, ficou mais compreensiva e empática, entendendo que ela estava tentando fazer algo bom, mas não conseguia se conectar com a mãe deprimida. Além disso, Estela terminou essa sessão tomando consciência de que, se afastando dessas duas partes, ela podia ouvi-las e considerá-las a partir de uma dimensão diferente, observando a ambas e ajudando-as a se entenderem.

No exemplo anterior, vimos como um aspecto importante do trabalho é ajudar a pessoa a diferenciar o *Eu Essencial* de cada uma das Partes para poder se relacionar com elas. Acima das diferentes Partes que constituem nossa personalidade está o que a psicologia budista chama de "O Ser Essencial", Rigpa, "A Natureza da Mente". Assagioli o chama de "O Ser Transpessoal" ou "Eu Superior", Schwartz de "O Self", Stone de "Eu Consciente", e Genpo Roshi de

"Grande Mente-Grande Coração". Nesta seção, usarei a nomenclatura do **Eu Essencial** para me referir a esse estado de consciência separado da personalidade e que corresponde à nossa essência enquanto seres, ou nosso ser global, que está além de cada uma das Partes que nos compõem e dos aspectos egóicos ligados à experiência que vivemos. No capítulo 1, referi-me a este aspecto de nosso Ser como o ser que somos antes de ter a experiência de manter um relacionamento com os outros, que é a dimensão do nosso Ser que outros também chamam de *Observador Interno Compassivo*, característico dos estados de consciência plena, ou *mindfulness*, sem julgamentos ou preconceitos, em que abraçamos nossa experiência tal como ela é com compaixão e amor. Trata-se, portanto, de nos posicionarmos como realmente éramos antes de termos construído *nossa personalidade*, antes de terem nos dado o nome que temos, ou antes de qualquer ideia de ego com a qual nos identifiquemos.

No trabalho com as Partes, é essencial considerar para qual parte devemos dar prioridade. Geralmente, há uma Parte Primária (segundo Han e Sidra Stone) que controla o funcionamento do sistema. Geralmente são aquelas partes controladoras, perfeccionistas ou complacentes. Às vezes, essas Partes estão muito identificadas com um dos cuidadores primários, como era o caso de Estela com sua mãe. E as partes primárias dominantes tentam ser proativas para resguardar o sistema do ego para que ele não experimente as Partes que contêm mais dor. Elas tentam evitar o sofrimento. No caso de Estela, sua parte vulnerável precisava do cuidado e do amor de sua mãe, igual ao seu irmão, necessitando ser vista pelo que ela era, e não com o fantasma de sua irmã falecida. Na terapia, essas partes primárias devem ser tratadas primeiro, já que são mais visíveis e costumam interagir com a gestão das coisas da vida cotidiana e das relações com os outros. Normalmente, essas Partes carregam a energia de algum dos cuidadores que foram significativos na vida (pais, avós, irmãos mais velhos, etc.), mas também podem conter a energia e os problemas de outros educadores importantes na vida da pessoa.

O ideal é buscar ter acesso ao período mais antigo possível, aquele momento em que a Parte recebeu a carga de energia da figura parental introjetada. Dessa forma, trabalhamos com a Parte num momento em que as características do caráter, dos hábitos e das defesas ainda são maleáveis. Trabalhar com a parte identificada com o agressor numa idade bem mais jovem não só facilita a aliança e o acesso (Caloff, 1992), mas também leva a uma generalização mais profunda de sua resolução (Paulsen e Golston de 2014, em Lanius, Corrigan, e Paulsen, 2014). Lidar com as partes introjetadas e com a lealdade do paciente com o agressor é uma questão central no tratamento do sistema do Eu e do abuso infantil (Paulsen, 2007, 2009, Putman, 1986; citado em lanius, Corrigan e Paulsen, 2014). É de fundamental importância realizar o processo de mudança da aliança feita pela Parte identificada com o agressor introjetado para uma aliança com o Eu do paciente. Devido ao fato de a introjeção dos abusadores e causadores de maus tratos servir de aliada na forma de o agressor ver as coisas, representando os pesos pesados e chefes no sistema interno em relação às Partes infantis vulneráveis e indefesas, trabalhar com elas numa abordagem direta e relativamente inicial do tratamento é importante no momento de quebrar a resistência ao trabalho. A cura dessas partes introjetadas não pode ser alcançada sem o respeito e a apreciação do terapeuta. Por mais cruel que tenha sido a ação, foi a melhor maneira possível de lidar com a situação de uma criança pequena. No momento do trauma, o ponto de vista da criança é truncado devido à vergonha de que suas necessidades e sentimentos nunca são vistos, valorizados ou satisfeitos. Por razões de sobrevivência, a criança adota o ponto de vista de seu abusador como a única possível e se identifica com um senso de si mesma congruente com o de seu abusador. Essas partes identificadas com os agressores podem ser mais bem compreendidas se as tomarmos como defesas dissociativas pós-traumáticas.

De qualquer forma, tanto as Partes com energia introjetada quanto as Partes vulneráveis da criança, protegidas por ela, devem ser orientadas para o *Eu Essencial* e para o tempo presente da pessoa, para que possam parar de reagir de forma traumatizante e sentir que, agora, existe outra dimensão da pessoa encarregada pela vida. Eles precisam tomar consciência de que o passado já aconteceu e que agora têm opções que antes não tinham.

Princípios da estruturação da personalidade

- Tomando por base nossa psicobiologia, somos programados com certas *estruturas emocionais* que comportam sistemas de ação voltados para a reação diante dos eventos do mundo que exigem uma resposta nossa. Assim, podemos dizer que é natural nossas mentes possuírem diferentes subsistemas, que, posteriormente, podem ser organizados como subpersonalidades ou Partes.

- Cada um de nós tem uma experiência do *Eu Essencial*, pois antes mesmo de usarmos o nome que nos foi dado, ou antes de qualquer ideia sobre nosso Eu, nós *já existíamos*. É o *Eu Essencial* que, de alguma forma, está sempre atrás de nós nos impulsionando para sermos quem somos realmente, até quando levamos uma vida que está em contradição com nosso senso mais profundo de quem realmente somos.

- Cada uma das Partes tem um propósito positivo dentro do sistema intrapessoal. Durante um desenvolvimento de maturação suficientemente bom, os subsistemas, ou Partes, nos proporcionam repertórios de comportamentos, ações e pensamentos que nos permitem responder e adaptar com flexibilidade aos requisitos da situação. Assim, podemos ser e ter recursos diferentes quando estamos no trabalho, com os amigos, com o cônjuge, defendendo nossas ideias ou território, quando cuidamos dos outros, etc. Temos diferentes *Eus* especializados para responder constantemente a diferentes demandas. No entanto, quando a pessoa se desenvolve em um ambiente ameaçador, essas Partes têm bastante tempo de se consolidarem com excessiva rigidez, sendo incapazes de funcionar de forma integrada e cooperativa com os outros subsistemas. Mesmo assim, podemos dizer que esses subsistemas rígidos foram consolidados com a função de nos ajudar a sobreviver. Ou seja, não há "Partes Ruins".

Não podemos eliminar nenhuma de nossas partes. O objetivo é ajudá-las a transformar seu componente energético e sua função em um modo mais adaptável e relacionado às atuais circunstâncias da vida. Todas as Partes têm qualidades, funções e necessidades.

- Como em qualquer sistema, quando uma das Partes sofre qualquer transformação, isso afeta o sistema como um todo. E quando o sistema interno de uma pessoa muda, sua maneira de se relacionar com o mundo, o sistema externo, também muda.

- O objetivo do trabalho de transformação e cura é fazer com que o *Eu Essencial* da pessoa viva encarregado da vida e do gerenciamento das circunstâncias pessoais. Quando o *Eu Essencial* é responsável por todo o sistema interno, as Partes ou subsistemas simplesmente informam o estado interno e/ou externo e fornecem recursos de ação para lidar com a realidade de forma mais adequada. Podemos dizer que, quando o *Eu Essencial* da pessoa está no comando, é ele quem, conscientemente e de forma reflexiva, seleciona que programa ou repertório é o mais adequado para lidar com cada situação. A pessoa não se sentirá mais motivada ou dominada pelas ações impulsivas e reativas de suas diferentes Partes. Agora ela se sente dona de sua vida interna e externa.

- As Partes são aspectos de nossa personalidade que reagem, internamente ou externamente, de forma semelhante ao jeito como as pessoas interagem umas com as outras. Às vezes, algumas Partes assumem polos extremos como forma de obter influência dentro do sistema da pessoa. Maria, por exemplo, se sente indigna de receber amor e, geralmente, permanece reservada, tímida e invisível quando em grupo, evitando chamar atenção, mas curiosamente atraindo o interesse dos outros. Essa é a maneira dela se proteger da possibilidade de os outros a verem como indigna e/ou rejeitá-la. Isso a ajuda a afastar os outros daquela Parte que a faz sentir que "Não vale nada e que ninguém pode amá-la, pois se eles a conhecerem, vão abandoná-la, como sempre o fizeram". No entanto, à medida que os dias e os meses passam, seu sistema de apego (Parte Vulnerável) emerge devido à necessidade de manter contato e receber carinho dos outros, e então, quando um homem se aproxima dela, expressa algum interesse e a faz se sentir desejada, imediatamente se ilude com a ideia de que ele a ama e talvez tenha encontrado seu *príncipe encantado*. Então, mergulha muito cedo no relacionamento antes de conhecer a pessoa e descobrir que o outro é apenas um sedutor desejoso de sexo rápido e não quer compromissos nem vínculos. Depois, a Parte Crítica retorna e tenta protegê-la, reforçando a ideia de que "Os homens só querem sexo e que ela não é interessante para ninguém". Com isso, ela tenta manter a Parte Vulnerável de Maria em algum lugar isolado do contato com os outros.

- As partes podem se manifestar como pensamentos, emoções, sensações corporais, imagens ou em qualquer outro formato sensorial, ou sintoma físico. As partes que se tornaram rígidas constituem uma reação do organismo às experiências traumáticas e aos relacionamentos abusivos por parte dos cuidadores e responsáveis pela educação da criança. Essas Partes permanecem no sistema psiconeurológico da pessoa, geralmente, em um estado latente ou ativo, dependendo do contexto. As Partes latentes podem ser ativadas em determinado momento dependendo da situação ou contexto presentes (interno ou externo) que as despertem, colocando-as em movimento. Pode acontecer de uma Parte entrar em pânico quando alguém se aproxima com intimidade, se a pessoa tiver histórico de abuso. Há também Partes que se identificam com a energia de alguns cuidadores como forma de assumir suas atitudes e se adaptarem.

- As Partes (PE) que foram *incrustadas* e *encapsuladas* na neurobiologia da pessoa possuem existências separadas, sendo banidas do sistema de memórias conscientes e tentando permanecer enterradas em um sistema de memória raramente acessível. São Partes repudiadas pelo sistema, uma vez que a pessoa não quer aceitá-las ou senti-las como consequência da rejeição ou do abandono experimentado na vida. Na verdade, quando elas vêm à tona, a pessoa não toma consciência de estar lembrando de algo, mas experimenta tudo de novo, como se fosse uma vivência real. Por exemplo, Paulo é um homem relativamente bem-sucedido e reconhecido em seu trabalho, tendo sido até promovido a um cargo de responsabilidade. Mas uma parte de Paulo ainda sente vergonha de si mesmo, dizendo "Não valho nada", "Sou uma porcaria". Esta Parte é aquela que foi cronicamente criticada por um pai cruel e exigente que sempre se colocava na condição de modelo e que fazia as coisas muito melhor do que o filho. E quando Paulo, ainda criança, cometia algum erro, se deparava com a reação irritada do pai que dizia: "Você não vale nada. Você é um fraco e você nunca vai servir para nada". Além disso, essa parte de Paulo também sofria com a negligência de sua mãe que não se atrevia a consolar o filho devido ao ciúme agressivo e à imposição do marido em relação à criança. Assim, ele também se sentia ignorado e desvalorizado pela mãe. Essas partes associadas ao trauma e ao abuso vivem banidas, e a pessoa pode sentir como se vivesse em um lugar escondido de desolação, frio, solidão, onde nada acontece e ninguém é capaz de chegar.

Esly Carvalho (2012), em seu livro *Curando a Galera que mora Lá Dentro*, compara essas Partes Congeladas associadas aos momentos traumáticos com a história bíblica de Ló, onde ele teve que sair da cidade de Sodoma porque ela seria destruída por Deus. Deus fez com que Ló soubesse, por meio dos anjos enviados a Sodoma, que ele deveria deixar a cidade e não olhar para trás. A esposa de Ló desobedeceu o conselho e, quando olhou para trás, foi transformada em uma estátua de sal. Esly diz:

> *"Essa é a metáfora do trauma: de certa maneira, ele nos transforma em estátuas de sal, eternamente congeladas, olhando para trás, para onde a tragédia e a destruição ocorreram. Não podemos olhar para o presente ou para o futuro, nem podemos fugir do que aconteceu"* (traduzido da edição em espanhol, *La Pandilla Interna*, 2012, p. 13)

- As partes que mantêm atitudes extremamente rígidas carregam o *peso da história* e uma energia retida sob a forma de crenças dolorosas e limitantes, de emoções intensas, de fantasias desesperadoras ou de previsões catastróficas. As Partes lutam para assumir o controle da pessoa, não se diferenciando do *Eu Essencial* e agindo de forma inadequada ou desproporcional às atuais circunstâncias.

- Ao pensar nas partes como unidades separadas, podemos obter uma perspectiva pessoal mais vantajosa. E, ao treinar e acessar o que eu chamo de *Eu Essencial*, podemos começar a usar a energia desses diferentes subsistemas ou Partes para levar uma vida mais equilibrada. Despertando e nos instalando no *Eu Essencial*, é possível trazermos harmonia e equilíbrio ao nosso sistema psicológico. Ao compreendermos nosso sistema interno, podemos aceitar e integrar as nossas diferentes partes e, assim, transformar o potencial e a qualidade de nossos padrões de pensamentos, emoções, comportamentos e sensações a respeito de quem somos.

O Espaço da Consciência

Inspirado no conceito de consciência do mestre budista Thich Nhat Hanh (2006), divido a consciência em vários setores utilizando a analogia do teatro e dos personagens que compõem a obra. Nos *bastidores da consciência* (parte de trás da parte superior da Figura 1 separada pela cortina), residem todos os estados latentes do Eu que uma pessoa pode vir a experimentar caso sejam ativados por algum evento interno ou externo. É o que chamamos das Partes do Eu. Na linguagem da informática, correspondem ao disco rígido que contém todas as informações armazenadas ao longo da história e também os programas a serem utilizados para realizar as atividades específicas. Nos *bastidores do teatro*, ficam todos os atores que representam os personagens que vão participar no desenvolvimento da história, e nos *bastidores da consciência* estão todos os estados do Eu ou as Partes que podemos ativar e empregar em determinada situação. São os traços de nossa personalidade comumente conhecidos pelos outros como nossas características: somos perfeccionistas, trabalhadores, distraídos, sensíveis, alegres.

Figura 3.1

A metade dianteira do círculo representa a consciência do dia-a-dia. Os neurocientistas costumam se referir a esta parte da consciência como *memória de trabalho*, que é onde os dados necessários são gerenciados para a tomada de decisão na situação que nos afeta. Em linguagem de computador, seria a memória RAM ou memória de trabalho. Thich Nhat Hanh a chama de *sala de espera* da consciência, e eu faço uma analogia com o teatro, ao que corresponderia ao *palco*, ou ao espaço onde os diferentes personagens da história são representados em determinado momento. Os diferentes estados ou Partes podem tomar esse espaço à medida que são chamados ou ativados por circunstâncias externas ou internas. Quando uma parte surge no palco, ela domina nossos pensamentos, emoções e comportamentos. Cada Parte atua como um filtro que nos obriga a perceber a realidade à sua maneira, de modo que, a forma como percebemos e avaliamos cada momento depende da Parte atuante no palco da consciência. Quando a situação se acalma, a Parte ou estado do ego volta para a coxia (parte traseira da consciência). O mesmo ocorre quando operamos um computador e escolhemos um programa ou outro dependendo do tipo de tarefa que vamos realizar e, depois de terminar, fechamos e retornamos ao estado inativo no disco rígido.

No palco, pode aparecer uma Parte que domine a cena, mas também podem coexistir várias Partes que tentam governar a situação ou estejam em conflito entre si, como no exemplo de Estela, mencionado anteriormente.

No centro, ou núcleo, da consciência, está o *Pódio do Maestro* ou *Posto de Comando* da consciência. Quem ocupa o *Pódio* está no controle do sentido do ego. Quando o *Eu Essencial* está disponível, ele atua como maestro da orquestra ou diretor dos diferentes sistemas ou Partes.

Mas em outras ocasiões (Figura 3.2), pode haver Partes muito intensas ou carregadas que se posicionam no *Pódio*, ocupando ou invadindo todo o senso do próprio Eu. Nesse caso, uma das Partes assume todo o controle e é como se essa Parte, nesse momento específico, fosse exclusivamente a única a ditar a maneira de a pessoa perceber, sentir e agir na vida. Como veremos, precisamos ajudar a pessoa a colocar o *Eu essencial* no *Pódio* para que ela possa fazer uso funcional dos recursos e qualidades existentes em cada uma das partes do sistema, conforme exigido pela situação ou pelo contexto em que está.

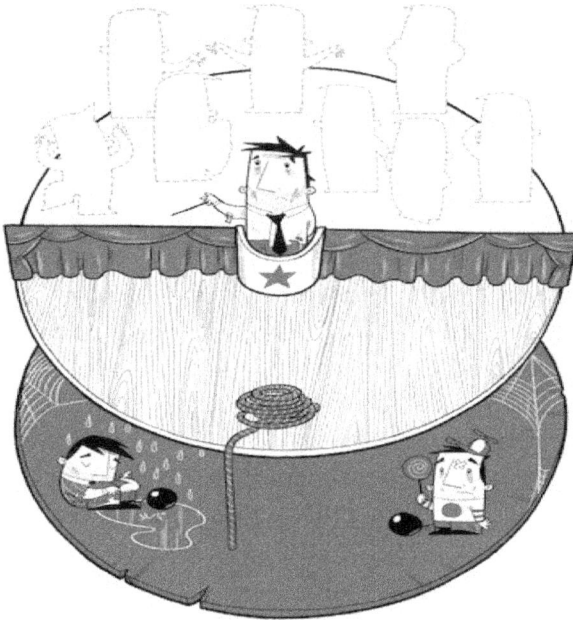

Figura 3.2

Nos *bastidores* e no *palco*, podemos experimentar diferentes partes do eu. Essencialmente, há Partes que tentam manter algum nível de controle para gerenciar a vida: as Partes Protetoras ou de Defesa (de agora em diante, chamadas Protetoras), enquanto outras permanecem escondidas dos outros porque se sentem indignas, assustadas ou devastadas: as Partes Excluídas (doravante Excluídos).

Partes ou Estados do Eu - Defensores ou Protetores:

O papel destas Partes é nos proteger contra a dor. Elas tentam manter nosso estado psicológico e nossa vida em um estado contínuo de pseudoconforto para que não experimentemos dor, vergonha ou medo. Buscam nos afastar de situações ou relacionamentos que possam nos levar a sentir algum desconforto ou sermos machucados (por exemplo, sentir medo de falar em público para evitar se sentir humilhado). Algumas partes protetoras nos impedem de sentir ou lembrar-se de momentos que contenham dor, pavor, vergonha, etc.

Os Protetores querem controlar o mundo exterior e as circunstâncias para que não aconteça nada que possa nos fazer sentir desconforto. Por exemplo, podemos ter uma parte protetora perfeccionista que nos leve a conhecer de tudo, fazer tudo certo, não cometer erros para evitar experimentar um profundo sentimento de fracasso ou de menos valia, o que nos lembra como fomos tratados por um pai crítico em nossa infância. Os Protetores são as Partes mais acessíveis da nossa consciência porque são mais ativas na vida cotidiana. São proativos porque iniciam comportamentos ativos para não experimentarmos dor. No entanto, como pode ser inferido do exemplo anterior, são muito influenciadas por experiências e relacionamentos vivenciados em nosso passado. Essas Partes não sabem que já não estamos mais na infância, mas continuam tentando nos proteger da mesma forma que aprenderam para evitar viver abandono, traição, julgamento, maus tratos ou abuso novamente.

Elas podem empregar uma ampla gama de estratégias ou mecanismos de proteção que vão desde fechar-se para o amor, sendo racionais, endurecendo o coração para não ficar vulneráveis, negando os problemas e fingindo que tudo está bem, projetando os sentimentos desagradáveis nos outros para não ter que vivê-los, até tentando se distrair da dor com comportamentos evitativos, como beber excessivamente, fazer compras quando se sente mal, trabalhar excessivamente, viciar-se em drogas ou sexo, comer demais, etc. Alguns protetores nos criticam para nos forçar a ser "pessoas boas", mais produtivos, bem-sucedidos ou populares, ou ainda tentam fazer com que queiramos agradar aos outros.

Dentre esses tipos de Partes ou Estados do Eu, podemos encontrar os seguintes:

- **O Perfeccionista:** esta Parte nos obriga a fazer as coisas muito bem, termos uma conduta correta e trabalhar sem parar. Está sempre disposta a encontrar falhas nos outros ou criticá-los por sua falta de comprometimento, seus atrasos e sua falta de disciplina. No seu funcionamento adaptativo, pode enxergar os pequenos detalhes e prestar atenção a certas coisas. Quando positivo, é **O Detalhista**.

- **O Cuidador:** é a Parte responsável por cuidar dos outros, ser afetuosa e apoiadora, emocionalmente falando. Quando a pessoa cresce em um sistema no qual teve que cuidar dos próprios cuidadores, essa Parte pode ocupar muito espaço e ser adotada como forma dominante de se relacionar com os outros, sobrecarregando-se e acabando exausta. Normalmente, essa parte é boa em cuidar dos outros, mas se esquece de cuidar de si mesma. No fundo, o desejo mais profundo do cuidador é ser cuidado. Quando está bem, apresenta aspecto amável e compassivo para com os outros e consigo mesma. Quando positivo, é **O Bondoso.**

- **O Controlador:** é uma Parte que acredita estar de posse da razão e saber como as coisas devem ser feitas. É intransigente com a maneira de agir ou de ser dos outros e tenta impor sua própria forma de ser aos outros. Sua crença básica é a de que os outros são desajeitados, não sabem nada e farão coisas erradas se ela não interceder. Dessa forma, se coloca sempre acima dos outros. Quando funciona bem, é uma parte que sabe liderar e organizar; é **O Organizador.**

- **O Preocupado.** Esta Parte vive em um estado de preocupação quase permanente, antecipando previsões negativas sobre o que vai acontecer. Vive em agonia e tenta incutir nos outros uma sensação de perigo e medo da realidade. Basicamente, quando funciona sem estresse, pode ver os problemas onde os outros não os veem. É **O Previsor.**

- **O Guerreiro.** É a Parte que dispõe de força e raiva para defender o território da identidade e das posses quando nos sentimos invadidos ou ameaçados pelos outros. Em pessoas com trauma severo, está sempre advertindo que outros podem fazer mal e tenta mantê-los afastados, atacando ou agredindo-os. Se sente atacado facilmente e reage com ferocidade. Em seu funcionamento saudável, é **O Guardião.**

- **O Tímido ou Envergonhado.** É uma parte que se sente com pouco valor e tenta passar despercebida. Mostra-se cautelosa, desconfiada e inibida no contato com os outros. Baseia-se no medo da rejeição, tendo aprendido a se proteger ficando invisível, não expondo suas ideias, seus pensamentos ou

suas necessidades, embora viva ansiosa por aceitação. Em operação integrada, torna-se **O Cauteloso.**

- O crítico. Esta parte não é facilmente observada porque geralmente age internamente contra a própria pessoa. É agressiva contra si mesma e usa expressões duras, tais como: "Você é um idiota", "Ninguém te ama porque você não tem valor", "Você é fraco e inadequado". Pode empregar mensagens mais duras ainda, tais como: "Você é sujo", "Você é uma puta", "As pessoas te tratam mal porque você merece". É um tirano que tortura a pessoa internamente, tentando *convencê-la* de que não deve esperar nada dos relacionamentos com outros, pois só assim, ela não será traída, abandonada ou rejeitada novamente. Age com a convicção de que, se o sistema não esperar nada dos demais, poderá ter uma vida autossuficiente. Assim como o Guardião, quando vive em um sistema saudável e integrado, pode usar sua força para se defender contra pessoas agressivas. O Tirano pode se transformar no **Protetor ou Cuidador**, geralmente juntando sua energia à do Guardião.

Outros estados do Eu mais benevolentes podem ser:

- O Submisso ou Bom Filho. Essa Parte tenta ser complacente, obediente e não conflituosa nas relações com os outros. Acata as normas e é superadaptada aos desejos, gostos e opiniões alheios. O problema é que, ao *tentar ser aceito ou amado*, sacrifica os próprios gostos e limites pessoais. No sistema adaptativo, torna-se **O Adaptado,** capaz de acatar às normas, quando estas são sensatas e ajudam na proteção e na segurança do sistema.

- O Trabalhador: é a Parte que se ocupa de disponibilizar nossos conhecimentos e habilidades para realizar nossas tarefas ou nosso trabalho. Geralmente, é uma parte adulta e pode tomar decisões sensatas. No entanto, quando se junta com a Parte Exigente, pode exigir que a pessoa trabalhe além dos seus limites, levando-a a condições extenuantes.

- O Sedutor. É a Parte que pode ativar comportamentos românticos e amorosos. Sob estresse, torna-se uma Parte Histérica, que pode ser excessivamente emocional, ficando facilmente magoada e ressentida com os outros.

Manter as Partes adequadas ativas no *palco da consciência* quando exigido pela situação e pelo contexto nem sempre é algo fácil. Por exemplo, quando passamos o dia todo trabalhando e chegamos cansados em casa, pode não ser fácil mudar o estado do ego para responder com carinho, prazer e vontade de brincar com o nosso filho pequeno, que aguarda a nossa chegada ao lar. Em vez disso, podemos usar um tom frio perguntando-lhe se fez sua lição de casa e se ele se comportou bem na escola e em casa. A criança, no entanto, estava à espera de nossa chegada para receber um abraço amoroso e brincar conosco. Por outro lado, quando os pais têm sua Parte Cuidadora e Doadora dominante e ativada o tempo todo, eles não conseguem impor limites, nem ensinar bons padrões e educar seus filhos com disciplina.

O ideal é poder ter acesso à ampla gama de Partes, sempre que precisarmos, para que não sejamos invadidos ou dominados por um grupo específico de estados do ego que se transforma num hábito rígido e inflexível, incapaz de se adaptar aos requisitos de cada situação. Conforme indiquei ao longo do livro, as pessoas com traumas crônicos e graves têm dificuldade de usar suas diferentes partes de forma adequada e adaptativa. Elas precisam conhecer e pacificar a constelação interna de seu sistema do ego. A lista de partes expostas acima não é uma lista completa com todas as possibilidades, é apenas uma referência a algumas partes que tendem a ser mais comuns. Cada pessoa desenvolve suas próprias personagens, com suas próprias características, de acordo com suas próprias experiências. É tarefa do terapeuta ou da pessoa em questão identificar sua comunidade interna de Partes e a relação que existe entre elas.

Voltando à analogia com a informática, temos que escolher o programa certo (*software*) para executar da melhor maneira possível a tarefa exigida pelo ambiente interno (nossas necessidades) e pelo externo (demanda exterior). Assim como nos computadores, quando precisamos usar um programa diferente, podemos ser bloqueados por um outro programa que já está ativo (uma Parte Furiosa ou Assustada), e então temos que tentar voltar ao menu principal. Nos seres humanos, o *menu principal*, a partir do qual podemos escolher e acessar o programa apropriado, é o *Eu Essencial*.

Nossas diferentes Partes são moldadas ao longo de nosso desenvolvimento e das nossas relações com os outros, especialmente com os cuidadores primários e educadores, com o objetivo de nos ajudar a sobreviver e nos adaptarmos ao mundo: para sermos aceitos e amados. Ao longo dos anos de interação com os outros, formam-se Partes que tentam adotar as lições que os cuidadores exigiram que aprendêssemos, tornando-se *julgadoras, moralistas e críticas.*

Essas Partes são o que o modelo psicanalítico chama de *introjeções* (a internalização das figuras que cuidaram de nós e nos educaram) e reproduzem as mesmas mensagens, ordens e instruções que as pessoas reais responsáveis pela nossa educação utilizavam. Eric Berne, criador da Análise Transacional, as chamou de *Estado de ego Pai,* referindo-se à conduta como *Pai Crítico.* Freud chamou de *Superego.* As partes críticas e julgadoras são desenvolvidas para nos ajudar a sermos aceitos pelos outros e/ou para não sermos rejeitados. Esse grupo de Partes aprendeu a incorporar as expectativas, desejos e visões de mundo dos outros (digamos que elas carregam a energia psíquica das pessoas importantes em nossas vidas), e agora continuam a emitir as mesmas mensagens em nossa comunidade interna, mesmo sem qualquer estímulo externo. Por exemplo, David geralmente se sente envergonhado quando está entre pessoas que ele ainda não conhece. Essas pessoas não criaram nenhuma interação ameaçadora para ele, mas David escuta internamente: "Sou inadequado", "Não tenho nada de interessante a dizer", "Eles vão rir de mim". A Parte Crítica Interna ativa essas mensagens (que são lembranças do que ouvia ou pensava no passado) para tentar protegê-lo da rejeição ou do ridículo.

Ter uma ideia das Partes principais que operam no próprio sistema é um passo muito importante para começar a sentir controle sobre o próprio Eu.

Partes Excluídas (Os Excluídos)

Existem outros tipos de Partes que podemos encontrar no sistema interno de muitas pessoas, particularmente naquelas que foram vítimas de maus tratos e abuso na infância. Richard Schwartz (1995) as chama de *Exilados* e Stone (1989) de *Eus repudiados.* Utilizarei o termo *Excluído.*

As *Partes Excluídas* não costumam subir ao *palco* da consciência, permanecendo geralmente trancadas nas *masmorras,* ou no *subsolo* do *palco* da consciência, de onde não podem ser facilmente observadas nem alcançadas nas interações com os outros (o lugar vira um "quarto da bagunça"). Podemos dizer que as outras Partes (incluindo as Partes Reativas das quais falarei mais tarde) tentam mantê-las restringidas e ocultas. São aspectos do eu que vivem encapsulados e que, experiencialmente, a pessoa sente como se vivessem em uma prisão, num poço escuro, num local isolado. São sentidas como Partes que ninguém vê, ninguém entende e que temem ser vistas pelos outros e, consequentemente, avaliadas como indignas. Os Protetores costumam fazer o possível para evitar entrar em contato com essas Partes banidas, negando sua existência. Os Protetores também temem os Excluídos porque, se eles viessem à superfície, poderiam inundar o sistema e *não parar de chorar, enlouquecer de pânico, explodir de raiva,* etc. Isso faz sentido porque, como vivem reprimidos e exilados, quando um deles vem à tona, normalmente o faz de maneira explosiva (como através de um ataque de pânico, uma explosão de raiva ou uma crise depressiva). Podemos dizer que eles aproveitam essas oportunidades para ser fazerem ver e ouvir.

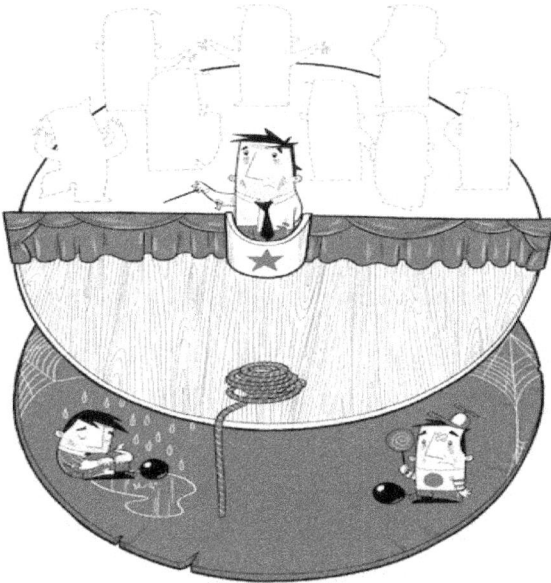

Normalmente, as Partes Excluídas representam aspectos da personalidade rejeitados pela família durante o desenvolvimento pessoal. Matilde, por exemplo, era uma menina que sentia falta do contato afetuoso com sua mãe, que já estava deprimida quando ela nasceu, porque em sua própria infância, recebera pouca atenção. E como deu à luz sob os efeitos de anestesia, Matilde não teve contato com sua mãe quando recém-nascida. Essa falta de conexão foi reproduzida e posteriormente confirmada devido à depressão da mãe. Matilde chorava muito quando a mãe saía de casa porque revivia a angústia da separação. Ia para a varanda gritar pela mãe quando esta a deixava sozinha por volta dos 2 ou 3 anos de idade. Quando a mãe chegava, costumava se irritar com Matilde e ridicularizá-la por chorar, dizendo-lhe coisas do tipo: "Não precisa chorar por causa disso!", "Você é um chorona e ninguém vai gostar de você assim!", "Você é sensível demais! Ninguém vai aguentar isso!" Em suma, a mensagem implícita era: "Você é inadequada por ter necessidades e emoções". Matilde tentou se proteger, engolindo o choro e se desconectando de suas necessidades, e diante da possibilidade de reviver aquela experiência, pensava "Para que chorar, já que é inútil?", "Eu sou inadequada porque eu preciso demais dos outros e me emociono demais". Como era muito pequena, não elaborou essas conclusões em sua mente, mas aprendeu a segurar as lágrimas na garganta com uma respiração bloqueada. Mais tarde, quando foi para a escola, Matilde geralmente ficava desconectada, *nas nuvens*, e foi assim que ela aprendeu a ir *para o mundo dela,* com o objetivo de não sofrer. Uma vez que os professores não entendiam o drama de Matilde, eles também interpretavam que ela era desligada e desajeitada. Então, ridicularizavam-na, expondo-a ao riso de seus colegas e dizendo a ela era desligada e que não seria nada na vida, pois vivia *no mundo da lua.* Mais tarde, na pré-adolescência, Matilde também foi ridicularizada por seus colegas de classe devido ao seu físico e à sua estatura. Matilde vivia o constante anseio pela aceitação e carinho dos outros. Apaixonava-se, com frequência, por algum professor ou adulto próximo, e depois entrava em pânico quando se via tão apegada, experimentando novamente o medo da rejeição e do abandono. Por outro lado, Matilde desenvolveu uma Parte aplicada aos estudos e responsável, para tentar obter boas notas, *ser aceita,* e assim pertencer ao grupo de seus pares. Essa Parte Aplicada se esforçava, sempre querendo saber mais e mais, e desta forma pôde compensar seu profundo sentimento de *menos valia* e *inadequação*. Essa Parte Trabalhadora e dedicada é aquela que tenta manter trancada a Parte Vulnerável, da qual ela sente a vergonha.

Os Excluídos são partes das crianças pequenas que guardam o sofrimento do passado. Se as Partes Protetoras tentam nos proteger delas, é porque as Excluídas são exatamente essas Partes Doloridas. São aquelas mantidas restringidas pelos Protetores, são **Os Protegidos**.

As partes banidas ficaram estancadas em algum momento específico da infância, em uma idade específica. Elas têm, literalmente, dois, cinco, sete, quinze anos de idade. Estão congeladas e encapsuladas no momento em que o evento traumático ocorreu, e devido ao fato de não terem contado, na época, com recursos internos ou suporte externo necessário para gerenciar e integrar as experiências e os problemas, não puderam curar sua dor, seu terror e sua vergonha, tristeza ou raiva.

Os Excluídos nem sempre se restringem a uma época ou um momento determinado da vida. Pode ter havido uma série de incidentes recorrentes na infância, incluindo situações que se repetiram ou foram vividas continuadamente ao longo de vários anos. Um exemplo é o caso da criança que viveu com uma mãe em depressão ao longo de toda a sua infância e adolescência, indiferente às suas necessidades. Essa criança tem uma Parte Excluída que *não se sente digna de amor*, e que está *constantemente insatisfeita*.

Muitas vezes, as Partes Excluídas adotam as crenças e/ou o tom emocional que os membros da família tinham a respeito daquele menino ou daquela menina.

As Partes Protetoras aprenderam a manter essas Partes Vulneráveis protegidas sob uma máscara de segurança, para evitar que sofram os danos sociais esperados devido à sua experiência e seu histórico.

Em geral, as partas banidas ficam "encapsuladas" porque carregam a dor das memórias de experiências traumáticas. As Partes Protetoras reprimem a dor dessas outras Partes e fazem o máximo que podem para evitar que as Partes Excluídas sejam ativadas, despertadas, e invadam ou inundem com muita dor o Posto de Comando, ou o Pódio da consciência com suas memórias terríveis.

Um dos problemas desse mecanismo é que as Partes Protetoras precisam ficar sempre ativadas na consciência, no primeiro plano, em alerta ou em constante vigília para que *absolutamente nada* desperte os Excluídos. O custo disso é a fadiga do sistema, que geralmente leva a pessoa a períodos em que fica esgotada ou extenuada, quando é mais fácil para as Partes Excluídas emergirem. Um desses momentos de fragilidade costuma acontecer durante a noite. Nesse período do dia, as outras partes – a Trabalhadora, a Mandona, etc. –, não precisam mais se envolver nas interações e no contato com os outros, e assim, na calada da noite, elas não exercem tão facilmente seu trabalho de repressão ou distração. Dessa forma, as Partes Banidas (também chamadas pelos autores da dissociação estrutural, de PE, Partes Emocionais) emergem no sistema através de ataques de pânico, *flashbacks* sexuais, pesadelos, dificuldades para dormir, crises de choro, etc.

Essas Partes banidas, geralmente, contêm respostas emocionais drásticas de sobrevivência que, no capítulo 2, atribuímos à ativação do sistema polivagal que ativa a defesa parassimpática de imobilização: congelamento e submissão total. Então, podemos encontrar Partes Excluídas que apresentam:

- Pânico de ser agredido ou aniquilado.
- Tristeza desesperada diante da ideia de estar completamente só e não ter importância para ninguém.
- Congelamento diante do medo extremo, e submissão como resposta à agressão.
- Anestesia e letargia, por não esperar mais nada de ninguém, ou não ter mais esperança na vida. Aqui, a pessoa se sente em um ambiente árido, no qual ela simplesmente existe na vida e deixa o tempo passar e/ou a morte chegar.
- Vergonha por sentir alguma tara, ou sentir que possui um defeito inato. "Há algo de errado comigo que me torna indigno".

Seja qual for a causa, os Excluídos podem abrigar uma enorme variedade de emoções dolorosas. Alguns se sentem solitários e abandonados, ou abusados e traídos. Outros podem sentir vergonha de si mesmos por algo que fizeram, ou por uma ação feita contra eles, mas pela qual eles se sentem responsáveis, ou sentem que lhes provocou uma mácula indelével. Outros ficam aterrorizados pela ideia de serem invadidos ou absorvidos por outras pessoas. Alguns podem se sentir desesperados em busca de um amor que nunca receberam. Uns sentem que sua vida está na corda bamba e eles têm pavor de morrer. Outros se sentem indefesos e sob o domínio das outras pessoas.

Além disso tudo, muitas vezes, eles têm crenças muito negativas e dolorosas sobre si mesmos e sobre o mundo. Podem acreditar que são essencialmente indignos de amor e que os outros não querem se aproximar deles. E também podem achar que o mundo é intrinsecamente perigoso. Devido à dor intensa que carregam e/ou a vergonha intrínseca de ser como são. Os Protetores tentam mantê-los longe dos relacionamentos com outros seres humanos. São banidos, repudiados e marginalizados da vida interna, mantidos em masmorras, cavernas ou calabouços, longe da luz da consciência.

Os excluídos são encapsulados em seu mundo infantil, inconscientes de que o adulto atual da pessoa tem outros recursos, um emprego, novos amigos e/ou família que os amam e valorizam, e que agora podem escolher o lugar onde desejam estar e com quem se relacionar. Por permanecerem afastados das relações interpessoais com aqueles que podem expressar amor e compaixão – seja por viverem sozinhos, isolados, ou porque, embora estejam com alguém que os ame, no fundo não acreditem nisso –, eles também não recebem amor próprio e se sentem desprezíveis, não podendo receber a energia curativa da atenção, da compaixão e dos cuidados necessários para a cura.

Comparo esses estados, ou Partes, com aquelas sementes fossilizadas que permanecem centenas ou milhares de anos enterradas em extratos de terra áridos e solos carentes de fertilizantes. Quando encontramos essas sementes fósseis e as colocamos sob a luz do sol, com bons cuidados e nutrientes, elas voltam a germinar. Assim, quando conseguimos oferecer a essas Partes Excluídas a atenção, a compaixão e o cuidado do *Eu Essencial*, elas conseguem receber a cura de que precisam para transformar sua energia em alguma qualidade positiva e funcional.

Apesar do esforço dos Protetores para mantê-las isoladas da vida e do contato com os outros, elas podem acordar e inundar o ego (Posto de Comando ou Pódio) ao serem ativadas por certas situações do cotidiano, como por exemplo: tem que falar algo em público; entrar em um relacionamento amoroso viável; colocar-se diante do risco de ser criticado ou rejeitado, etc. Quando as circunstâncias da vida ativam as Partes Banidas, elas podem inundar a pessoa com dor, pânico, choro desconsolado, congelamento. A pessoa pode então se sentir totalmente *inválida*, completamente *triste*, e *aterrorizada*.

Quando isso está prestes a acontecer, algumas pessoas tendem a acionar outras Partes que têm a missão de atenuar e mitigar a dor ou o pavor, com medidas desesperadas e extremamente inadequadas, porque produzem outro tipo de dano. É bem conhecido no campo dos autores e pesquisadores do trauma psicológico que as pessoas que tiveram uma vida com trauma crônico e contínuo são propensas a comportamentos aditivos de todos os tipos: sexo, álcool, drogas, jogos de azar, comida, tabagismo ou outros tipos de comportamentos autodestrutivos e autolesivos (incluindo tentativa de suicídio). Muitos distúrbios alimentares escondem uma história de trauma nas primeiras relações pessoais. Para muitas dessas pessoas, a ação de comer ou as questões relacionadas com a ingestão é a única forma de exercitar algum controle sobre seus corpos, tentando mitigar ou aliviar a dor e o desespero, consolando-se ou tentando criar uma imagem pessoal da qual gostem, a fim de compensar o sentimento profundo de que elas *não valem à pena*.

Partes Reativas

As Partes que intervêm, em última instância, tentam exercer um papel que poderíamos chamar de *distração*, e por isso as chamamos de Partes Reativas. Elas tentam tomar medidas extremas quando os mecanismos habituais de proteção não funcionam.

Embora essas Partes também busquem ajudar, elas o fazem de tal maneira que também causam danos a si próprias devido à forma como atuam. Tomás, por exemplo, viveu a infância com um pai agressivo e ausente e uma mãe triste que nunca o tocou fisicamente e lhe dizia: "Você é um incômodo! Você não vai servir para nada". Tomás sempre viveu com medo do conflito, mas, ao mesmo tempo, sofria ataques de raiva que o levavam a arrumar brigas. Nas relações afetivas e amorosas, ele não conseguia encontrar um cônjuge com quem tivesse uma intimidade real e satisfatória. Nos momentos que estava solteiro, buscava desesperadamente por sexo compulsivo com o maior número possível de mulheres. Embora tentasse atender seu desejo de contato emocional por meio da relação sexual, ele nunca conseguia se sentir satisfeito porque nesses encontros, não compartilhavam intimidade e carinho reais. Então, após cada relação sexual, ele se achava vazio e sozinho novamente.

Os comportamentos compulsivos dessas Partes não conseguem atenuar, muito menos resolver, a dor ou o anseio profundo das Partes Excluídas e, em vez disso, criam outros problemas. Sua principal característica é o fato de elas tomarem o *Posto de Comando* da consciência, inundando-o com experiências sensoriais. Isso, aparentemente, não deixa espaço para experimentar a dor profunda. Mas quando essas Partes Reativas terminam seu trabalho, algumas das Partes Protetoras costumam emergir à consciência com suas mensagens rudes. Uma adolescente bulímica, por exemplo, costuma ter uma Parte Crítica muito severa e exigente (A Tirana Perfeccionista) que exige, quase o tempo todo, que ela seja perfeita. A Tirana impõe objetivos de estudar, não comer, praticar esportes incansavelmente, chegar a determinado peso. A Parte Bulímica (A Glutona) entra em ação quando sente que não é capaz de cumprir com todos os objetivos demandados pela Parte Tirana e experimenta um sentimento de *menos valia* profundamente doloroso, o qual tenta atenuar ingerindo mais carboidratos. Quando acaba de ingerir a comida, a Parte Tirana retorna e a pessoa provoca o vômito para tentar aliviar a culpa.

Quando a Comunidade Interna está cheia de conflitos e dores, as relações externas ecoam esses conflitos. A regra é: quanto mais íntima for a vivência das relações atuais, maior será a chance de reaparecerem padrões de relações íntimas antigas, além da dor do passado associada a elas. As mesmas estratégias de sobrevivência são ativadas diante da expectativa de que as mesmas falhas, traições ou necessidades não atendidas experimentadas em relações passadas possam ocorrer.

O Eu Essencial ou O Eu Verdadeiro

O *Eu Essencial* ou *Eu Verdadeiro* é o nosso centro (também podemos considerá-lo o Eu Central), ou o lugar a partir do qual podemos observar nossas diferentes Partes sem nos sentirmos identificados, confusos ou misturados com elas. É o núcleo do nosso sentido mais profundo e real do próprio Eu. Na realidade, é um nível de consciência com o qual podemos nos situar acima das nossas experiências para simplesmente observá-las com calma, compaixão, interesse e aceitação, vendo que todas as nossas experiências são produto da nossa história vivida, e que ainda são recordadas como uma sequela da luta pela sobrevivência e pelo direito de sermos nós mesmos. É também o nosso centro espiritual.

O *Eu Essencial* é um estado reconhecido por todas as tradições espirituais. O budismo refere-se a este estado como "a verdadeira natureza da mente", ou *Rigpa*. É um estado de quietude, aceitação e ausência de julgamentos para com as nossas experiências e nossa vida. No budismo, fala-se da *natureza da mente* e do *produto da mente*, relacionando o último aos pensamentos, emoções e comportamentos produzidos pela própria mente, mas que não são *a mente*, pois esses produtos mentais e vivenciais possuem sempre uma natureza transitória. Utiliza-se frequentemente a analogia de que os pensamentos, as emoções e as ações são como nuvens, que ocupam espaço no céu e não nos deixam vê-lo. Mas, se atravessarmos as nuvens, poderemos ver que a verdadeira natureza do céu não são as nuvens, e sim uma vasta imensidão azul. Outras vezes, chamamos essa realidade de Visão:

> *"Esforce-se para não ter muita esperança nem muito medo, porque eles só servem para gerar mais burburinhos mentais. Quando a Visão está presente, os pensamentos são vistos como realmente o são: efêmeros e transparentes, e apenas relativos. A pessoa vê diretamente através de tudo, como se tivesse visão de raios-X. Ela não se apega nem rejeita os pensamentos e as emoções, e sim os recebe a todos num vasto abraço da 'natureza da mente'. O que costumávamos levar tão a sério (ambições, projetos, expectativas, dúvidas e paixões) já não exerce um domínio tão forte e premente sobre nós, porque a Visão nos faz ver a futilidade e a ausência de sentido de tudo isso. Ela faz nascer em nós um espírito de renúncia autêntica".*

Mestre Zen

Autores como Roberto Assagioli (1973) chamam esse estado de *Eu Transcendente*, que é um eu que está acima do eu comum, sendo capaz de simplesmente observá-lo, consciente que é mais e está além dele. Na literatura atual, é equiparado aos estados de atenção plena ou *Mindfulness*. Na prática da atenção plena, a pessoa presta atenção a (ou tem plena consciência de) sua experiência interna ou externa. Ao fazê-lo, torna-se calma, focada e mais pacificada. A prática de muitas tradições espirituais pode ajudar a ativar esse estado, mas a tradição budista deu a essa prática uma atenção mais séria e detalhada.

No estado do *Eu Essencial*, estamos em uma condição diferente da que aquela da consciência comum. A partir dele, podemos observar os outros e nós próprios com os olhos gentis da ausência de julgamento. Nesse estado, deixamos de lado a ansiedade e a insatisfação, e ficamos conscientes de nossa plenitude. Estamos completamente presentes em nossa experiência e no momento atual.

O conhecido neurocientista Daniel Siegel (2007), especialista no uso da atenção plena em psicoterapia e saúde, sintetiza as qualidades deste estado em: Curiosidade, Aceitação, Amor e Observação. No estado do *Eu Essencial*, somos capazes de observar as Partes sem ficarmos inundados ou identificados com elas. Ficamos conscientes de que são Partes nossas, mas não o nosso Eu por inteiro. Se pudermos nos distanciar de nossos estados emocionais, poderemos dar um passo atrás da emoção sem sermos absorvidos por ela.

O *Eu Essencial* torna-se o regente da orquestra da nossa personalidade. Ele é maduro e amoroso e tem a capacidade de curar e integrar as nossas diferentes partes. Quando nos encontramos no *Eu essencial* ficamos relaxados, abertos e aceitamos a nós mesmos e aos outros. Estamos enraizados, centrados e não ficamos reativos a eventos ou circunstâncias. O *Eu essencial* é maior e mais amplo do que as Partes e não se assusta com as circunstâncias, pois ele é equânime.

Com o *Eu Essencial*, acessamos um nível de maior sabedoria e entendimento que nos orienta a respeito das questões essenciais da vida. Ele nos permite estar totalmente *presentes* e centrados em todos os momentos, com vitalidade e profundidade, sem expectativas, porque, ao não esperar por nada, ele aceita as coisas como elas são. É uma fonte inesgotável de amor.

A maioria de nós possui alguma experiência por meio da qual sentimos o *Eu essencial,* em algum momento de conexão especial com os outros, com a vida ou a experiência espiritual. Mas, muitas vezes, nos encontramos imersos em alguma das nossas partes que desencadeiam atitudes extremas e obscurecem ou ofuscam a experiência desse *Eu essencial*. Nesses momentos, nos sentimos identificados com a Parte, acreditamos ser apenas essa Parte, e perdemos o acesso ao *Eu essencial*.

O *Eu Essencial* é o agente de cura psicológica. Ele é curioso e compassivo, por natureza, com as Partes da personalidade. A partir do *Eu essencial*, podemos oferecer ao nosso sistema interno uma *atitude de presença* com tudo o que constitui nossas experiências, um sentimento de curiosidade genuína sobre o significado de nossa própria experiência, um interesse em conhecer a fundo o ponto de vista de cada uma das partes, sem qualquer intenção ou plano premeditado, numa atitude de compaixão em relação às emoções, crenças dolorosas e comportamentos.

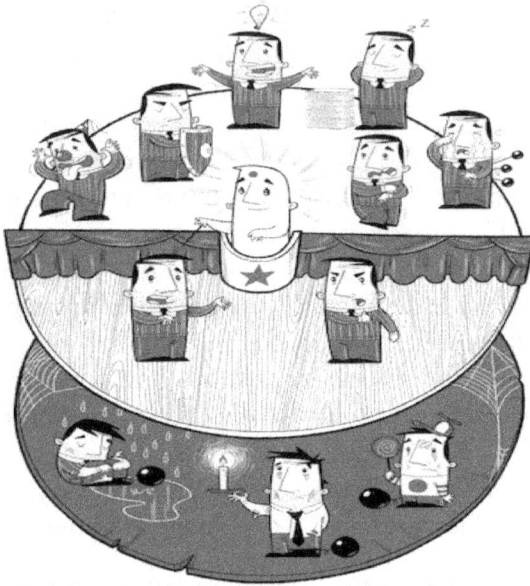

Uma das práticas mais importantes é trazer o *Eu Essencial* para o primeiro plano da consciência através de um processo de tomada de consciência dos nossos estados do ego e, em seguida, tomar distância suficiente das Partes ou subpersonalidades de maneira que não fiquemos mesclados com os seus sentimentos e suas formas enviesadas de ver o mundo. Quando fazemos isso, eventualmente, conseguimos desenvolver uma curiosidade compassiva sobre nossas diversas Partes, estabelecendo uma relação ou vínculo interno amoroso. Daí deriva o desejo de compreender e liberar a tensão desta nossa Parte. É o desejo de que alguém importante para nós esteja bem, seja feliz, e fique livre de sofrimentos. É o sentimento que temos por nosso melhor amigo.

Mencionei acima que, na realidade, o *Eu essencial* é um estado de atenção plena, ou *Mindfulness*. Nesse estado, a mente se observa sem julgamentos, preconceitos ou limitações, aceitando a própria experiência como ela é e, portanto, podendo *ver* o que antes evitava *olhar*. Quando *enxergamos* nossas experiências com amor, aceitação, curiosidade e sem julgamentos, combatemos a dissociação, ou o mecanismo pelo qual separamos a nossa consciência dos nossos atributos e memórias que foram rejeitadas porque continham muita dor.

Qualidades do *Eu Essencial*

Compaixão

Quando sentimos a compaixão vinda do *Eu Essencial*, ela brota naturalmente. A partir desse centro, não precisamos nos sentir úteis ou buscar o reconhecimento dos outros, pois experimentamos um sentimento natural de querer compreender e confortar. O mestre budista Thich Nhat Hanh enfatiza a prática da *bondade amorosa* em relação a si mesmo. Ele usa a analogia da máscara de oxigênio nos aviões: os passageiros são instruídos a colocar a máscara de oxigênio em si mesmos antes de ajudar os outros. Outro mestre, Pema Chödron, fala sobre como o primeiro passo da verdadeira compaixão em relação a si mesmo é tornar-se seu melhor amigo, aceitando e amando todas as diversas partes de si mesmo. A prática da *bondade amorosa* (Tonglen) nos encoraja a começar o processo pelo acesso à bondade amorosa que sentimos por alguém especial, para então redirecioná-la para nós mesmos, em seguida para alguém a quem amamos, mais tarde para alguém por quem temos um sentimento neutro e, só depois, direcioná-la a alguém com quem temos algum tipo de problema, continuando a dirigir o amor para um grupo cada vez maior de pessoas, e toda a humanidade. O Dalai Lama a chama de *compaixão imparcial*, uma vez que amar a pessoa que já amamos é um ato parcial. É importante não começar enviando *bondade amorosa* para uma pessoa que ative alguma Parte nossa, geralmente um Protetor, pois ele pode sentir que o envio de nossa *bondade amorosa* para outrem nos coloca em risco ou nos faz sentir vulneráveis. É preferível ouvir a Parte ativada por essa pessoa e entender suas preocupações, ao invés de passar por cima dela.

Equanimidade

O *Eu essencial* é calmo, confiante, claro e valoroso, o que, na área espiritual, corresponde à paciência, à paz e à equanimidade (equilíbrio). Essas são qualidades intrínsecas ao amor verdadeiro. De alguma forma, trata-se de abrir espaço para as qualidades de *simplesmente ser* do *Eu Essencial* quando as Partes estiverem *fazendo um monte de coisas* durante nossa vida diária.

A calma e a compostura que vêm com a equanimidade se referem à capacidade de colocar as coisas em perspectiva e aceitar que, tudo o que nos levou a ser quem somos e a agir como agimos, foi o que poderia ser, e não há como mudar o passado. Isso envolve aceitação, ausência de julgamento, e não se agarrar às expectativas, uma vez que estas restringem o que existe no momento presente. Estas qualidades são as condições essenciais para que o processo terapêutico seja bem sucedido, e para que a pessoa tenha capacidade de estar presente no próprio sofrimento ou na dor dos outros, sem querer fugir. Nesse estado, não precisamos fazer nada para tornar as coisas diferentes. A partir do lócus do *Eu Essencial*, vivenciamos somente o presente, tal como ele é. E também aceitamos a nós mesmos com nossas limitações, nossas falhas e nossas qualidades. Trata-se simplesmente de *estar presente* em nossa própria experiência ou na dos outros, sem ter que fazer nada. É o passo de retomada, valorização e transformação das próprias experiências.

Na prática, buscaremos nos separar e nos diferenciar das Partes que estão ativas e que solicitam nossa atenção, para simplesmente *nos interessarmos* por elas. Nós olhamos para a Parte, à distância, até que estejamos em um estado de curiosidade compassiva suficiente para compreender a função e a história daquela Parte, ou daquelas Partes.

O Bater das Asas da Aceitação

Quando somos tomados de assalto por uma Parte Excluída que sente que não somos válidos, não reconhecemos claramente o que está acontecendo dentro de nós, nem sentimos compaixão e gentileza em relação a nós mesmos. Nossa autopercepção fica distorcida e limitada, e nosso coração se sente endurecido em relação à vida. Ao nos apoiarmos na experiência do *Eu Essencial*, liberando nossas histórias e abraçando, gentilmente, a dor contida na Parte Excluída, damos início ao desenvolvimento do processo de *Aceitação Radical* de nosso *Eu Essencial*.

A aceitação radical do Eu Essencial tem duas asas: ver claramente e abraçar nossa experiência com compaixão. Elas são tão interdependentes quanto as duas asas de um grande pássaro. Juntas, elas nos permitem voar e ser livres.

A asa da **visão clara** é muitas vezes descrita na prática budista como a atenção plena, ou *Mindfulness*. Esta é a qualidade da consciência que reconhece exatamente o que está acontecendo no momento presente. Quando percebemos o medo, nos damos conta da velocidade com que emitimos pensamentos. Começamos a notar que sentimos nosso corpo rígido e tremendo, com desejo de fugir de nós mesmos. A chave é reconhecer todas essas experiências, sem tentar manipulá-las de forma alguma, sem distanciar-se, e observando-as com compaixão.

A atenção plena é incondicional e aberta, permitindo-nos interagir com o que quer que apareça, seja lá o que for, mesmo que queiramos que a dor termine ou desejemos fazer outra coisa. Esse desejo e esse pensamento se tornam parte do que estamos aceitando. Como não estamos tentando manipular nossa experiência, a atenção plena nos permite ver *a experiência como ela é*, ou melhor, *tal como foi organizada*. Esse reconhecimento da realidade da nossa experiência é intrínseco à aceitação radical do nosso Eu Essencial. Não podemos aceitar honestamente uma experiência, a menos que vejamos claramente o que estamos aceitando.

A segunda asa da aceitação radical, **a compaixão,** é a nossa capacidade de nos relacionarmos de uma maneira terna e compreensiva com o que percebemos. Em vez de resistir aos nossos sentimentos de medo ou dor, abraçamos nossa dor com a doçura de uma mãe que segura seu filho. Mais do que julgar, ou sermos complacentes com o nosso desejo de atenção, sexo ou chocolate, vemos nosso desespero com doçura e cuidado. A compaixão honra nossa experiência, nos permite ter uma relação íntima e profunda com a vida a partir desse momento, tal como ele é.

As duas asas, visão clara e compaixão, são inseparáveis. Ambas são essenciais para nos libertarmos do trauma. As duas asas trabalham juntas, apoiando-se mutuamente. Se fomos rejeitados por alguém que amamos, o transe do Exílio que diz "Eu não tenho valor" ou "Não sou digno" pode nos atrapalhar em um pensamento obsessivo, culpando aquele que nos feriu, fazendo-nos acreditar que ele nos deixou porque somos defeituosos. Podemos nos sentir presos em uma alternância incansável entre raiva explosiva e um sofrimento dilacerante de vergonha. As duas asas de aceitação radical do nosso Eu Essencial nos libertam desse redemoinho de reações. Elas nos ajudam a encontrar o equilíbrio e a clareza que podem nos levar a escolher o que dizer ou fazer (Tara Brach, 2003)

Passos para Tratar Nossas Partes Internas

O procedimento que proponho a seguir é inspirado no trabalho de Richard Schwartz (1995) e Stone (1989) com os sistemas da família interna e o *Diálogo das Vozes*, respectivamente.

Após identificarmos as Partes com as quais queremos lidar, pedimos à Parte a ser trabalhada que se distancie um pouco para que possamos conhecê-la melhor. Se a Parte com a qual queremos trabalhar é uma Excluída, primeiro investigamos se há alguma Parte Protetora que tenha alguma objeção ao fato de lidarmos com essa Excluída. Precisamos lidar primeiro com as Partes Protetoras antes de abordar as Excluídas. Embora saibamos que é a Excluída quem precisa de cura, por ser depositária do dano, não podemos fazê-lo sem a permissão da Protetora – toda defensora protege um defendido. Pedimos à Parte que se mostre e, então observamos como a sentimos no corpo. Também podemos pedir que se mostre com uma imagem, uma forma, sua aparência, enfim. Então podemos perguntar quantos anos ela tem, com que idade ela foi criada, ou quantos anos ela sente que tem. Perguntamos, inclusive, se deseja ser chamada por algum nome específico.

Em seguida, nos perguntamos: "O que sentimos em relação a essa Parte". Se a atitude e o sentimento percebidos forem de compaixão ou curiosidade, qualidades do *Eu Essencial*, saberemos que estamos observando e lidando com a Parte a partir do Eu Essencial. Se assim for, poderemos avançar no trabalho de conhecer melhor a parte. Se a nossa reação for de rejeição ou desgosto em relação à Parte, isso significa que estamos observando a Parte que se distanciou com o olhar de outra Parte que a rejeita, julga ou critica. Neste caso, temos que pedir à Parte Crítica – a que rejeita – que também se retire para podermos lidar com a primeira. Se isso não for possível, pediremos à Parte Crítica que também mostre sua aparência ou sua imagem, inclusive sua idade e como a sentimos no corpo. E assim começamos a nos relacionar com o Eu Essencial, interessados basicamente nesses dois aspectos:

a) O que de bom ela faz por nós? Muitas vezes ela vai dizer coisas do tipo: "Eu evito o seu sofrimento", "Eu evito que os outros o humilhem", "Você tem que sair na frente", "Você tem que ser alguém importante", "Fazer com que os outros gostem de você", etc. Esse questionamento desperta o interesse em saber como a Parte ajuda a pessoa a sobreviver.

Às vezes, temos que solicitar que ela revele quando foi criada e como ajudou a pessoa a fazer o que ela faz: sua própria história.

b) O que você teme que possa acontecer se você parar de fazer o que está fazendo? Também aqui, os medos usuais referem-se a: sentir pânico, sentir-se abandonado, não parar de chorar, ficar deprimido. Muitos dos temores dessas Partes estão relacionados à sensação de incapacidade de tolerar muita dor, ou ao medo de ficar louca. Temos que negociar com a Parte Protetora, dizendo que agora chegamos (o paciente e, quando for o caso, o terapeuta) a um novo local a partir do qual poderemos ajudar, estar presentes, ouvir e curar a dor.

c) Uma vez que a Parte Protetora, ou as outras partes, estão diferenciadas, podemos observá-las e nos relacionarmos com elas a partir do *Eu Essencial*, começando um diálogo com elas. As perguntas que faremos à Parte Protetora podem ser:

- Quantos anos você tem? Qual é a sua aparência?

- O que você está tentando fazer por mim?

- Qual é o seu papel no sistema interno da minha personalidade?

- Diga-me o que aconteceu para você fazer o que faz hoje? Diga-me como você me ajudou fazendo o que faz?

- Do que você tem medo que possa acontecer se você parar de exigir de mim, me criticar, me dominar?

Algumas partes raivosas, por exemplo, temem que, ao deixarem de ser agressivas com os outros, estes irão provocá-las ou agredi-las de alguma maneira. Quando a Parte Protetora tiver seu papel, o qual tem desempenhado, e sua função reconhecidos, talvez fique mais propensa a realizar essa função de forma mais adaptada às atuais circunstâncias, aceitando que o *Eu Essencial* fique no comando. Ou seja, quando precisar usar sua força para se defender contra uma ofensa real, o *Eu Essencial* poderá utilizá-la para pedir a qualquer pessoa que pare de ofender, ou mesmo decidir se é melhor deixar a relação temporária ou definitivamente.

No caso de Tomás, que utilizava uma parte muito agressiva com os outros para que eles não abusassem dele e não o usassem, ela acabou se tornando em um cão de guarda que ficava do lado de fora da casa para impedir que pessoas suspeitas entrassem na casa, mas sendo amigável com as pessoas gentis. Uma postura importante é auxiliar as Partes Protetoras a confiarem no *Eu Essencial*, ajudando-as a entender que elas cumpriram bem seu papel na idade em que tiveram que exercê-lo, mas que agora existem outras formas mais efetivas de nos mantermos seguros e fortes. Elas também devem reconhecer a existência do *Eu Essencial* como alguém capaz de lidar com os Excluídos que elas estão protegendo.

No exemplo de uma cliente, que chamarei de Catarina, estávamos trabalhando com uma parte muito agressiva contra ela mesma, que tentava convencê-la de que "Ninguém a amava", que "Todos os homens acabariam abandonando ela porque não valia a pena". Essa Parte conseguiu convencer uma outra Parte de Catarina, necessitada de amor, de que ela não deveria sentir afeto, nem pedir amor a ninguém porque não receberia amor nenhum, pois tinha sido assim o seu ambiente de infância, onde seus pais mantinham um relacionamento tão ruim entre eles que não tinham energia nem tempo disponível para Catarina. Toda vez que Catarina, quando era criança, pedia à mãe para abraçá-la, ou quando chorava, a mão reagia com críticas: "Você é muito mimada", "Você é uma chorona", "Só sabe chorar! Assim ninguém vai gostar de você". Então, pedir afeto era o mesmo que travar um novo contato com a dor da rejeição. A Parte Protetora autocrítica ainda estava tentando proteger a Catarina adulta, com a mesma abordagem. Mas, ao manter essa postura, de alguma forma, continuava fazendo com que ela vivesse até hoje numa situação infantilizada, mesmo convivendo com pessoas novas à sua volta, no período atual.

Se estivermos lidando com uma Parte Protetora, após ela já ter expressado sua função, se sentido validada e aceita, e mais inclinada a relaxar em sua tarefa, deveremos pedir que nos dê acesso para lidar com a Parte Excluída, a quem ela protegeu até o presente momento, afirmando que, agora, estamos em condições de lidar com isso com uma atitude compassiva e amorosa. A Parte Excluída contém a dor original do trauma que foi experimentado, mas que nunca pode vir à tona ou ser expresso diante de alguém que pudesse estar presente de forma compassiva e reconfortante. Muitas vezes, este é um trabalho difícil, porque quando essas Partes Excluídas vêm à tona, elas tendem a inundar nossa consciência, e a pessoa se sente completamente identificada com a Parte, encobrindo o *Eu Essencial*. Nesses casos, precisamos buscar estabilidade no *Eu Essencial* e na atenção plena, de maneira segura e enraizada. Às vezes, um treinamento de rotina é necessário para permanecer nesses estados por meio da prática de técnicas de meditação, relaxamento ou desenvolvimento de algum atributo positivo – a exemplo de acalmia, bem-estar, força –, que nos permitam permanecer em um estado positivo para podermos observar a Parte Excluída e ouvir a história que ela tem para nos contar.

Outro recurso é pedir à Parte Excluída que não inunde o sistema ou não o faça transbordar. Como os excluídos geralmente não podem se expressar, eles tendem a se apresentar com emoções muito intensas. É como se quisessem expressar tudo de uma só vez antes que seu tempo acabe. É útil assegurar-lhes que daremos todo o tempo necessário que eles precisam para se expressarem, mas também que é importante eles *entregarem* as informações aos poucos, ou em pequenas doses. Também é importante assegurar-lhes que o *Eu Essencial* estará presente, ouvindo-os, sendo testemunha de sua dor e recebendo-os com respeito. Normalmente, isso serve para que o Excluído aceite o acordo e expresse sua história.

Há momentos em que o Excluído fica congelado ou ignora a presença do *Eu Essencial* porque nunca o viu atuar antes. Nesse caso, é conveniente o *Eu Essencial* se apresentar, dando mostras de como é a vida atual, e que sabe amar e cuidar. Em outras situações, o Excluído simplesmente não confia em ninguém, nem mesmo no *Eu Essencial*, já que nunca esteve próximo. Então, é indicado sugerir que o *Eu Essencial* fique o mais próximo possível, desde que aceito pelo Excluído, expressando sentimentos de compaixão, curiosidade ou interesse. Geralmente, isso é suficiente para o Excluído começar a confiar e aceitar a presença do *Eu Essencial*.

Quando conseguimos ouvir a dor do Excluído em um estado de compaixão e conforto, ele estará disposto a expressar sua história dolorosa, descarregando a dor emocional e expressando a carga que adotou (crenças limitantes e emoções armazenadas nas sensações corporais). Uma vez expressa a história, o que geralmente inclui cenas do trauma, podemos verificar se o Excluído está preparado para deixar de lado a carga que adotou no passado: crenças negativas autolimitantes, emoções intensas retidas, sensações e decisões rígidas de sobrevivência. Muitas partes Excluídas carregam crenças muito dolorosas do tipo "Não mereço amor", "Não valho nada", "Sou um fracassado", "Sou fraca", "Sou insignificante", "Não adianta fazer nada". O mesmo pode ser dito das emoções intensas, como vergonha, medo, tristeza, mágoa. Essas *cargas* devem ser liberadas diante do olhar compassivo do *Eu Essencial*. Muitas vezes, a pessoa que está presente com seu *Eu Essencial* acolhe, espontaneamente, abraça e reintegra a Parte Excluída, agora, como mais um membro do sistema da personalidade, com a dignidade transformada.

Refiro-me a esse processo como a criação do *apego interno*. Sabemos que muitas pessoas que foram cronicamente traumatizadas, posteriormente, se tornam pessoas que desenvolvem um sistema de vínculo muito focado no cuidado dos outros, ou tentam controlar o outro como forma de *garantir* que ele não vá embora. Já mencionei tal condição, em que o grande segredo das pessoas que cuidam demais dos outros é querer cuidar de si mesmas. Elas depositam uma esperança inconsciente de que outros as compensarão pelo que elas dão. Parte do problema é que elas se importam demais com os outros e negligenciam a própria vida, mantendo uma *relação interna* consigo mesmas na qual se sentem desvalorizadas ou desprezíveis. Em suma, não se amam, continuam escondendo os aspectos mais vulneráveis de si mesmas para não serem rejeitadas, abandonadas ou criticadas. Em seu sistema interno, costumam ser tratadas com dureza e críticas implacáveis, sendo extremamente exigentes, e não respeitam nem escutam suas próprias necessidades. Um objetivo importante da cura é promover um bom contato interno consigo mesmas.

A presença do *Eu Essencial*, ao observar as funções das Partes Protetoras ou as cargas dolorosas das Partes Banidas, desenvolve o sentido de conexão, entendimento e afeto pessoal em um clima de compreensão e compaixão. Quando o *Eu Essencial* interage com as diferentes Partes, cria uma sensação de estar numa boa relação consigo mesmo, de se aceitar e de se amar. Isto é o que facilita a cura do sistema do ego. Assim como a semente fóssil que, após ficar parada e inativa durante centenas de anos, acorda e brota no contato com o calor do sol e nutrientes, as Partes rígidas e encapsuladas tornam-se flexíveis e a dor profunda é transformada. No trabalho de cura e mudança, a dor e o sofrimento se transformam em compaixão; o medo se transforma na capacidade de se proteger; a ira e a raiva se convertem na habilidade de se posicionar e defender o território pessoal; a vergonha vira autodignidade.

Às vezes, os Exilados têm dificuldade de abandonar suas crenças pessoais negativas ou sobre suas vidas porque têm medo de perder uma identidade que carregaram durante quase toda a vida e sobre a qual basearam seu senso de identidade. O medo da mudança se defronta com perguntas como: "Quem sou eu então, se não sou indigno?!"; "Como gerenciarei minha vida em um sistema desconhecido até agora?". Essas Partes Banida terão que aprender uma nova maneira de se relacionar e estar no mundo. É como mudar de pele e se acostumar com o uso de um novo sistema. Talvez elas se deem conta de que sua identidade real não está presa ao modo como se adaptaram para sobreviver, e vejam um sentido mais profundo e mais estável sobre quem realmente são.

As Partes não são definidas pelas crenças negativas e emoções dolorosas que as moldaram. Elas têm um potencial intrínseco em si mesmas e podem adotar um novo papel na comunidade interna da pessoa. A energia liberada ligada ao trauma e à sobrevivência pode ser utilizada de forma mais adaptável e flexível. Podem surgir qualidades naturais que emanam espontaneamente da nossa natureza humana mais profunda: alegria, liberdade, amor, espontaneidade, prazer de viver, etc.

Normalmente, a descarga é feita através do processo de expressão e transformação pela revelação da experiência. Mas, às vezes, pode ser útil sugerir um ritual de eliminação da carga adquirida em termos de sentimentos, emoções ou crenças limitantes com algum dos quatro elementos da natureza (água, fogo, ar, terra, ou outra forma qualquer) e observar como elas se transformam. Isso significa que a carga não retornará ao estado anterior, pois terá sido transformada em algo mais elementar e mais poderoso, como alguma qualidade positiva que substitua e ocupe o lugar onde antes ficava a carga. Uma paciente, Laura, aos 12 anos, tomou a decisão de "Não contar com ninguém e não se abrir para ninguém". Ela formulou a seguinte expressão: "Coloquei um manto negro que levaria por toda a minha vida". No processo de reconhecimento da Parte que carregava essa carga de tristeza, ela decidiu que o vento levaria o manto negro para o universo e então ele se transformaria na alegria de viver e poder ser ela mesma.

Assim, uma vez que a Parte Excluída libera essa carga e adota um novo estado (podemos sugerir a observação das mudanças que podem ocorrer na aparência física, postura, etc.), é bom dar espaço e tempo para ver que novas qualidades emergem, ou sugerir qualidades necessárias, dando espaço para que se possa adotá-la.

Depois que a Parte Excluída tiver se libertado da emoção dolorosa e da crença limitante, devemos voltar nossa atenção para a Protetora – se tiver sido o caso de lidar com ela para acessar a Excluída – para verificar se ela testemunhou o trabalho de transformação experimentado pela Parte Excluída e se está disposta a desistir de seu papel defensivo agora que o trauma já foi transformado. Normalmente, por não ter mais que se defender, ela também transforma seu papel em algo mais funcional e saudável. Porém, se a Parte Protetora não estiver pronta para mudar de função, isso é indicador de que ela própria precisa de atenção e também necessita revelar sua história e sua dor de sobrevivência antes de *se dispor* a transformar seu papel.

Uma última etapa recomendada é incentivar a pessoa a considerar como as Partes que transformaram sua experiência se *veem* gerenciando as circunstâncias da vida num futuro próximo. Essa é uma forma de estimular as funções de planejamento da ação do córtex pré-frontal e transferir a mudança para a vida atual.

Etapas no Processo de Trabalho

- **O objetivo é nos tornarmos conscientes da existência de nossas Partes**, dos seus papéis e funções, da dor escondida, a fim de ouvir e curar essa dor e permitir que as Partes se libertem de seus fardos para que possam fazer parte de um todo harmonizado e integrado.

- **Alcançamos esse objetivo ajudando o *Eu Essencial* e as Partes a entrarem em contato**, na medida do possível, a todo momento.

- Quando a pessoa se encontra com uma das Partes, sempre lhe perguntamos: **"O que você sente por ela?"**, para saber se a pessoa está observando a partir do *Eu Essencial* ou de outra Parte.

O procedimento é o seguinte:

1. O terapeuta ajuda o paciente a identificar as partes envolvidas em um problema.

2. Se o cliente já estiver ativado, nós o ajudamos a identificar as Partes ativas.

3. Perguntamos se há alguma Parte que precise de ajuda ou necessite de mais atenção hoje.

4. Se o paciente escolher uma Excluída, antes de conectá-la, devemos investigar se existem Protetoras que se opõem à abordagem.

5. Sempre trabalhamos primeiro com as Protetoras.

6. O paciente identifica a Protetora e a percebe em seu corpo: **"Como você a percebe ou ela se manifesta em seu corpo?"** Além disso, pode dizer se há alguma imagem associada.

7. O terapeuta pergunta ao cliente como ele se sente com relação a essa Parte. Se ele a rejeitar ou criticar, isso indica que ele não está no *Eu Essencial*, pois outra Parte está ativa.

8. Se houver outra Parte ativa, é solicitado que ela se afaste para podermos lidar com ela e ajudá-la.

9. Se a Parte se afastar, o paciente poderá experimentar um sentimento positivo (curiosidade, aceitação, ternura, amor...) para com esta Parte Protetora. Sinal de que o *Eu Essencial* está presente.

10. O terapeuta tem que trabalhar com o processo de diferenciação das Partes - pedindo-lhes que se afastem - até chegar ao '*Eu Essencial*. Se a(s) Parte(s) não se desviar(em), conversaremos com elas.

11. O cliente é orientado a ter compreensão pela Protetora:

- O que ela está tentando fazer por você?

- Como ela teve que fazer isso assim?

- O que teme que aconteça se ela parar de desempenhar seu papel?

Temos que descobrir o que a Protetora teme que irá acontecer se ela não fizer seu trabalho diário. Assim, conseguimos ver o que mantém a Parte nesse papel e até onde devemos ir para libertá-la.

Podemos sugerir que lhe pergunte: "Se pudéssemos ir até essa Parte vulnerável que está lhe protegendo e pudéssemos curá-la, você teria que continuar protegendo ela?".

Quando não conseguimos fazer a Protetora relaxar e nos deixar ter contato com a Excluída, geralmente, precisamos passar mais tempo e ajudá-la a contar sua história, sobre como teve que se construir e como ajudou a pessoa a sobreviver. Os Protetores também têm sua própria história de dor e precisam ser validados e desobrigados. Mas precisamos ter em mente que eles só estarão dispostos a abrir mão de suas funções quando não houver necessidade de continuar a proteger mais ninguém.

12. Uma vez que o Protetor se sinta relaxado, perguntamos se podemos lidar com o Excluído protegido por ele.

13. Se o Protetor temer que o *Eu Essencial* não possa conter a dor do Excluído, ou que este possa inundar o sistema ou perder o controle, podemos pedir ao Excluído para não dominar o sistema, assegurando que estaremos presentes para ele e daremos o tempo que ele precisar para expressar tudo o que for necessário. Ele pode ser ajudado a lidar com as emoções intensas por meio da respiração consciente que regula e modula a intensidade afetiva.

14. Quando conseguimos lidar com o Excluído, nós o identificamos no corpo. Pedimos que diga o que precisa para se manifestar. Damos tempo a ele para contar sua história

através do corpo, com palavras, imagens, emoções ou qualquer outro recurso.

15. Às vezes, é necessário que o *Eu Essencial* resgate o Excluído de algum lugar preso no tempo. Nesse caso, sugerimos que o paciente pergunte ao Excluído se ele deseja que o cliente vá (com seu *Eu Essencial*) até onde ele está sofrendo e faça, por ele, algo que atenda à sua necessidade. Em caso afirmativo, o *Eu Essencial* vai até a cena do trauma e faz o que o Excluído precisa. Um passo adicional pode ser a remoção do Excluído da cena traumática, levando-o a algum lugar seguro, bonito ou especial.

16. Após todas as informações terem sido expressas, perguntamos se ele está pronto para soltar, ou deixar ir, a carga: crenças, sensações e emoções dolorosas. Como mostrei anteriormente, muitas vezes essa descarga ocorre no processo de revelação da história. Damos tempo para ele deixar ir. Pode ser útil propor um ritual de liberação com algum elemento da natureza, como luz, água, fogo, terra ou ar.

17. Uma vez liberado, perguntamos se ele deseja adotar novas qualidades ou funções que ocupam o lugar ocupado pelas cargas.

18. Verificamos se o Protetor (ou Protetores) percebeu a mudança e se ele deseja assumir novas funções, agora que não precisa continuar agindo da mesma maneira.

19. Às vezes, o Protetor também precisa de um processo de libertação.

20. Perguntamos às Partes que ficaram à margem durante o trabalho se elas viram o que aconteceu.

21. Pedimos que as Partes voltem ao sistema interno como estão agora e que observem como se dá o processo de experiência interna.

22. Agradecemos às partes pelo trabalho realizado.

23. Podemos sugerir que a pessoa imagine o que está diferente agora na vida cotidiana, levando em consideração a cura feita na sessão.

Como em qualquer estrutura, quando uma das Partes se transforma, de alguma forma, ela impacta na transformação do resto do sistema. O objetivo do trabalho de transformação e cura fazer com que a pessoa encarregada pela vida e pelo gerenciamento das circunstâncias pessoais viva o seu *Eu Essencial*.

Quando o *Eu Essencial* é responsável por todo o sistema interno, as Partes, ou subsistemas, simplesmente informam sobre o estado interno e/ou externo e fornecem recursos de ação para lidar com a realidade da maneira mais adequada.

Exercícios

Equilibrando O Sistema

1. Identifique uma parte que tenha estado muito presente ou muito ativa ultimamente em sua vida.

2. Que tipo de pensamentos, crenças, emoções ou sensações você tem quando esta Parte está ativa?

3. O que acontece quando esta Parte está no comando?

4. Veja se você pode imaginar como é a aparência dessa Parte.

5. O que você sente em relação a ela?

6. Se você tem alguma reação de medo ou julgamento, simplesmente tome consciência da existência de todas as Partes que emergem em torno do problema e tente compreender suas diferentes perspectivas.

7. Se você estiver agindo com seu *Eu Essencial* compassivo e curioso, você poderá fazer as seguintes perguntas:

   • Qual é o papel desta parte?
   • O que ela teme que aconteça se não estiver tão ativa?
   • Se houvesse outras formas de lidar com a situação, essa Parte estaria disposta a considerá-las?
   • Há algo que essa Parte precisa que você faça para considerar outras opções?

- Nas semanas seguintes, explore, junto com a Parte, maneiras mais úteis de usar sua energia.

Conhecendo Sua Comunidade Interna

Faça uma lista com todas as suas Partes em uma folha de papel, observando nome, mensagens favoritas, aparência, vestimenta, idade... Tome nota das informações úteis que elas lhe deram.

Existe alguma informação útil para você? Decida o que **fazer** e quando deseja **agir**. Faça planos e pare de se assediar. Coloque sua atenção na função positiva e nos seus medos. Elas trabalham para ajudá-lo.

Não seguimos as informações úteis de nossas partes, pela simples razão de estarmos muito ocupados sentindo raiva, tristeza ou medo dos insultos que acompanham suas advertências.

O primeiro impacto evidente das Partes Críticas é a infelicidade, pois elas nos fazem sentir estúpidos, incompetentes ou indignos. Por essa razão, não as escutamos.

Exercício de Mapeamento das Partes

1. Pense em um modo criativo de mapear as partes: uma colagem, um desenho artístico que organize sua comunidade interna (como uma árvore com folhas e raízes, ou um aquário...) ou qualquer outro símbolo que represente seu o *Eu Essencial* e seus outros *Eus*. Recorte imagens de revistas, da Internet ou simplesmente desenhe ou escreva os nomes e as características das Partes em um diagrama.

2. Você pode identificar quantas Partes você sente. Algumas pessoas encontram muitas Partes e outras apenas algumas poucas.

3. Posicione as imagens ou desenhos em uma configuração que melhor represente seu sistema interno. Você pode colocar algumas Partes perto de outras, caso elas estejam juntas, ou mesmo Partes em conflito. Você pode utilizar o espaço relacionando-o ao espaço ocupado pelas Partes em seu sistema interno. Sinta-se livre para usar qualquer forma que melhor lhe convier.

4. Na maioria dos casos, quando a pessoa consegue se separar e se diferenciar, a imagem inicial muda. Isso ocorre porque, inicialmente, ela era percebida por uma parte assustada. Quando é percebida pelo *Eu Essencial*, ela se torna naturalmente mais suave. Cada Parte vê o mundo interno e externo a partir de sua própria perspectiva.

O trabalho do terapeuta é apenas ajudar o cliente a permanecer no *Eu Essencial* e então ajudá-lo a compreender as Partes. Não é tarefa do terapeuta interpretar a Parte. Quando é preciso fazer esse processo, é o quem cliente deve dialogar com a Parte:

- Por que essa Parte faz o que faz?

- Qual é sua função?

- Qual é a história que ela tem para contar?

- Do que ela tem medo que ocorra se ela parar de fazer o que faz? (Por exemplo, pela raiva, ela expressa o medo de ser provocada)

A partir do *Eu Essencial*, a pessoa pode aprender a utilizar as funções de uma forma mais adaptativa, definindo limites, posicionando-se e mantendo-se confiante em vez de explodir.

Às vezes, se uma Parte tem emoções muito intensas (raiva) e a pessoa não pode se dirigir ao *Eu Essencial*, podemos ativar e despertar uma Parte Protetora que ajude a conter a raiva. Pedimos à pessoa que traga uma Parte Adulta para conter a Parte Furiosa e a impeça de agir e fazer algo que mais tarde piore as coisas.

Exercício: Conhecendo Nossos Excluídos

Pense em dois de seus Excluídos. Para cada um, escreva as respostas para as seguintes perguntas:

1. Que emoção você sente?

2. Que dor você carrega?

3. Do que você tem medo?

4. Que crença negativa você tem?

5. Em que situação ou relacionamento do passado você está preso?

6. Que situações atuais tendem a ativá-lo?

7. Que Partes Defensoras são ativadas quando isso acontece?

Capítulo 4:
Transmissão Transgeracional
do Trauma

"Quando trabalhei na minha árvore genealógica, entendi a estranha comunhão do destino que me liga aos meus antepassados. Tive um forte sentimento de estar sob a influência de atos e problemas que ficaram incompletos, não resolvidos por meus pais, meus avós e meus outros antepassados. Tive a impressão de que muitas vezes na família existe um carma impessoal transmitido dos pais para os filhos. Sempre pensei que teria que responder perguntas já feitas aos meus antepassados ou que teria que concluir ou manter os problemas anteriormente não resolvidos"
C. G. Jung

"A mudança na percepção da realidade só pode acontecer agora. Não se escapa ao seu destino, simplesmente se ignora... Então o potencial infinito do universo chega, precipitando amor a tudo, transformando o destino em nada"
Monge zen

Uma História Emprestada

Quero começar este capítulo com o relato de um caso que exemplifica como as questões relativas à vida dos antepassados podem estar pesando sobre o roteiro da vida que uma pessoa esteja vivendo, impondo-lhe cargas transmitidas às diferentes Partes internas. O roteiro, que agora podemos considerar como a encenação dos papéis e programas das diferentes Partes, e que seguem uma trama marcada por um programa pessoal e familiar, é então vivido como uma trama da vida que determina como viver de acordo com os desígnios do mandato emocional e/ou da violência simbólica que o clã ou a cultura impõe.

Maurício era o mais velho de cinco irmãos – ele, dois meninos e duas meninas. Ele era um homem de 45 anos que levava uma vida exemplar e responsável. Ele dedicava sua vida intensamente ao exercício de sua profissão como médico, fazendo grande esforço para se desenvolver com profissionalismo e rigor. Também empregava no trabalho todo o tempo que poderia dedicar à família. Esta sentia falta dele e o repreendia por sua intensa dedicação, especialmente sua esposa, que se sentia só, responsável pela educação dos filhos. Ela tinha escolhido se dedicar à educação dos três filhos, enquanto Maurício contribuía com os recursos da casa. Mesmo assim, Maurício era um homem com fortes valores gregários, cuidador e protetor de sua família. De alguma forma, ele havia tomado para si o papel de protetor, chefe de família e cuidador (Parte Trabalhadora Obsessiva). No entanto, esse papel era vivido com uma sensação de fardo e excesso de responsabilidade que limitava sua capacidade de ter prazer e desfrutar a vida. Sonhava ser capaz de viajar, conhecer o mundo e levar uma vida social mais ativa e engajada. Limitava-se a essa condição por sentimento de culpa (Parte Exigente) de não passar mais tempo com sua família e também baseado no fato de sua esposa não compartilhar seu desejo de desfrutar das mesmas coisas, como sair e levar uma vida social mais aberta.

Maurício foi educado para ser um filho responsável e aplicado desde a infância, então resolveu "adotar" aquele papel porque considerava importante para seus pais. Sua mãe, Conceição, tinha sido uma educadora social ativa, cuidadora de cinco filhos enquanto trabalhava; e seu pai, Roberto, tinha sido um empresário intensamente dedicado ao trabalho e à família, um bom homem. Roberto e Conceição começaram a criar seus filhos numa situação cujos recursos econômicos eram muito limitados, o que os obrigou a trabalhar e educar os filhos com disciplina e valores fortes da vida familiar.

Maurício foi levado, desde uma idade muito jovem, a ser responsável, cuidar de si mesmo e controlar o comportamento de seus irmãos mais novos nos momentos em que seus pais estavam trabalhando. Sua mãe, devido à fadiga do trabalho e ao fato de ter criado os filhos quase sozinha – já que seu marido viajava com frequência e era pouco presente – frequentemente ficava irritada, tendo pouca paciência. Ela era dura e exigia disciplina de seus filhos, especialmente de Maurício, por ser o mais velho. Dessa forma, Maurício teve que renunciar, desde o início de sua vida, à ideia de ter uma mãe paciente, amorosa e atenciosa, uma vez que ela tinha que cuidar de seus filhos mais novos, do trabalho e da vida doméstica. Maurício também aprendeu, desde muito jovem, a não sobrecarregar sua mãe e seu pai com suas necessidades e os problemas de cada etapa de sua vida. Aprendeu a como se defender sozinho, não contar com outros e se tornar um menino zeloso, sério e disciplinado (hiperdesenvolvimento da Parte Trabalhadora). Os adultos o viam, frequentemente, como uma criança responsável e racional. Ao mesmo tempo, Maurício era uma criança inquieta, fisicamente ativa, que gostava de descobrir e explorar o mundo através de esportes, pequenas aventuras e jogos com os colegas do bairro em que vivia. A mãe lhe transmitia valores para que ele fosse um exemplo de comportamento para os irmãos, e, já na adolescência, sabia que teria que se tornar um homem cuidadoso em seu trato com as meninas e as mulheres, casto e puro em sua sexualidade. Conceição também era uma mulher emocionalmente amedrontada e se queixava abertamente de que seu marido lhe dedicava pouco tempo, não dando a ela uma vida mais leve e divertida. Costumava descontar a frustração e a raiva que tinha por Roberto em Maurício, e, às vezes, utilizava Maurício para acalmar seu medo.

Desde adolescente, Maurício já era um rapaz reflexivo, com uma visão profunda da vida. Sonhava em viajar e ser um grande profissional para satisfazer, de alguma forma, o desejo de seus pais de que ele fosse um *bom homem* e, especialmente da mãe, *honrado e cavalheiro*. Esperava que, ao assumir esse papel, se tornaria um indivíduo valorizado pela mãe.

Os avós maternos de Maurício, Lisandro e Conceição, haviam sido agricultores e eram fiéis aos valores da religião católica. Lisandro, no entanto, tinha sido um homem com extrema força masculina, vivaz, pouco trabalhador, com personalidade forte, impulsivo e muito sexualmente ativo. Conceição, ao contrário, tinha sido uma mulher sofredora e resignada na vida, muito devota e praticante. De alguma forma, Conceição carregava o ônus de cuidar das três filhas que tinham, da administração da casa e dos negócios, uma pequena mercearia que eles mantinham, além das tarefas da fazenda. Conceição chegou a salvar a vida de seu marido quando ele teve uma doença pulmonar grave, lutando por recursos financeiros, para poder levar seu marido a um médico que finalmente o curasse. O avô Lisandro, mesmo assim, levava uma vida um pouco desregrada com relação aos prazeres da mesa, comendo, bebendo e tendo uma vida social ativa com amigos da cidade, com pouca dedicação ao trabalho e menor contribuição para a economia doméstica. Lisandro foi descoberto tendo um caso amoroso com um amante quando Conceição encontrou uma carta de amor. Conceição revelou a infidelidade do pai para sua filha mais velha, também Conceição, mãe de Maurício, mostrando-lhe seu sofrimento e decepção. Conceição, filha, que era jovem adolescente, cresceu vendo como sua mãe era abnegada e sofredora, enquanto seu pai era temperamental, descuidado e "fazia sua esposa sofrer". Então, Conceição, filha, concluiu que a má administração dos prazeres masculinos fazia com que as mulheres e os familiares sofressem e que os homens teriam que assumir mais responsabilidade e se encarregar da família.

Como pudemos ver, na casa dos avós, havia um desequilíbrio entre os papéis masculino e feminino. O homem levava uma vida fácil enquanto a mulher se ocupava da família e carregava o peso do trabalho e das finanças. A mãe de Maurício, então, transmitiu seus medos e feridas para Maurício "exigindo" que ele fosse um homem responsável, cuidador da mulher e casto. Ela colocou sobre ele o medo (carga herdada) dos impulsos masculinos e cerceou o impulso sexual de seu filho mais velho, que de alguma forma assumiu o *fardo de redimir as falhas* que o avô Lisandro cometera, para reparar o sofrimento vivido pela *mulher*. Conceição havia transmitido a ideia de que os homens fazem as mulheres sofrerem e são culpados por sua dor.

Por parte do lado paterno, os avós de Maurício também haviam sido trabalhadores humildes. O avô, Patrício, tinha sido um homem duro, emocionalmente frio, rígido e disciplinado consigo mesmo e com a família. Ele foi o segundo irmão de quatro filhos e participou da guerra civil. Com sua esposa, Rosária, ele teve quatro filhos: dois meninos e duas meninas. Patrício era um homem muito abnegado, apesar de ter tido uma vida dura e rude. Trabalhou e assumiu a responsabilidade por sua família, mas demonstrava favoritismo por suas filhas em detrimento dos homens. Embora sua esposa fosse analfabeta, ele gostava de ler, de ter cultura, e se preocupava com o fato de seus filhos terem acesso à instrução e à educação escolar. Patrício também era duro com sua esposa e seus filhos, mas os educou com devoção e responsabilidade para com a família. Seu terceiro filho, Roberto, pai de Maurício, tornou-se o *bom filho* da família, começando a trabalhar quando era apenas um pré-adolescente. Formou sua própria família com Conceição e tentou ser justo, nobre e solidário com seus cinco filhos como compensação pelo sentimento de *injustiça* e pela rispidez que ele experimentou com seu pai.

Maurício foi concebido e educado nesse contexto familiar. Ele trazia tanto a carga de seu avô materno, Lisandro, que devia reparar o sofrimento causado à esposa; quanto o modelo de responsabilidade e entrega herdado do avô Patrício, transmitido a seu pai, Roberto.

Maurício, então, se casa com uma moça, Manuela, que vem de uma família atormentada pelo alcoolismo de seu pai, que também foi um homem confuso e atolado no alcoolismo. Como tal, ele também não contribuía para a manutenção econômica de sua família, causando grande sofrimento à esposa e aos filhos. Como podemos ver, a mulher de Maurício apresenta as condições psicológicas necessárias e complementares, oferecendo o modelo ideal de mulher para ele consertar e compensar os excessos e as deficiências de uma figura masculina ausente e de temperamento descontrolado. Maurício "escolhe" essa mulher como o complemento perfeito para ele poder desempenhar todo o programa transgeracional transmitido através da mãe (o que fazer) e do pai (como fazer). Ele leva uma vida de abnegação e se entrega ao trabalho e à família enquanto sonha ter uma vida livre e própria, caracterizada por sua necessidade de conhecer e explorar o mundo e a vida, em suma, viver a própria história.

Por outro lado, Maurício tem dois modelos de avôs muito viris, com uma força masculina superdesenvolvida e, portanto, desequilibrada em relação às qualidades femininas (sensibilidade e receptividade). No caso do avô materno, descompensado para a sexualidade e a devassidão, e no do avô paterno, para a dureza, responsabilidade, austeridade e disciplina. Maurício toma como fardo a reparação das feridas de sua avó e sua mãe – e, portanto, *das mulheres* – e a remissão da falta do avô Lisandro. E para não se parecer com seu avô materno, ele se torna abnegado, trabalhador e reprimido em sua sexualidade e desejos mundanos.

Maurício vive a dualidade entre a "vida que ele tem que viver" e a "vida que ele quer viver" por um longo tempo, criando uma cisão em seu íntimo. Ele só reúne força e coragem para romper com o programa transmitido transgeracionalmente quando vê seus três filhos criados. E é só a partir do desencadeamento de uma doença crônica, que ele considera como produto da frustração e inibição de uma parte essencial de sua vida, que ele toma a decisão dolorosa de romper com o programa e o *script* do clã. Decide dar fim ao seu relacionamento e começar uma nova vida que responda à sua natureza mais essencial. Como consequência disso, ele leva a culpa e a censura do sistema familiar.

Uma curiosidade é que Maurício gostava de uma música do cantor e compositor Amancio Prada, com a qual ele se sentia identificado há muitos anos, mas não encontrava sentido para tal identificação:

"Tengo en el pecho una jaula, en la jaula dentro un pájaro,
el pájaro lleva dentro del pecho un niño cantando ... en una jaula lo que yo canto.
El viento quisiera ser ...
el viento que pasa y deja un paisaje estremecido en tus ojos y en el oído el eco.
El eco de una voz que viene de muy lejos
y muy dentro de ti te canta que eres tú también el viento cuando pasa.
Tengo en el pecho una jaula.
La noche quisiera ser:
La noche que con agujas de cristal teje tus sueños
y el delirio que te enciende cuando más sola estás y nada esperas,
contigo a solas soñando el negro sauce de la noche que te envuelve.
Tengo en el pecho una jaula.
La lluvia quisiera ser.
La lluvia mansa que cae como un rumor de manzanas en el desván de tu infancia lejos...
Y las primas jugando a casa.
Para el ardor del alma la lluvia fresca en el valle del silencio.
Pero tengo en el pecho una jaula, en la jaula dentro un pájaro, el pájaro lleva dentro del pecho un niño cantando.
Tengo en el pecho una jaula, en la jaula dentro un pájaro, el pájaro lleva dentro del pecho un niño cantando, en una jaula, lo que yo canto[16]."

---

[16] Prada, A. (1988). Canção "Tengo en el pecho una jaula", do álbum *Navegando la noche*.

[Tradução Literal]
"Tenho uma gaiola no meu peito, e dentro da gaiola, um pássaro
O pássaro carrega no peito um menino que canta... em uma gaiola, o
que eu canto.
Eu queria ser o vento...
O vento que passa e deixa uma paisagem estremecendo nos olhos e
um eco no ouvido.
O eco de uma voz que vem de muito longe
E dentro de você, ele canta que você também é o vento quando
passa.
Tenho uma gaiola no meu peito.
Eu queria ser a noite:
A noite que com agulhas de cristal tece seus sonhos
e o delírio que te excita quando você está sozinho e não espera
nada,
com você sozinho, sonhando o salgueiro negro da noite que o
envolve.
Tenho uma gaiola no meu peito.
Eu queria ser a chuva:
A chuva mansa que cai como um rumor das maçãs no sótão de sua
infância
longe...
E os primos brincando em casa.
Pelo ardor da alma, a chuva fresca no vale do silêncio.
Mas eu tenho uma gaiola no meu peito, e dentro da gaiola, um
pássaro,
O pássaro carrega no peito um menino que canta
Tenho uma gaiola no meu peito, e dentro da gaiola, um pássaro,
O pássaro carrega no peito um menino que canta... em uma gaiola, o
que eu canto '.

Agora sim, ele conseguia entender que durante toda a sua vida, estivera procurando por algo que não conhecia, que ele só identificava como uma tristeza profunda, surda e sem palavras. Era sua natureza essencial e especial que lutava para viver *a própria história e seu verdadeiro eu*, em vez de uma *história emprestada* e programada pelo clã, que ele havia adotado, e contra a qual estava lutando para se tornar o ser humano que realmente era, fora do programa familiar, onde tinha que ser *o redentor* da família. O buscador estava buscando a si próprio. O pai de Maurício quis dar a ele um nome que não tivesse nada a ver com ninguém do próprio clã, talvez numa permissão inconsciente para liberá-lo da carga familiar.

A história de Maurício corresponde ao que René Kaës (1989) chama de *pacto de negação*: uma aliança não formulada, que organiza os vínculos e, ao mesmo tempo, serve de defesa. Esse pacto sustenta o vínculo na família por meio de um acordo inconsciente que, geralmente, corresponde aos problemas psíquicos não resolvidos de cada um dos membros de um casal, ou entre um membro da família e outro(s). Nesse mesmo sentido, Tisseron (1997) afirma que, na atração entre dois seres, de um para com o outro, cada um busca no outro um *eco* de seu próprio mundo pessoal impensado e familiar. Em outras palavras, as escolhas por nossos parceiros, e também nossos amigos, são, geralmente, influenciadas pela busca por alguém que seja adequado à execução do planejamento do programa familiar incitado na pessoa.

Quando digo geralmente, é porque também há indivíduos que podem se libertar da programação familiar para fazer uma escolha suficientemente *autônoma*.

Da mesma forma que as heranças psíquicas garantem a preservação das aquisições e do potencial espiritual da humanidade, elas também transmitem aos filhos a carga de superar as questões que ficaram em suspenso no inconsciente de seus pais e antepassados.

Freud afirmava que cada indivíduo se move entre duas necessidades (citado em Tisseron, 1997, página 13):
- "Ser o seu próprio fim"
- "Ser o elo da corrente à qual se está sujeito, sem a participação da própria vontade".

Trauma Histórico: O Trauma no Clã e na Cultura

Costumo afirmar que todo trauma interpessoal implica em um trauma transgeracional. Ou seja, os pais que causaram traumas por meio de negligência, maus tratos ou abandono de seus filhos, o fizeram devido ao fato de eles próprios terem arrastado um passado traumático adiante. O ser humano "delega", ou projeta nos outros, especialmente em seus descendentes, as experiências e o legado de sua aprendizagem, tanto o positivo quanto aquele orientado e preso às reações de sobrevivência. É sabido que a dor dos pais afeta a capacidade de cuidar ou não da sua prole.

Autores que trabalham na reabilitação e cura dos traumas em culturas indígenas da América do Norte e com os aborígenes da Austrália afirmam que o trauma histórico é definido pela experimentação e rememoração subjetiva de eventos na mente de uma pessoa ou na vida de uma comunidade, passado dos adultos para as crianças através de processos cíclicos como "uma lesão psicológica e emocionalmente coletiva [...] ao longo do ciclo da vida e através das gerações" (Muid, 2006, p.36). Milroy (2005) fornece uma explicação abrangente de como o trauma é transmitido por gerações e qual é o papel da rede comunitária nessa transmissão:

> "O efeito transgeracional do trauma ocorre através de uma variedade de mecanismos que incluem o impacto das relações de apego com os cuidadores; o impacto da parentalidade e do funcionamento familiar; a associação com a doença física ou psicológica dos pais; a desconexão ou alienação da família expandida, da cultura e da sociedade. Esses efeitos são exacerbados pela exposição a níveis elevados de estresse e trauma continuados que incluem lutos múltiplos e outros tipos de perdas, num processo de trauma vicário onde as crianças testemunham o efeito contínuo do trauma original que um pai ou outro membro da família experimentou. Mesmo quando as crianças são protegidas das histórias traumáticas de seus antepassados, os efeitos de traumas passados ainda afetam as crianças sob a forma de doenças, disfunções familiares, violência doméstica, morbidade psicológica e mortalidade precoce". (página xxi)

Milroy ressalta, na citação anterior, as diferentes vias de transmissão do trauma no clã e na cultura. É sabido como as culturas indígenas norte-americanas sofrem com graves problemas de alcoolismo, violência doméstica e abuso sexual dentro do clã. Esses descendentes de uma cultura devastada não têm tantas referências diretas com o genocídio e o abuso que foi imposto sobre aqueles que eram seus avós e bisavós - além das histórias contadas - , mas vivem influenciados pela depressão, pelo medo e pela agressão que não puderam ser devidamente processadas por seus antepassados.

Por outro lado, segundo Green, há também "evidências consideráveis de que crianças abusadas correm o risco de repetir as interações violentas originais, que sofreram dos seus pais, em relacionamentos subsequentes com seus pares e descendentes, apoiando a teoria de transmissão transgeracional da violência" (1993, p. 582).

Abaixo, apresentarei alguns avanços e descobertas que, a partir da nova ciência epigenética, lançam luz sobre o trauma incitado pela via biológica.

Epigenética e cargas familiares

A família, além de compor um grupo ao qual os indivíduos pertencem, é também um conjunto de indivíduos que concordaram em renunciar parcialmente à gestão de seus comportamentos e pensamentos segundo sua própria dinâmica psíquica, para vincular seus interesses, materiais e psíquicos, ao grupo familiar (Tisseron, 1997). Ou seja, para se sentir pertencente a determinada família, é preciso aceitar as regras e os valores implícitos que a identificam e a tornam diferente de qualquer outro clã. A família é vivida como uma realidade transcendente (que vai além do indivíduo) que envolve uma identidade constituída com base em *um mecanismo psíquico familiar* (Ruffiot et al., 1981), ou uma *personalidade familiar*.

Conforme ilustrado no relato de Maurício, o roteiro da vida de uma pessoa[17] é uma consequência dos mandatos inconscientes transmitidos pelas figuras parentais que refletem problemas, dívidas, cargas, injustiças e segredos não resolvidos no próprio clã. Ele engloba a exigência dos pais sobre os filhos quanto ao que eles devem fazer e como devem ser para pertencer ao clã. A personalidade de um ser humano se baseia nas relações que mantém com pessoas significativas na sua criação e educação, mas também é influenciada pela atmosfera e pelas questões que estão presentes, de uma forma ou de outra, no sistema e no entorno. Os aspectos sistêmicos mais influentes são os do ambiente familiar e do clã familiar, além daqueles presentes no ambiente cultural e

---

[17] "Um plano de vida baseado numa decisão feita na infância, reforçado pelos pais, justificado por acontecimentos subsequentes e culminando em uma alternativa escolhida." Berne (1973).

nacional... Neste capítulo, vamos nos ater, mais especificamente, à influência do ambiente familiar transgeracional.

A autora de origem russa naturalizada francesa, Anne Ancelin Shutzenberger, em seu conhecido livro ¡Ay mis ancestros! (em português, *Meus Antepassados*), explica conscienciosamente o fenômeno da transmissão transgeracional, seus efeitos nos descendentes e as diretrizes para sua cura. Ela afirma:

> "...ser um 'membro leal de determinado grupo', principalmente, da própria família, significa ser levado a internalizar o espírito, as esperanças, as demandas, as expectativas do seu grupo e utilizar um conjunto de atitudes específicas que permitam o ajuste pessoal às injunções internas, ou internalizadas. Se a pessoa não assume essas obrigações, ela se sente culpada. Essa culpa constitui um sistema secundário de forças reguladoras, ou um feedback negativo ao comportamento desleal". (2006, p. 63)

As influências sistêmicas e os mandatos familiares também incluem prescrições e encargos provenientes dos costumes e traumas não resolvidos na cultura do país em que se vive. Na Espanha, por exemplo, muitas famílias ainda arrastam o trauma e o "fantasma" dos parentes mortos na guerra civil. Eram pessoas que não puderam ser *enterradas com honras*, cujas mortes não foram devidamente sentidas pelo luto dos parentes devido ao silêncio imposto sobre a família, à causa de sua morte ou ao motivo do crime. As famílias, os educadores e o sistema político, geralmente, impõem um código de silêncio sobre os problemas vergonhosos ou desonrosos dos vencedores (e também dos vencidos). A imagem nacional reflete um legado sobre a identidade de um país e das questões que marcam a cultura e o senso de identidade nacional ou regional.

As gerações que apresentam sofrimento repetitivo devido à violência, perseguição, exílio, emigração, vícios, etnocídio e guerras tentam esquecer ou deixar de lado a dor experimentada, gerando uma amnésia histórica por falta de permissão para expressar a dor, muito característica em nossa cultura ocidental industrializada, que pode se manifestar mais tarde na forma de transtornos de ansiedade, estresse pós-traumático, depressão, comportamentos disfuncionais e, segundo alguns autores, até mesmo psicose. Na Galícia, de onde venho, há muitas famílias marcadas pela separação para sempre porque alguns membros tiveram de ir para a América do Sul para ganhar a vida porque o sistema de preservação das terras permitia que apenas o herdeiro vivesse com certa dignidade. O esquecimento (ou melhor, pseudo-esquecimento, uma vez que não é possível esquecer) da história leva à falta da capacidade de elaborar o senso de pertencimento e as raízes pessoais de onde viemos, para digerir e transformar a dor vivida em uma lição para viver uma vida mais plena, alegre e amorosa. A lesão da identidade familiar e individual torna-se um fator de organização central em muitos sistemas familiares e culturais que manifestam sintomas de estresse e que, em seu caráter crônico e cumulativo, podem afetar a vida com maior ou menor gravidade.

O trauma geracional, a dor proveniente de pelo menos três gerações anteriores e os mecanismos de defesa desenvolvidos para manter o silêncio e os segredos da família, afetam a dimensão pessoal e espiritual dos indivíduos, resultando em uma sociedade que precisa continuar reciclando os sofrimentos do passado e das gerações que se foram. Deste ponto de vista, o componente mais maligno do legado transgeracional do trauma são as memórias implícitas primárias, ou sintomas somáticos, que não foram integrados, e os traços emocionais da história que nunca foram processados nas gerações dos pais, dos avós, ou até mesmo dos tataravós. Consequentemente, esses fatos não integrados são internalizados pelas crianças e outros descendentes, que possuem cada vez menos elementos de referência para desenvolver uma compreensão saudável a respeito da história.

A psicologia conhece há tempos esse fenômeno de transmissão transgeracional dos traumas do clã familiar ou dos pais para o universo do inconsciente do filho. Mas só recentemente, a ciência epigenética[18] pôde demonstrar como tais histórias familiares

---

[18] A epigenética reinterpreta conceitos já conhecidos e revela novos mecanismos mediante os quais a informação contida no DNA de cada indivíduo é traduzida. Está decifrando uma nova linguagem do genoma e introduzindo a noção de que nossas próprias experiências podem marcar nosso material genético de uma forma até agora desconhecida, e que essas marcas podem ser transmitidas às gerações futuras.

enterradas e não resolvidas, mas que permanecem vivas no mundo inconsciente do inconsciente da família e, em particular, dos pais, são transmitidas no período gestacional. Pesquisas revelam que o sistema nervoso do recém-nascido e seu perfil bioquímico são moldados pelo estado mental da mãe durante a gravidez (Field et al., 2006, citado em Badenoch, 2008). Ao analisar a literatura científica, Field diz:

> *"Os recém-nascidos de mães depressivas apresentam, posteriormente, um perfil bioquímico/fisiológico que imita o perfil bioquímico/fisiológico pré-natal da mãe, incluindo um nível elevado de cortisol (indicador de estresse), baixos níveis de dopamina e serotonina (neurotransmissores da alegria e do equilíbrio), uma ativação relativamente maior do EEG[19] frontal direito e um tônus vagal mais baixo"* (traduzido da edição em espanhol, Badenoch, 2008, p. 455).

A boa notícia trazida por esses pesquisadores é que a massagem da mãe, durante a gravidez, e do recém-nascido, após o nascimento, pode alterar esse perfil bioquímico. Somos seres relacionais desde o momento em que nosso equipamento neurológico está disponível e atuante, ou seja, quando nosso sistema nervoso está maduro o suficiente para responder ao ambiente circundante. A esperança é que se o ambiente pode influenciar o perfil bioquímico/fisiológico orientado para o estresse (sobrevivência), também pode influenciar sua reconfiguração para um estado de calma, serenidade e saúde.

Algumas memórias implícitas também são formadas no útero da mãe, influenciadas pelo sentimento da mãe com relação ao estado de gravidez, por sua atitude diante do bebê e pela sensação geral de segurança ou perigo no mundo (Badenoch, 2008). Os primeiros processos relacionais têm um poder incrível devido à intensidade da união com os pais e porque nossos cérebros são bastante indiferenciados nessa etapa da vida. Nossas mentes têm muito pouca (se é que têm alguma) capacidade de filtrar ou organizar esses encontros, e nossos cérebros são literalmente estruturados nos primeiros dias. Durante a infância, temos muito

---

[19] EEG: eletroencefalograma

mais necessidade de contato físico, tanto por causa da dependência emocional quanto da física, e porque as relações empáticas nos ajudam a construir um senso subjetivo do Eu. O sistema de ação de afeto e vínculo está em plena floração nos períodos perinatal e pós-natal, de modo que estamos intensamente abertos a qualquer experiência nova. Toda vez que entramos em um relacionamento significativo com alguém, uma parte da outra pessoa se internaliza em nós, e, principalmente, uma parte de nós se identifica com o outro, "adotando" sua forma de pensar, suas emoções e seus comportamentos, ficando, muitas vezes, associada à sensação de que "somos nós mesmos". Basicamente, nos sentimos e nos definimos com base na maneira como lidamos com o outro.

O bebê e a mãe têm uma comunicação privilegiada, de inconsciente para inconsciente, do universo materno do hemisfério cerebral direito (emocional, inconsciente, intuitivo e corporal) para o hemisfério direito. A criança vem equipada com um radar para perceber o inconsciente da mãe, do pai, e o inconsciente genealógico. Embora ainda não fale e se expresse somente com seu corpo, ela capta, integra e sabe tudo. O inconsciente da criança é como uma esponja, um receptáculo dos inconscientes que a rodeiam. Autores da área da psicanálise família se referem a essa capacidade de captação do bebê de diversas formas. Elisabeth Laborde (1991) fala da capacidade inata de vidência do bebê nestas primeiras influências; Dumas (1985) emprega o termo *telepata*; enquanto Rouchy (1992) se refere a esses fenômenos como registros somáticos (a capacidade de lembrar-se da história não metabolizada por meio do corpo), ou a *transfusão* do que não foi limpo e o *ressurgimento* de questões inconscientes não resolvidas. Esses autores se referem de maneiras diferentes a como a criança pode incorporar aspectos experienciais de seus pais.

Segundo outra orientação, o Dr. Laing (1976), psiquiatra inglês, em seu livro *Los echos de La vida* (em português, *Fatos da vida*), diz que:

> *"O entorno é gravado desde o início da minha vida pela primeira e única célula. O que acontecer com esse primeiro Eu pode reverberar através de todas as gerações subsequentes de nossas células progenitoras. Esse primeiro Eu carrega todas as minhas memórias genéticas. Parece-me, ou é pelo menos plausível, que toda a nossa experiência*

no nosso ciclo de vida a partir da primeira célula é
absorvida e armazenada desde o princípio, talvez
principalmente no princípio" (citado por Bourquin e
Cortés, 2014).

Contudo, voltando à pesquisa epigenética, a pesquisadora
Tiffany Field e seu grupo de pesquisadores têm investigado durante
décadas os efeitos da depressão materna em bebês antes e depois do
seu nascimento. Além da depressão, eles também consideram os
níveis de ansiedade, raiva e irritabilidade. Utilizaram a Escala de
Avaliação Comportamental Neonatal de Brazelton (Brazelton
Neonatal Behavior Assessment) e descobriram que os recém-
nascidos de mães que tinham sido deprimidas durante a gravidez
tiveram pontuações mais baixas na resposta de orientação para
rostos e vozes, na necessidade de serem embalados, e na atividade
de colocar a mão na boca (Hernández-Reif, Field, Diego, &
Ruddock, 2006, citado em Badenoch, 2008). Tendo em conta que
esses são comportamentos necessários para o estabelecimento do
apego seguro, podemos ver quão prejudicial é seu efeito sobre as
crianças, que já apresentam *déficit* na busca de conforto em suas
mães. Podemos concluir, de alguma forma, que como elas "já
sabem" que não encontrarão uma resposta boa e reconfortante o
suficiente naquela mãe deprimida, nem sequer buscam tal contato.
O nível elevado de cortisol na gravidez da mãe, que mostra uma
condição de estresse contínuo, foi o indicador mais forte da
desregulagem do recém-nascido (Field et al., 2006). A investigação
neurológica também defende este fenômeno: quando os circuitos do
córtex pré-frontal direito são ativados, em detrimento dos circuitos
do córtex frontal esquerdo, a criança tende a ser mais retraída e
menos propensa a se envolver em relações sociais, porque os
recursos do hemisfério direito se orientam para a fuga e os do
hemisfério esquerdo para a abordagem dos outros (Urry et al.,
2004). Além disso, esses autores descobriram que o tônus vagal
dessas crianças é menor. Como vimos na Teoria Polivagal de
Porges, o sistema ventral vagal está envolvido na busca pelo vínculo
social. As crianças com um tônus vagal diminuído são menos
propensas a buscar apego e segurança nas relações, desenvolvendo
uma regulação emocional deficitária. Elas aprenderam a não
perguntar e a confiar somente em si mesmas desde uma idade
muito precoce. O nervo vago, em seu ramo ventral, regula o olhar, a

expressão facial, a capacidade de ouvir e os aspectos prosódicos da voz (ritmo e tonalidade emocional). Além disso, o vago regula a frequência cardíaca, acalmando nosso coração e regulando seu funcionamento de forma equilibrada num estado que nos deixa abertos à sociabilidade e à conexão com os outros. Um tônus vagal baixo no recém-nascido é indicador de que o bebê se sente inseguro. Podemos dizer que os hormônios da mãe orientam quais genes serão ativados e expressos, organizando o sistema nervoso da criança na mesma direção do da mãe (Dowling, Martz, Leonard e Zoeller, 2000). Assim, vemos como o estado emocional e a bioquímica da mãe durante a gravidez também afetam a organização do sistema neurológico e bioquímico da criança, condicionando-a a perceber o mundo e os outros como fonte de satisfação, reconforto e segurança, ou como fonte de frustração e insatisfação.

Muitas pessoas têm, de fato, dificuldades de manter contato visual. Isso desperta diferentes reações emocionais, desde vergonha até medo, pois o olhar, que é um dos reflexos com os quais o recém-nascido vem equipado para buscar contato com a mãe e estabelecer comunicação, remete aos estados de ânimo apresentados pelo cuidador primário. A mãe deprimida não transmitirá esperança e vitalidade em seus olhos, pois uma parte de si mesma estará ausente, e uma mãe com medo ou ciúme de seu bebê transmitirá essa energia em seus olhos, algo que nenhum bebê está preparado para suportar.

O estado emocional da mãe, que, naturalmente, é afetado pelo modo como ela percebe as circunstâncias, por seu próprio histórico, e também pelo que está acontecendo em sua vida emocional com seu parceiro, pode afetar a vida psíquica inicial do feto. Conforme indicado por Bourquin e Cortés (2014) em seu livro *El Gemelo Solitario* (em português, *O Gêmeo Solitário*), a vida da criança no período intrauterino contém os primeiros registros de nosso Eu. Eles apontam alguns dos fatos que podem ser significativos na organização da experiência do Eu nuclear – chamado por Damásio (2010) de proto-ego – ocorrida durante o período de gestação:

- Quando a mãe perdeu uma gravidez anterior em período recente.

- As circunstâncias em que ocorreu a concepção. Por exemplo, como consequência de um estupro.

- Grande indecisão da mãe entre o aborto ou a manutenção da gravidez.

- Tentativa de aborto.

- Rejeição da gravidez pela mãe, mesmo que ela a leve a termo.

- Alguma situação que ameace a vida da mãe ou da criança.

- Quando a mãe sofreu abuso físico ou psicológico durante a gravidez.

- Abandono da mãe pelo parceiro.

- Luto da mãe pela morte de um parente próximo.

- Experiências traumáticas para um dos pais ou para ambos, como situações de desemprego, experiências de guerra, expatriação, etc.

- Gravidez múltipla ao final da qual apenas um dos irmãos sobrevive – o que acontece em pelo menos uma em cada dez gravidezes.

- Parto laborioso no qual a vida da mãe e/ou da criança esteja em perigo.

Verificou-se também que, aos 3 meses de idade, muitos filhos de mães deprimidas observam seus esquemas de manutenção de uma relação, com um ser humano específico, e generalizam para todo mundo e, dessa forma, apresentam respostas menos ativas e menos positivas diante de adultos não deprimidos (Fiel et al., 1988). A criança não responderá mais positivamente à estimulação de um adulto que se aproxima dela com alegria e carinho. Em conjunto com as experiências neuroquímicas negativas mencionadas nos parágrafos anteriores, a criança que viveu e foi cuidada em um ambiente negligente que não atende às suas necessidades, também estará privada do fornecimento consistente de opióides, oxitocina e prolactina, substâncias químicas que são geradas pelos vínculos pessoais e que são liberadas por uma mãe atenciosa e calorosa (Panksepp, 1998). Esses opióides são responsáveis pela mitigação de sentimentos de ansiedade, raiva e hostilidade sob condições de estresse (Sunderland, 2006). Sem a conexão social, o bebê se torna emocionalmente cego, aprende a se anestesiar e adormece suas necessidades e emoções, aprendendo a viver em um deserto, um vácuo e em solidão, sentindo como que se "não existisse" para o outro.

No nível neurológico, o estresse também pode causar a supressão excessiva das conexões sinápticas entre ambos os hemisférios cerebrais e interromper o impulso genético da mielinização (a mielina atua como o revestimento de um cabo elétrico para facilitar o fluxo mais rápido de informações) desses caminhos neurais, fazendo a criança ter dificuldades de colocar em palavras o que ela sente e de criar uma história de sua vida interior que tenha significado e consistência, especialmente porque a mãe não possui recursos para moldar e sentir sua própria história ou utilizar as palavras apropriadas para se referir ao que acontece no mundo interno do seu bebê (Schore, 2003b, Siegel & Hartzell, 2003). À medida que a criança cresce em um ambiente desse tipo, o vazio prolongado e o trauma continuam organizando a integração insuficiente do cérebro. Essas crianças, e mais tarde adultos, apresentam dificuldades para nomear seu mundo interior, não sabendo o que se passa com elas e sentindo-se privadas de um bom contato com a bússola interna de suas sensações físicas.

A partir de pesquisas em psicologia pré e perinatal, Wendy Anne McCarty (2004), em seu livro *La Consciencia del Bebé antes de Nacer*, também afirma que um princípio fundamental da teoria do desenvolvimento inicial é o fato de a experiência da criança se fundir com a da mãe e com o ambiente físico:

> *"Um entendimento poderoso e uma descoberta amplamente difundida na literatura clínica da psicologia pré-natal e perinatal é a capacidade que temos de perceber informações de nossos pais (e de gerações anteriores), desde antes do período da concepção, que parecem ser de natureza holográfica, incluindo os níveis consciente, subconsciente, inconsciente, além das memórias e padrões implícitos e explícitos"* (traduzido da edição em espanhol, 2004, p. 84).

McCarty cita Emerson ao se referir à absorção dos programas familiares feita pelo feto como a *Síndrome do Terapeuta Fetal* porque muitas pessoas tomam a decisão de dar aos pais o que eles querem, ou de suprir suas carências, durante a experiência intrauterina. São escolhas sobre a atitude que molda nosso jeito de enfrentar a vida, tal como tentar satisfazer as necessidades não resolvidas da nossa mãe ou do nosso pai, ou assumir papéis identitários na família desde o estágio de formação dentro do útero (2004, p. 86).

A criança compreende as expectativas colocadas sobre ela acerca de quem ela é, e de como deve ser, com quem se parece, qual é a carga imposta pelo nome dado a ela, os medos e anseios dos pais e do clã. Os pais também recebem a criança em um contexto psíquico que corresponde à sua situação relacional atual, mas também trazem consigo o fardo das próprias histórias e da história, pré-história e regras de cada uma das famílias de origem.

O falecido psicólogo francês Marc Frechét dizia que "antes de ser concebido, o bebê já é uma ideia pré-concebida". O que acontece na vida de nossos pais (pensamentos, desejos, sonhos, expectativa de vida, situação em geral), nove meses antes do nascimento e no momento da concepção, determinará nossa vida posteriormente. Frechét cunhou a expressão *Projeto Sentido Gestacional* para se referir às expectativas inconscientes colocadas sobre a criança, que visam reparar os sofrimentos da árvore genealógica. O impulso inconsciente dos pais e de todo o inconsciente familiar herdado dos antepassados é transferido para a criança como uma herança inconsciente destinada a aumentar a sobrevivência do clã para se adaptar, da melhor forma possível, ao mundo que a rodeia. A criança capta e absorve em sua vida intrauterina os assuntos inacabados de sua linhagem e já vem ao mundo com uma bagagem e um legado carregado de sonhos e de uma missão que lhe é *confiada* por sua adesão ao clã.

Como exemplo do exposto acima, podemos observar a família de Cristóvão Colombo. Desde a ascensão do descobridor da América, os descendentes primogênitos do clã têm sido oficiais do exército e geralmente carregam o nome de Cristóvão, e desta forma, são responsáveis por manter viva a memória e a honra de seu antepassado.

Com base na pesquisa de campo sobre vínculo e etologia, Boris Cyrulnik (1989) em seu livro *Bajo el Signo del Vínculo*, também fala sobre como as técnicas de reprodução assistida afetam a concepção e a gestação da criança. Ele relata o nascimento do *filho fantasma*:

> *"Antes de nascer, a criança já tem uma missão: não precisa garantir a aposentadoria dos pais, mas sim encarnar suas fantasias. É a criança feita para consertar a vida do casal; a criança 'para mostrar a minha mãe que sou capaz de ter um filho sem ter marido'; a criança condenada à felicidade 'porque eu sou incapaz de sentir o mínimo de alegria'; a criança condenada ao sucesso 'porque eu fui expulso da escola e isso foi a maior humilhação da minha vida'... tudo isso coloca o bebê em uma condição de reparador de fantasias"* (traduzido da edição em espanhol, 1989, p. 44).

O mesmo autor mostra como os estudos longitudinais, que observam a história das pessoas durante um longo período de suas vidas, revelam que a vida das crianças encarregadas de alguma missão, crianças que parecem "preferidas", tendem a ser mais difíceis e arriscadas do que aquelas das crianças indesejadas (Bourguignon, 1984 citado em Cyrulnik, 1989). Vejamos alguns exemplos:

Maria, a mais velha de dois irmãos, foi concebida por seus pais quando eles estavam em uma crise matrimonial. Embora o pai de Maria tivesse dito à esposa que não a amava, ela se agarrava obsessivamente a ele, pedindo que não a deixasse. Nesse contexto, Maria foi concebida, carregando o fardo de manter o casal unido. Quando Maria fez 10 anos de idade, seu pai teve um caso com a secretária e anunciou que iria terminar o relacionamento com sua mãe. Maria assume o papel de confrontar a amante e pedir ao pai que volte para casa. O pai concorda com a filha e "decide" continuar levando uma vida infeliz em seu casamento. Desde então, o pai de Maria se sente culpado diante de Maria e deixa de ser o pai protetor e seguro para assumir o papel de "filho culpado". Em sua vida adulta, Maria tem dificuldades de estabelecer um vínculo estável com um parceiro, vê defeito em todos e, principalmente,

"Não quer cuidar de ninguém". Ela quer um homem que a proteja e de quem possa depender emocionalmente.

Estela foi concebida seis meses depois de sua mãe perder uma outra filha, a quem ela tinha dado o mesmo nome. Quando ela nasceu, encontrou uma mãe triste pela morte da filha anterior. A mãe de Estela, quando se aproximava dela, lembrava da dor que não pôde ser elaborada quando da perda de sua filha anterior. Portanto, Estela não conseguiu sentir a presença de sua mãe, que deveria vê-la e valorizá-la como uma filha com identidade única e individual, mas não consegue. Isso leva Estela a experimentar um sentimento de insatisfação crônica e de frustração em relação à mãe, concluindo o seguinte: "Há algo de errado comigo e com meu jeito de ser. Para minha mãe gostar de mim, eu teria que ser diferente". Isso leva Estela a se esforçar para ser diferente, para ser uma menina prendada, aplicada e resignada, que fica em casa para ajudar sua mãe em seus trabalhos. Mas, mesmo assim, nunca consegue sentir que é suficiente para sua mãe. Estela carrega o peso da identidade de sua irmã falecida e nunca pode ser vista por ela mesma. Os psicogenealogistas chamam esse fenômeno de *criança de substituição* ou *criança de reposição* quando uma criança vem ao mundo para substituir alguém que morreu antes do nascimento dela. Nesse caso, os pais colocam na criança a identidade e suas expectativas com a criança anterior, além da dor não resolvida pela perda da outra criança.

A história de Maurício, no início desse capítulo, corresponde ao papel de *filho reparador e redentor* das falhas do avô materno.

Assim, os pais, além dos avós e tios, projetam na criança seus próprios anseios e temores, impondo suas histórias e desejos frustrados, ou, às vezes, projetando sua inveja e ciúme porque seus filhos possuem uma vida que não puderam ter.

Patrícia nasceu de um segundo casamento de sua mãe com o irmão de seu marido falecido, de quem tinha tido um filho homem. Sua mãe tentou reconstruir sua vida enquanto viúva indo para outra região, em outra cidade, mas não conseguiu fazê-lo, e então voltou para a aldeia onde morava e decidiu se casar com o irmão do marido, um homem muito mais velho que ela, de poucas palavras, ausente e frio afetivamente. Moravam na casa da família do pai com uma avó e uma tia. Quando Patrícia foi concebida, seus pais já estavam velhos e tristes. Desde pequena, ela ouvia mensagens de sua mãe, do tipo: "A vida é um sofrimento", "Não crie expectativas, pois você irá sofrer mais tarde", "Lamento ter me casado com seu pai", "Não acredite nessa história que *querer é poder*", "Você é a raspa do tacho, não tenha ilusões", "Somos uma família pobre e não podemos desejar o mesmo que os outros", "Esse rapaz é bom demais para você". De sua tia, que havia ficado em casa para cuidar de seus pais, ela também ouvia: "Lembre-se que seus pais estão sozinhos e você precisa cuidar deles", "Não tenha ilusões". E com seu pai, ela não tinha muita interação, mas lembra de ter ouvido ele dizer a um amigo, quando ela tinha 7 anos: "Patrícia é muito feia". Cresceu em um ambiente triste e sem ver os membros de sua família expressarem carinho ou terem esperanças. Patrícia nunca conseguiu consolidar um relacionamento de casal com um homem carinhoso e dedicado a ela, e geralmente se dedicava a cuidar de todos os membros da família, renunciando a seus gostos e planos. Sente que sua vida está passando e que nunca conseguirá formar a família dos seus sonhos, nem viver uma relação amorosa. De alguma forma, ela segue o mandato da mãe "Não viva com expectativas", "Não acredite no amor", e o programa de deixar a vida passar por ela por se sentir muito velha, por não ser uma pessoa interessante e porque "A vida é assim... é como ela tem que viver". Ela repete o mesmo roteiro de viver sem amor e sem ilusão que sua mãe viveu, além da sensação de não ter ninguém que a apoie.

A criança tentará se adaptar às projeções de seu clã familiar para ser aceita e amada, e para ter um papel de pertencimento ao clã de sua família. Como ilustrado nos capítulos anteriores, sua vida depende disso. Dessa forma, ela vai *construindo e estabelecendo* uma identidade adaptada ao que os outros esperam ou temem dela. É isso o que geralmente chamamos de personalidade. Os gregos empregam essa palavra como sinônimo de *máscara*. Podemos dizer que a personalidade corresponde à ideia que temos de nós mesmos, a qual construímos para nos adaptarmos e atuarmos no mundo, é composta de milhares de padrões e ideias sobre quem somos enquanto pessoas, do que somos capazes ou não, o que se espera de nós, o que podemos esperar dos outros, e o que a vida significa para nós. Mas, assim como a máscara, ela esconde nossa identidade essencial.

Há outras ocasiões, em que a criança recebe a projeção da identidade de pessoas repudiadas no clã familiar. Por exemplo, os pais temem que a criança se assemelhe ao avô louco, ao tio que cometeu suicídio depois de ser viciado em drogas ou à tia que ficou solteira porque era mau caráter. A criança, então, precisa lutar para se livrar dessas projeções que funcionam psicologicamente como maldições que a assombram e restringem. Mas o paradoxo do *script* da vida é que quanto mais você luta contra uma identidade projetada, e vive evitando essa força, de alguma forma, mais você adere a ela, sendo levado a cumprir a maldição ou profecia, ou viver uma vida reagindo contra ela, mas nunca sendo livre.

Qualquer que seja o caso, as projeções dos pais limitam a capacidade de expressão das próprias idiossincrasias da criança. Essa condição fica *acobertada* e presa pela história explícita e/ou pela história omitida - que, às vezes, contém os segredos inconfessáveis da família e outros medos fóbicos que eles não querem ver. Ela vive e se desenvolve em um ambiente que está, no mínimo, contaminado, e, às vezes, é profundamente tóxico, como resultado das histórias de seus próprios antepassados. Isso dificulta a criação de um ambiente no qual possa simplesmente descobrir-se como o indivíduo único e especial que cada ser humano é.

A história do clã é transmitida aos descendentes de forma inconsciente e, às vezes, explicitamente, impondo a alguns membros da prole o papel de reparar e/ou resgatar as faltas cometidas por algum antepassado, recuperando o prestígio familiar perdido por um membro, colocando a família novamente em um lugar de honra que tivera um dia, sendo o filho, o pai ou a mãe que os pais não tiveram na infância, ou viver eternamente na condição de filho, para que a mãe não experimente a solidão vivida na infância.

Manuela, a esposa de Maurício, teve uma mãe que, devido ao alcoolismo de seu marido, tinha que trabalhar arduamente para conseguir dinheiro para sustentar seus filhos, e vivia preocupada, solitária, experimentando o trauma de lidar com um marido violento quando chegava bêbado em casa. O pai de Manuela era um homem sem capacidade afetiva, ficava ausente por longos períodos e, quando estava em casa, era superficial, estando frequentemente alcoolizado. A mãe de Manuela tinha sido a quarta filha de uma família de oito irmãos que tinham que cuidar uns dos outros, tendo que deixar a casa dos pais aos 14 anos de idade para trabalhar porque seus pais não tinham recursos suficientes, então, cresceu na solidão e com poucos cuidados. Os pais de Manuela acabaram se separando quando ela era adolescente. Manuela, que cresceu em uma família doente, agora queria ser uma mãe tão boa para seus filhos que ficava sempre preocupada e cuidando para que eles não adoecessem, não se machucassem, que comessem bem. Ela adiantava as necessidades das filhas e *impunha seus medos* a elas, alertando-as para que ficassem bem aquecidas do frio, tivessem cuidado na prática de esportes, não saíssem se estivesse chovendo ou não fizessem coisas quando ela tivesse algum temor. Manuela se tornou uma mulher tão dedicada a seus filhos que negligenciou sua própria vida e seu relacionamento com o marido, a quem ela tentava controlar para que ele não estivesse ausente como seu pai estivera. Isso gerava dificuldades na sua capacidade de aproveitar e desfrutar do seu casamento e de sua vida sexual. Ela tinha se largado e descuidado tanto de si mesma que, de alguma forma, esperava o mesmo dos outros, e que seu marido satisfizesse sua *fome* de cuidado, proteção e amor que ela não havia recebido na infância. Ela vivia uma ambivalência com seu marido e filhos, reclamando que *não sabia o que queria* e que tinha que cuidar de todos, mas não se sentia cuidada, e levava uma vida triste e frustrante – uma frustração que ela costumava expressar para o marido como uma demanda por mais atenção e cuidado. Seu marido sentia que Manuela cuidava de todos, mas não cuidava de si mesma e não levava uma vida de alegria, então ele interpretava as queixas de Manuela como exigências e repreensões (o que o fazia lembrar-se das censuras que sua mãe tinha em relação a seu pai e a ele mesmo enquanto homem). Ele também sentia falta de uma companheira com quem pudesse compartilhar sua intimidade e aproveitar a vida. Inconscientemente, Manuela tinha gerado um *sistema de controle* em seus relacionamentos, motivado por seu medo de perder a figura masculina "novamente", e assim, seus filhos se sentiram mal cuidados por seus pais e viveram a história que ela tinha vivido.

Vale lembrar que tentar evitar as falhas e os sofrimentos da própria história familiar é uma condenação a viver atado a ela. Esse sistema de controle, e de ter uma viva angustiada, aprisionou suas filhas em uma relação simbiótica com ela, pois elas sentiam que a mãe estava sofrendo e que tinham que cuidar dela. Finalmente, seu casamento acabou devido à recusa em admitir sua maneira de se relacionar, sua dificuldade de aproveitar e desfrutar da vida, e sua atitude de viver a vida no papel de vítima. Após sua separação, entrou em profunda depressão e amargura. Seu *script* de solidão e falta de amor tinha sido confirmado com uma história na qual ela era a única que tinha que cuidar de todos, mas não se sentia cuidada, pois ela mesma era descuidada, tendo, finalmente, alcançado um relacionamento doente, como o de seus pais.

Tomar consciência de nossos problemas e mecanismos familiares nos permite ver o quanto do que vem dos outros nos prende e molda parte de nossa pseudoidentidade construída. Somos fruto de uma longa cadeia da história e da pré-história de nosso clã. Nas profundezas do nosso inconsciente e das nossas memórias corporais, vivem não só os nossos pais, mas também os nossos avós, até os bisavós, mesmo que não tenhamos conhecido eles; e muito além.

A Transmissão da Vida Psíquica

Cada ser humano existe como indivíduo e como membro de uma cadeia geracional que assume, sem vontade consciente, os objetivos do grupo, do clã e da espécie. Na história do ser humano há um impulso por transmitir algo, uma necessidade imperativa e inconsciente associada ao instinto de conservação e continuidade da vida, tanto no nível biológico, psicológico quanto cultural, nacional. Esse instinto de sobrevivência constitui o inconsciente hereditário e coletivo. Seu objetivo é a transmissão de genética e da cultura para seus sucessores. Esta transmissão tem por finalidade nos beneficiar com o que foi aprendido e alcançado pelos nossos antecedentes, e que nos passaram seus recursos para que pudéssemos, supostamente, ter uma vida melhor. Contudo, eles também passaram suas feridas e traumas não resolvidos: o legado da sobrevivência.

Cada clã tem seus próprios mitos familiares - que são uma idealização do que deveria ser uma família ideal. Eles, geralmente, estão associados a um dos ramos da árvore genealógica. Os mitos contêm uma história, um conjunto de crenças e fantasias inconscientes compartilhadas e assumidas pelo clã, normalmente transmitidas de uma geração a outra. Essa imagem ideal da família tem a missão de estruturar o clã, definindo e unindo a família, dando-lhe uma identidade e fornecendo um sistema de regras que devem ser seguidas pela pessoa para ela *pertencer* à linhagem. Essas regras incluem as funções dos membros e a distribuição dos papéis que eles devem desempenhar.

Cyrulnik & cols (1983) falam sobre a *comunicação fantasma* das mães quando estas projetam seus desejos inconscientes e anseios sobre os filhos. Em suas pesquisas etológicas[20], tiveram como ponto de partida a observação do efeito da expectativa que o proprietário de um cão pode ter sobre seu comportamento e suas reações biológicas. Comparando suas descobertas com o comportamento humano, eles viram que a maneira como a mãe interpreta o sorriso do bebê decorre de sua própria história e do significado que ela atribui a esse fato. A prova é que cada mãe faz uma interpretação diferente do sorriso do seu bebê. Algumas mães disseram: "Coitado, está sorrindo... não sabe o que o espera! Eu nunca deveria ter trazido ele ao mundo!" (Cyrulnik, 1989, p. 62). De acordo com este autor, a interpretação depressiva da mãe (acima de certo limiar), proveniente do inconsciente materno, cria um mundo sensorial frio ao redor do bebê.

A vida do casal representa a porta de acesso que é responsável pela sua transmissão das informações. Em um sentido positivo, isso dá continuidade ao clã, favorece a manutenção dos vínculos e ajuda no amadurecimento adequado. Mas quando as circunstâncias são penosas, isso pode ser fonte de transmissão de disfunções e distúrbios do clã.

A criança nasce com uma história genética, vinculadora e emocional, e herda o "fardo" de organizar a família a partir das duas linhagens das quais nasceu. Isso significa que há uma história que já foi vivida e representada psiquicamente antes dela. Ela é herdeira dessa história e pode transmiti-la com novos desenvolvimentos, ou ser mais uma prisioneira dela (Rozenbaun, 2005).

A mãe inicia sua maternidade com uma história pessoal e uma pré-história transgeracional das mulheres de sua linhagem e suas relações com os homens. Essas histórias são reativadas já nas

---

[20] Relativas à conduta dos animais

primeiras trocas com seu bebê e constituirão para ele as primeiras referências de seu mundo interior.

"Esses efeitos são muito mais difíceis de reconhecer do que aqueles que resultam de investimentos posteriores. Eles envolvem a fabricação de hábitos e modelos comportamentais cujas consequências não têm semelhança de uma geração para a outra, mesmo quando a reprodução desempenha um papel predominante, e que acontece por dois motivos: pelo caráter único dos tempos psíquicos simbióticos entre mãe e filho; e, pelas diversas valorizações sociais ligadas a cada comportamento dependendo da época" (traduzido da edição em espanhol, Tisseron, 1997).

Tisseron faz alusão ao caráter específico do que a mãe deposita em cada filho nos primeiros meses ou anos de vinculação. As expectativas e cargas que ela carrega com o filho primogênito, seja menino ou menina, não são as mesmas dos filhos que vêm depois. Aqui, ela está implicada som sua própria história, vivida no mesmo estágio de desenvolvimento e com a forma como reagiram a ela, ao seu gênero, ao local de nascimento, etc. Mesmo quando os pais dizem "Tratamos todos os filhos igualmente" – o que nunca é verdade, pois cada criança desperta reações diferentes em seus pais de acordo com seu temperamento e sexo – isso não seria nem apropriado, pois cada ser humano é único e requer respostas adaptadas a ele.

A criança serve como uma tela de cinema para projetar os desejos e anseios inconscientes dos pais. Eles projetam suas aspirações *fantasmas*, conforme a terminologia de Cyrulnik, que os levam a se apegar a uma ideia do que a criança deveria ser. Mais tarde, à medida que a criança vai se diferenciando e se definindo como única, obrigará os pais a lamentar a perda daquele ideal de filho sonhado e, de qualquer forma, ficar com uma criança diferente daquela presente em suas fantasias. André Green (1970) afirma que a criança pode ser tratada como uma objetificação do desejo dos pais, e dessa forma se prestar ao que ele chama de *mecanismo de silenciamento do sujeito em si*. Ele pretende dizer com isso que a criança deve inibir sua própria natureza de ser para se adaptar ao que está projetado nela, deixando à margem a expressão de seu Eu mais verdadeiro. Esse *mecanismo de silenciamento do sujeito em si* é constituído pela força das fantasias e da pressão do olhar social.

Temos uma identidade pessoal e uma identidade coletiva, tanto na condição de membros de uma família quanto de um coletivo cultural maior (grupo, região, nação). Estamos imersos em uma cadeia de gerações e somos elos utilizados para a transmissão que está a serviço da espécie. Somos beneficiários e herdeiros do que nossos antepassados construíram e trouxeram para o mundo.

Vias de transmissão

Uma experiência com muita carga emocional de uma ou ambas as partes do casal, quando não digerida, pode causar uma cisão e ser repudiada pelo resto do sistema interno, transformando-se em experiências e aspectos enraizados que são transmitidos à criança, principalmente através da comunicação não verbal. A principal via de transmissão são as alianças inconscientes que ocorrem entre alguns membros do clã (mãe e filha, pai e filho, um filho que pode se identificar com um avô, etc.). Em muitos dos casos, o elemento determinante é o segredo, a mentira, o silêncio ou aquilo que é dito em linguagem cifrada ou enigmática. Essas situações dolorosas e traumáticas costumam ser vividas, mas não digeridas nem integradas, pois as pessoas não têm permissão para acessar o material exato que as originou.

Outra forma de transmissão é através de sintomas, que podem representar uma repetição idêntica ao sintoma ou doença de um dos pais, ou uma enfermidade totalmente nova, mas diretamente associada à patologia dos pais. Isso é o que Kaës (1983, 1989) chama de *Fixação Intersubjetiva do Sintoma*. São doenças ou sintomas compartilhados por alguns membros da família.

Outro tipo de transmissão se dá por meio de uma "procuração" direcionada à criança, que consiste em uma demanda inconsciente ligada ao narcisismo de um dos pais e às aspirações não realizadas por ele. O genitor quer que seu filho seja o que ele não pôde ser. O filho é impelido a cumprir uma tarefa, "uma incumbência", que o pai, ou a mãe, não pôde realizar em sua vida, deixando-a como sua própria herança. Isso também pode ser observado, em efeito contrário, na necessidade de não ter filhos como única forma de evitar a transmissão dessa "batata quente".

Por exemplo, o filho que tem que ser um engenheiro porque seu pai não pode estudar e era o que ele queria ter sido.

O narcisismo dos pais não deixa espaço necessário para que a criança desenvolva sua identidade. O pai (ou a mãe) interior está inscrito no mundo psíquico da criança como um pai que considera o filho ou a filha como uma propriedade ou extensão de si mesmo. A identificação da criança não tem palavras para ser descrita e costuma ser expressa através de traços e atributos compartilhados com o pai ou a mãe.

A identidade individual é gerada por meio do entrelaçamento dos aspectos familiares, sociais, culturais e étnicos, ligados às questões religiosas, profissionais, ocupacionais, e sua imbricação na bagagem biológica. Posteriormente, tal identidade será um canal de transmissão intergeracional em si.

Sobre a incapacidade de elaborar em palavras as questões traumáticas do sistema em que crescemos, Nachin, psicanalista familiar diz:

> *"Os relatos de guerra nos ensinam até que ponto a atitude diante do entorno e o conjunto das circunstâncias familiares e sociais são importantes para o desenvolvimento do luto. Sem dúvida, é desejável que todas as coisas possam, no longo prazo, ser colocadas em palavras, para que isso possa ser inscrito na memória da humanidade e, acima de tudo, na memória das pessoas diretamente envolvidas, de sua família e de seus descendentes. Mas há horrores e terrores para os quais palavras não são suficientes, e dificilmente encontram quem lhes dê ouvidos para escutá-las e compreendê-las, de modo que o sobrevivente de um drama, em princípio, necessita de um longo período, ou vários anos, para realizar determinado trabalho psíquico silencioso"* (traduzido da edição em espanhol, Nachin, 1995).

Quando um sistema, uma cultura social ou familiar impõe a ocultação do evento traumático ou doloroso, ela obstrui a elaboração do acontecimento, da dor e do terror associados. A terapia deve buscar a memória traumática para que possa encontrar saída e simbolizá-la em palavras. Na terapia, deve-se criar um espaço que permita a superação dos mandatos externos e internos de silenciamento, mesmo que isso requeira um momento de reencontro com o sofrimento. A única maneira de curar é, nas palavras de Janet, ajudando o paciente a "tomar" sua experiência completamente para que ela possa ser transformada.

O efeito do *não-dito* já aparece na geração seguinte. O que não pode ser contado, simbolizado, o que foi repudiado por sua natureza dolorosa e intolerável, é encapsulado e retorna (*ressurgimento*) na vida das crianças. Reaparece em muitos casos sob a forma de violência destrutiva, que as pessoas não sabem como explicar, como uma repetição do trauma, geralmente sob a forma de comportamentos de risco (comportamento antissocial e/ou autodestrutivo) ou como uma dificuldade extrema na passagem da adolescência para a juventude ou desta para a adultidade.

Segredos e Fantasmas Familiares

As pessoas são influenciadas em seu desenvolvimento não só pelos aspectos intergeracionais (daqueles que convivem com ela em vida), mas também pelo fator transgeracional, embora o termo mais comumente aceito seja transmissão transgeracional (TTG). Essa transmissão ocorre de forma inconsciente, movida pelo amor cego que um descendente tem por uma figura significativa de sua linhagem devido à necessidade de apego e pertencimento. De alguma forma, o descendente se conecta a uma figura parental (geralmente a mãe ou o pai) que carrega uma ferida narcisista e se identifica de maneira inconsciente e alienante, pois se afasta de si mesmo e não se pertence mais. A criança, então, faz um pacto de autonegação em busca do vínculo amoroso, como resposta à ausência de reconhecimento que esse pai, ou mãe, não pode dar por possuir, ele mesmo, uma parte de si cativa e dedicada à negação da experiência que não pôde ser expressa ou elaborada na primeira geração. A experiência que não pôde ser dita na primeira geração torna-se inominável na segunda geração, e impensável na terceira. Isso leva a uma repetição de histórias ou à geração de sintomas, cujo objetivo é sustentar a esperança de se obter uma resolução diferente que satisfaça à necessidade de elaboração ou reparação, quando os fatos não serão mais escondidos por causa da vergonha ou dor de um antepassado que envolvia algum ideal do Eu para o clã.

Dois conceitos importantes para o entendimento da transmissão transgeracional do trauma são o da *cripta* e do *fantasma* elaborado pelos psicanalistas franceses de origem húngara

Abraham e Torök (1978). Para eles, o material traumático é encontrado em cada experiência que não pode ser metabolizada psiquicamente. Ou seja, ela não foi conhecida, pensada, simbolizada, nem, portanto, transformada em aspectos gerenciáveis da experiência da pessoa. Essas experiências não processadas são consolidadas em feridas na rede psíquica e, consequentemente, destroem a sensação de coerência e continuidade da pessoa. E esses fragmentos de experiência são separados e mantidos intactos em regiões separadas da vida psíquica, partes do Eu que também se tornam partes separadas ou repudiadas (as Partes Excluídas que carregam legados de outros). Vemos aqui a semelhança desta formulação psicanalítica com as descobertas recentes da neurociência e da teoria do apego em relação à dissociação e ao estresse pós-traumático. Os autores afirmam que essa experiência é reprimida em uma entidade estrangeira, algo que dá origem a sentimentos inexplicáveis e às vezes a sintomas psíquicos e somáticos, sendo radicalmente estranhos ao Eu. Chamam esse conceito de *Fantasma Psíquico* (Abraham, 1974-75, 1975). Eles empregam os conceitos de *cripta* e *fantasma* para explicar o efeito dos segredos e lutos familiares que não foram processados no mundo psíquico dos descendentes.

Por *fantasma* entende-se que os sintomas da pessoa não provêm da experiência de vida dela mesma, mas dos conflitos, traumas e segredos da vida de algum antepassado.

O conceito de *cripta* se refere ao encapsulamento e à encriptação que ocorre quando há uma perda de alguém significativo, mas que não pode ser expressa e que, portanto, está inacessível ao processo de assimilação gradual do luto. Diz respeito às perdas que não foram admitidas pelos sobreviventes (a perda de um filho morto, um cônjuge, um pai ou mãe, um irmão). A *cripta* é, portanto, o lugar dentro da pessoa onde a pessoa perdida ("o objeto" em termos psicanalíticos) é incorporada e preservada, como se ela permanecesse viva.

Estamos falando de *lutos ancestrais*, lutos não processados, nos quais os antepassados continuam presentes através dos descendentes como se fossem "mortos vivos". Eles não conseguiram, por diversas razões, um verdadeiro enterro psíquico em seus descendentes. Esses lutos não resolvidos continuam sendo válidos em gerações posteriores, capturando e alienando setores da vida psíquica (Partes do Eu) de um ou mais descendentes. Podemos observar esse fenômeno presente na vida psíquica do clã, vindo de ancestrais que morreram nas guerras, foram assassinados, expulsos ou renegados pelo clã por vergonha, etc. Quando os descendentes assumem a tarefa de serem portadores do ancestral "não enterrado", um setor de sua psique fica preso em uma identificação alienante. A alienação ocorre porque lhes é tirada a possibilidade de acessar a verdade a respeito dessa história, dessa dor e, portanto, de sua localização no contexto histórico em que os eventos ocorreram.

Nicolas T. Rand (1995) menciona que, quando uma experiência considerada difícil, por ser dolorosa ou vergonhosa, não é metabolizada, torna-se um trauma que fica congelado convertendo-se em uma cripta. Esse conceito é apoiado pela mesma ideia expressa por Robert Scaer (2005) do encapsulamento do trauma em seu livro *The Trauma Spectrum*. A cripta não obscurece apenas uma parte, mas toda a psique de uma pessoa. Isso significa que a pessoa irá organizar sua vida psíquica em torno da cripta (pensamentos, sentimentos e comportamentos) e desenvolverá sistemas de defesa (Partes Protetoras) para manter a própria cripta encapsulada. Rand (1995) diz que, na formação da cripta, há uma experiência que, por um lado, deve permanecer ativa, uma vez que o desejo da pessoa está ligado a uma experiência – algo que precisa ser manifestado –, mas que, ao mesmo tempo, deve ser escondida por causa da vergonha ou da dor que seria causada ao revelar um pai ou um antepassado idealizado pelo clã. Essa exigência contraditória se manifestará por meio de diferentes formas de dissimulação, em outras palavras, tornar-se-á indizível.

Apesar de tudo, há sempre a esperança de que a experiência possa ser reavaliada e a energia contida, liberada. Essa esperança pode ser o que faz o membro descendente manifestar algum sintoma como sinal de algo que foi encriptado e que, talvez, em uma circunstância ou contexto menos ameaçador, a experiência negada possa ser reconsiderada e liberada.

Abraham e Torök (1978) ressaltam que as palavras que não puderam ser ditas, as cenas que não puderam ser lembradas, as lágrimas que não puderam ser vertidas são mantidas em segredo. A necessidade do segredo não vem da vergonha da pessoa de hoje, mas da vergonha do ente amado (pai, mãe ou antepassado) que, por algum motivo, teve que vivenciar a experiência como algo secreto e vergonhoso. O portador da cripta carrega um segredo *inominável*.

Esses autores chamam de *fantasma* os efeitos que a cripta de um pai produz em seus descendentes. Há dois tipos de fantasma, de acordo com a geração afetada.

O *fantasma da primeira geração* é o efeito produzido no filho cujo pai é portador de uma cripta. Nachin (1995), diz que quando o pai nega uma experiência fundamental de sua própria vida (fica encriptado), o filho excluirá de sua vida aquilo que não pode ser tomado como direito por seu pai, e o assunto se tornará algo *inominável*.

O fantasma da segunda geração é o efeito produzido no filho de um portador de fantasmas (neto do encriptado). Então, o que já não tinha nome, e era *inominável*, agora será *impensável* para esse descendente. Dessa forma, encontramos angústias inespecíficas, sem nome, ou de causa desconhecida e com sintomas corporais incompreensíveis (Tisseron, 1989).

Por outro lado, Haydée Faimberg (1993) chama de *Identificação Inconsciente Alienante* ao fenômeno no qual o descendente se identifica com algum antepassado. É um tipo especial de identificação denominada *Encaixe Telescópico das Gerações*. Esse tipo de identificação condensa três gerações e seu objetivo é dar manutenção ao pertencimento e à lealdade ao clã, sendo definida como alienante por carregar uma história que pertence a outrem.

Os *segredos ancestrais* referem-se à existência, no histórico familiar, da realização de feitos "proibidos", tais como assassinato, estupro, infidelidade, incesto, fraude, ou outros atos cometidos por algum antepassado e que foram guardados hermeticamente. O conteúdo desse segredo fica encriptado. A ocultação de feitos de tal magnitude causa uma perturbação na estrutura familiar que passou pela situação, por reter uma energia que é subtraída da capacidade de desfrutar e se adaptar às circunstâncias da vida. A pessoa terá que criar recursos próprios para manter a dor encriptada fora do nível consciente.

Tanto nos lutos quanto nos segredos provenientes de gerações anteriores, os descendentes receberão o fardo de tomar para si o correspondente a uma história que não é sua, devendo realizar algum tipo de trabalho psíquico adicional destinado à elaboração do que Gerações anteriores deixaram em suspenso.

O que era *indizível* na primeira geração, transforma-se em algo *inominável* na segunda e *impensável* na terceira, pois não pode ser objeto de nenhuma representação verbal pelos descendentes, o que impede sua propriedade, simbolização e localização na história e no passado. É comum que, especialmente nos períodos turbulentos de crise, o genitor portador da cripta se descompense com um extravazamento angustiante, por exemplo, ou raiva e depressão. Nesses casos, o filho precisa fazer um esforço descomunal para entender o que está acontecendo, sem ter à sua disposição os dados necessários para essa compreensão. Normalmente, a criança acaba se definindo como inadequada ou exótica. Nesse sentido, Tisseron (1997) afirma que *"o inominável pode assumir a forma de fobias, compulsões obsessivas, problemas de aprendizagem, etc. Não estando ligados somente ao conflito entre o desejo e a proibição, mas também ao conflito entre o desejo de conhecer e entender e as dificuldades que o contexto impõe a tal conhecimento".*

Dessa forma, quando, na terceira geração, nos deparamos com o *impensável*, o descendente pode registrar sensações, emoções, imagens, impulsos, ansiedades sem nome, sintomas corporais que lhe parecem estranhos, sintomas desprovidos de significado e que não são explicados apenas pelo que aconteceu em sua própria vida. Isso ocorre porque, na terceira geração, não há mais conexões possíveis com o não-dito.

Cura Transgeracional

Com relação à resolução, Haydée Faimberg (1993) afirma: *"Quando se conhece a história secreta, é possível modificar os efeitos que ela tem sobre o Eu, modificar a clivagem alienante[21]. Esse processo de desidentificação permite restaurar a história na medida em que ela pertence ao passado. A desidentificação, portanto, é a condição da libertação do desejo e da constituição do futuro".*

Sem dúvida alguma, fazemos parte de uma cadeia geracional sistêmica (dos diferentes sistemas em que vivemos) da

---

[21] Clivagem alienante: trata-se de uma cisão ou divisão do Eu que implica em carregar algo que não é próprio.

qual somos afluentes e depositários. Isso tem consequências e implica em grande responsabilidade por parte dos pais, educadores e dirigentes. Desse ponto de vista, as mensagens e referências que os pais, educadores e dirigentes oferecem como provenientes de gerações anteriores são fatores que contribuem para a constituição do nosso sendo de Eu. Antepassados e descendentes envolvidos em um vínculo de pelo menos três gerações, são os polos que marcam a chance de continuidade da transmissão geracional ou sua ruptura. Somente se nos dedicarmos a um trabalho de conscientização e de cura, poderemos promover algum tipo de transformação que conduza à apropriação do que nos é transmitido, tomando o evento para si, por meio de uma integração consciente, ou nos diferenciando dele por não corresponder à realidade ou não ser adaptativo.

No nosso processo de descoberta e despertar da consciência, devemos considerar questões fundamentais que nos ajudem a tomar consciência de quem realmente somos. Algumas perguntas podem ser úteis: Quais foram os motivos que levaram nossos pais a terem filhos? Qual era a situação do casal quando a criança foi concebida? Qual era o projeto ou plano que eles tinham para a criança? Quais foram as mensagens significativas que cada um dos pais transmitiu à criança? Quais foram os dramas e as tragédias do clã familiar?

Segundo a psicogenealogia, o processo de tornar-se um indivíduo diferenciado do clã consiste em diferenciar-se da árvore genealógica, realizar-se ou aproximar-se da realização pessoal, para finalmente voltar ao clã em uma atitude de honra e perdão compassivo, e colocando uma luz nova e livre de cargas para as gerações que vêm depois. Dessa forma, nos tornaremos antepassados protetores e esclarecedores para os descendentes. Esse processo pode ser visto como uma jornada da esfera familiar e coletiva à esfera individual, ou o caminho para se tornar um indivíduo único e especial, que cada um é, para juntar-se novamente ao coletivo e finalmente acessar o Eu Essencial transcendente que *emana* nossa natureza compassiva e ação no mundo. O indivíduo funde-se outra vez com o coletivo, o todo, para dar sua contribuição transcendente ao mundo.

Nesse sentido, poderíamos considerar o clã familiar, do ponto de vista macroscópico, como a evolução filogenética do ser humano, ou um processo que ajuda a promover a evolução da consciência que nos permite ver nossa identidade individual como acesso a nossa identidade espiritual essencial, que retorna ao todo.

A esse respeito, meus pensamentos são ilustrados pelas sábias palavras de Carl Jung:

As sábias palavras de Carl Jung ilustram meu pensamento nesse aspecto:

> *"Quando trabalhava na minha árvore genealógica, compreendi claramente a curiosa ligação do destino que me une aos antepassados. Tenho a forte impressão de que estou sob a influência de coisas ou questões que não foram respondidas por meus pais e avós. Muitas vezes, parecia-me que, em uma família, havia um carma impessoal que era transmitido de pai para filho. Parecia-me sempre, como se eu tivesse que fornecer respostas a perguntas que eram feitas aos meus antepassados, sem que eles pudessem respondê-los, ou como se eu tivesse que terminar ou dar prosseguimento às coisas que o passado deixou inacabadas. A esse respeito, é muito difícil saber se essas questões possuem um caráter mais pessoal ou mais geral (mais coletivo). Parece-me que seja o segundo caso. Um problema coletivo aparece sempre como um problema pessoal (embora não seja reconhecido como tal) e desperta, em certos casos, a ilusão de que há algo fora de ordem no domínio da psique pessoal".* (traduzido da edição em espanhol - C. G. Jung, 1961. *Recuerdos, Sueños, Pensamientos*).

Voltando à história de Maurício, lembramos que ele vivia uma história emprestada do seu clã familiar. Seu avô materno não tinha podido viver com a mulher que queria porque as regras sociais de seu tempo não lhe permitiam o divórcio e a mudança de relacionamento. Do avô paterno, ele recebeu o modelo de como ser devotado e responsável por sustentar a família, provendo a estrutura e os meios necessários para seguir em frente. Ele também não teve, inicialmente, *permissão* para viver uma relação de amor onde fosse livre para ser ele mesmo. Maurício carregava como legado uma carga vinda de seus antepassados na árvore genealógica até que ele percebeu isso. Nenhum dos avós, homens ou mulheres, tinha podido viver uma vida motivada por um amor escolhido, respeitoso e livre. Por decisão própria, Maurício conseguiu se libertar do *script* da família para se apropriar da própria história, oferecer aos seus descendentes o exemplo de seguir o próprio caminho, ou, nas palavras de Nelson Mandela, "ser o capitão de sua própria alma", e poder crescer no âmbito pessoal, desenvolvendo a capacidade de amar e despertar sua essência espiritual. O buscador estava em busca de si mesmo.

Lorena, uma mulher de 40 anos de um país da Europa Oriental, sentia que precisava trabalhar duro e ser perfeita para se sentir valorizada e útil para seus pais. Eles tinham se separado quando ela tinha 5 anos de idade. Enquanto vivia com seus pais, ela ouvia os gritos de suas brigas. O pai tinha sido carinhoso com ela, mas depois do divórcio não era muito presente. A mãe de Lorena nunca foi afetuosa, não a pegava nem abraçava. Lorena se sentia uma criança indesejada. Quando trabalhamos com a dificuldade da mãe dar afeto e trouxemos para a sessão a energia da mãe carregada em uma parte de Lorena, ela pode reconhecer como sua avó tinha sido uma mulher apaixonada por um homem que tinha sido o amor de sua vida e que também tinha perdido a própria mãe quando criança. Esse homem, por quem a avó tinha se apaixonado, morreu na Segunda Guerra Mundial. A avó nunca conseguiu se despedir desse homem, tendo encriptado sua dor por ele. Depois disso, ela se casou com o avô de Lorena como se fosse só mais um. Nunca sentiu amor por ele e passou a vida se queixando de sua desgraça, do sofrimento, e dizendo: "A vida é um sofrimento". A avó nunca pode dar amor à mãe de Lorena porque ela não tinha sido fruto de um amor e porque se recusara a amar outro homem, como prova de sua lealdade ao namorado morto. Também não queria que ninguém fosse feliz. "Se ela não tinha sido capaz de amar, ninguém mais poderia". A avó de Lorena desejava ter morrido para seguir seu amado e odiava ver a família viva. Amava os mortos e odiava os vivos, e sentia ciúmes quando via o avô dando amor às suas filhas. Ela queria destruir a felicidade de suas filhas porque ela tinha sido largada, ficando sem mãe ainda jovem e sem seu amor devido à guerra. Mais tarde, aos 10 anos de idade, a mãe de Lorena ganhou uma irmã e teve que cuidar dela. Por isso, concluiu que não existia amor, que não era desejada, que tinha que desistir de ser cuidada e amada e que "A vida era um sofrimento" e que "As pessoas precisam ser totalmente independentes". Quando a mãe teve

Lorena, ela não conseguiu dar amor e cuidado, pois revivia sua própria infância, e não podia suportar ver o pai de Lorena dando-lhe mimos. Lorena sentia que sua mãe a odiava, que tinha que sofrer para não ser atacada pelo ciúme da mãe.

Como podemos ver, a mãe de Lorena já tinha o *fantasma* do sofrimento não processado por sua própria mãe. Lorena também fantasiava sobre a seguinte ideia: "Se eu estiver morta, talvez eles gostem de mim" (o desejo não cumprido da avó ou a ideia da avó de amar uma pessoa morta). A mãe costumava passar as seguintes mensagens a Lorena: "Você acha que é uma princesa? Você tem que aprender que a vida é um sofrimento! Você precisa aprender a não depender de ninguém" Assim, no seu inconsciente, Lorena sentia a inveja que vinha da mãe quando ela estava feliz, e o mandato de que tinha que sofrer como ela. Tanto a mãe quanto Lorena carregavam o ônus da solidão e do luto não resolvidos pela avó materna. A mãe como algo *inominável* e Lorena como algo *impensável*. Somente quando Lorena foi capaz de ver a tragédia de sua mãe e sua avó, pode entender a dor delas, como cada uma carregava os dramas da história de quem vinha antes. Desta forma, ela conseguiu devolver para elas aquela história que pertencia a cada uma de suas antepassadas e libertar-se do fardo e das crenças que havia colocado sobre si mesma de "Não ter valor e não merecer amor". Ela pôde sentir compaixão por elas e se libertar através do perdão e da transformação.

Irei expor uma abordagem de como identificar a carga e a energia transportada em nossa psicobiologia, no capítulo 6, ao explicar como usar o *Brainspotting* para processar essa energia proveniente de nossos ancestrais. Ressalto aqui que toda essa história emprestada está registrada em nossa corporeidade e que nosso sistema interno de Partes carrega, por meio de identificação ou projeção, a energia encriptada de nossos antepassados.

Compaixão Transgeracional

É aconselhável realizar um genograma da família no qual as pessoas possam ser localizadas, e também os eventos relevantes que ocorreram com cada uma, a fim de obter uma visão de conjunto da história e dos eventos dolorosos ocorridos no clã. É útil perguntar ao paciente, e a nós mesmos, sobre a história de pelo menos três gerações: a do paciente, de seus pais e seus avós. Se eles tiverem filhos, também podemos explorar essa geração, e se conhecem fatos relevantes a respeito dos bisavós, também será importante levá-los em consideração. Essa visão intergeracional e transgeracional cria as bases para a compaixão entre as gerações, pois cada uma delas teve que enfrentar desafios importantes e difíceis na vida com os recursos que dispunham na época e no contexto cultural em que viviam. Cada um deles contribuiu para o desenvolvimento da consciência de sua prole de uma maneira ou de outra.

Eis um guia para a criação da árvore genealógica:

- Eventos familiares e sociais: Nascimentos, mortes, casamentos, uniões e separações, abortos, cesáreas, óbitos durante a gravidez ou parto, suicídios, traumas pessoais, exílios voluntários e forçados, duplas nacionalidades, uso de diferentes idiomas na família, prisões, ausências, exclusões, deficiências, catástrofes, guerras, pestes, epidemias, questões políticas e relacionadas à economia, privações, carências.

- Problemas de herança, posições sociais relevantes, clandestinidade, discriminação racial, estupros, transgressões, crimes.

- Observações sobre ocupações, empregos, caráter pessoal, doenças, imigrações, fenômenos e desastres naturais, grandes descobertas, mudanças tecnológicas, etc.

- Assuntos que não são falados ou são comentados de forma encriptada.

Sabemos que nossos pais só conseguiram nos dar aquilo que eles sabiam dar, e que também nos trataram de determinada forma como maneira de reparar suas próprias feridas e/ou as feridas dos seus ancestrais. Na medida em que conhecemos melhor e *testemunhamos* as histórias dos nossos pais, podemos desenvolver sentimentos de empatia e compaixão profundas pelo que eles sofreram em suas próprias vidas. A empatia que desejamos estimular se baseia em uma compreensão visceral e sentida por nossa infância e/ou pela do paciente e do mundo interno de nossos pais. É verdadeiramente surpreendente a quantidade de memórias que residem, no nível inconsciente, na experiência corporal vinculada às relações com um pai ou um avô. Nosso corpo pode se lembrar de pequenos detalhes muito concretos sobre o que aconteceu em nossas vidas. E quando os pacientes confirmam esses detalhes com seus próprios pais, ficam surpresos com o que sabem intuitivamente. Como mencionado nos capítulos anteriores, nosso corpo é como a caixa preta do avião, que grava não apenas a própria história, mas também a dos antepassados. Devemos lembrar que o óvulo a partir do qual nascemos já estava no útero da mãe quando esta estava sendo desenvolvida no útero de nossa avó. Assim, os óvulos da mãe já estavam expostos aos estados emocionais e à vida pessoal dos avós de maneira direta.

A família inteira vive dentro de cada um da forma como a experimentam e internalizam. Deixar de lado uma geração após a outra cria um dano e um bloqueio no processo de cura. O mais útil é imaginar toda a família e abraçar cada membro com compreensão compassiva. Kohut (1982, citado em Badenoch, 2008) fala sobre uma mudança de perspectiva da culpa para a tragédia. Quando sentimos que cada membro da família fez o melhor que poderia ter feito, dado o estado do seu universo interior e das circunstâncias externas, podemos acolhê-los em um espaço generoso em nossos corações. À medida que ouvimos e vemos as histórias vividas pelas gerações que passaram antes de nós, podemos substituir a culpa pela compreensão. Se o terapeuta mantém essa perspectiva em mente, pode acompanhar o paciente nesse caminho para a pacificação. Se, em vez disso, incitamos a luta de uma geração contra a outra em nossas mentes e em nossos corações, os pacientes terão menos oportunidades de alcançar esse tipo de resolução.

Gina, outra paciente natural de um país da Europa Oriental, há muito tempo, vinha tratando do medo de ficar doente. Toda vez que tinha algum sintoma físico ou fadiga, desencadeava o medo e a sensação-crença de que "havia algo de errado com ela". Explorando sua história pessoal, descobrimos que, aos 5 anos de idade, ela perdeu seu pai por causa de um ataque cardíaco. O medo de sua mãe, cuja profissão era juíza, ficou mais evidente após a morte de seu marido. A menina, Gina, ouviu de algumas enfermeiras no corredor do hospital que seu pai havia morrido. Ninguém a acolheu com carinho e sua mãe não queria falar sobre o pai. Com 5 anos e seis meses, Gina foi internada no hospital devido a uma doença desconhecida. Lá, ela ficou em um quarto envidraçado e isolado devido ao risco de infecção, e só podia ver sua mãe através do vidro. Dentro do quarto havia apenas uma outra mulher mais velha com quem falava, às vezes. Ela se lembra de olhar pela janela do quarto do hospital se despedindo de sua mãe. Os médicos e enfermeiras eram frios, nada empáticos, e a ameaçavam, dizendo que se ela chorasse, não veria mais sua mãe. Então, ela vivia com medo de também perder a mãe, e com saudade do pai amoroso que um dia tivera. A partir dali, sempre que Gina sentia alguma dor ou apresentava um pequeno sintoma, sua mãe se assustava e a levava correndo ao médico ou a um hospital, na emergência, dizendo "Tem alguma coisa de errado com você, temos que ir ao médico". Ela também queria que Gina fosse brilhante nos estudos, tivesse um bom desempenho acadêmico e fosse uma mulher forte, assim, costumava censurá-la dizendo que "ela era muito sensível". Dessa forma, Gina nunca tinha por perto uma mãe calma, calorosa e segura quando estava física ou emocionalmente sensibilizada. Encontrava só uma mãe assustada e preocupada, que ameaçava colocá-la de volta nas mãos daqueles higienistas insensíveis e frios, que não ofereciam contato relacional de boa qualidade. Gina tinha medo de ficar sozinha no hospital de novo, de reencontrar aquelas pessoas sem almas, e de ficar com uma mãe que não a acalmava nem a confortava. Assim, criou-se uma Parte vulnerável-repudiada (Banida) dentro dela, que possuía uma crença central: "há algo de errado comigo", e que continha essa mescla de histórias que associava o desencontro com a mãe, ao trauma do hospital e à perda do pai. No entanto, apesar de ter tratado o trauma de sua vida, a crença persistia. Em uma sessão, lidamos com a Parte que representava a energia da mãe: o medo da mãe de que sua filha, Gina, estivesse doente. A mãe de Gina tinha perdido o pai na Segunda Guerra Mundial, pois ele fora um guerrilheiro que dera refúgio a outros. Mais tarde, os nazistas também prenderam a avó de Gina, apenas dois meses após o nascimento da filha, que era a mãe de Gina, e a mais jovem de três irmãs. A avó de Gina foi condenada à morte na prisão, mas ficou doente e foi levada para a enfermaria, onde ficou junto com a mulher doente de um oficial nazista. Um dia, sua irmã mais velha (tia de Gina) decidiu visitar a mãe na enfermaria da prisão levando as duas irmãs mais novas. A mãe de Gina ainda era um bebê. A esposa do oficial nazista se compadeceu do fato, que intercedeu por ela e conseguiu salvá-la da morte. A mãe de Gina, ainda recém-nascida, viveu o abandono de seu pai e o medo de perder a mãe também. Ela foi criada por uma mãe (avó de Gina) que carregava seu marido morto em uma cripta. À medida que a mãe de Gina crescia, sua mãe exigia que ela se tornasse forte e brilhante, capaz de se bastar e se destacar na sociedade, e quando ela se comportava mal, sua mãe (avó de Gina) se fingia de morta. Portanto, a mãe de Gina viveu o resto de sua vida com medo de também perder a mãe. Quando a mãe de Gina perdeu o marido, enquanto Gina tinha 5 anos, ela experimentou novamente, e com força, o mesmo medo traumático de ficar sozinha (o fantasma acordou), e dizia a Gina que, se não fosse por ela, não conseguiria seguir em frente. Dessa forma, depositou o drama de sua história em Gina, transferindo para a menina o medo de perdê-la, que havia enterrado em sua própria consciência. Quando Gina teve acesso a essa parte da história de sua mãe, ela teve mais facilidade de se livrar do medo de ter alguma doença ou passou a ver sua mãe de uma maneira mais compassiva.

Anne Ancelin Schutzenberger explica que se tentamos curar um indivíduo sem incluir toda a família, sem entender as repetições transgeracionais, não conseguiremos muito resultado na terapia. Frequentemente, produzimos apenas uma melhora temporária. Essa perspectiva põe em xeque todas as formas de psicoterapia, clássicas e novas. Schützenberger afirma ter observado que, para que a pessoa experimente mudanças verdadeiras e duradouras, é necessário que os sistemas familiar, social e profissional aceitem mudanças e que as crenças também mudem. O olhar da família e da sociedade, bem como o equilíbrio familiar, têm impacto sobre o desenvolvimento, a saúde, a doença e as recaídas da pessoa.

Exercício

Colete e escreva informações sobre a história de seus pais e sua própria história junto com seus pais e avós. Se tiver oportunidade, entreviste seus pais, tios e, se possível, também seus avós. Reúna todas as informações. Talvez um deles revele alguma história secreta para você. Pense em como cada um de seus pais passou seu legado para você por meio da forma como você foi educado e tratado. Assim como Maurício, na história no início deste capítulo, considere se você está carregando alguma carga que pode ter sido colocada sobre você como missão reparadora de um dos seus antepassados.

Considere de que maneira o programa e o legado de sua família envolvem problemas que pertencem a outro membro.

Faça uma carta honrando e devolvendo os assuntos que não são seus para o membro de sua família que os iniciou, e também ao genitor (pai ou mãe) que os transferiu para você. Podemos chamar isso de quebra de contrato transgeracional. Aproveite essa carta para reafirmar seu próprio compromisso com seu sentido de vida e com a história que você deseja viver. Você pode realizar um ritual para seus antepassados, lendo e queimando a carta, ou qualquer outra forma que ache melhor.

Exercício

- Datas de nascimento (especialmente dia e mês) de pais, avós, cônjuges, sogros. Quanto mais datas melhor, pois às vezes pode ser importante se tivermos o mesmo nome de tios e tias, ou tivemos grande afinidade com eles.

- Datas de falecimento.

- Abortos. Aqueles que fizemos, e, principalmente, os que nossa mãe fez. A ordem e os motivos do aborto também podem ser importantes.

- Acontecimentos e datas importantes como casamentos, divórcios, mortes repentinas, motivo das mortes, acidentes, etc.

- Seria muito bom conversar com nossa mãe, para que ela nos diga qual era a situação familiar quando ela engravidou de nós, como experimentou a gravidez, o que aconteceu desde a gestação até nossos 2 ou 3 anos de idade, como tudo aconteceu, se fomos desejados ou "simplesmente aconteceu", se eles preferiam menino ou menina, e tudo o que ela puder contar. Embora eu tenha que comentar que a maioria das mães mente, ou não param para pensar muito, primeiro elas vão dizer que tudo está bem. Não é disso que precisamos, precisamos saber a realidade do que aconteceu. Às vezes, um outro parente pode nos contar mais a respeito disso.

- Faça uma análise com visão panorâmica dos problemas que se repetem, das datas e que impacto isso tem sobre você.

Capítulo 5:
Saindo do Interpessoal e Passando pelo Intrapessoal para Chegar ao Transpessoal[22]

"O presente mais precioso que podemos oferecer aos outros
é a nossa presença.
Quando nossa atenção plena abraça aqueles a quem
amamos,
eles brotam como flores."
Thich Nhat Hanh (2007, p 20)

Neste capítulo, quero fazer uma reflexão sobre como despertamos o curso natural de nossa capacidade de cura através da construção de uma relação curativa: a relação terapêutica. Anteriormente, foi enfatizado que, na condição de mamíferos, dependemos das relações com os outros para sobreviver, tanto por sentirmo-nos protegidos por relações seguras com os outros, quanto para satisfazer nossas necessidades de amor e pertencimento. Nosso cérebro está programado para buscar, nas relações com a figura dos cuidados primários, uma fonte de proteção, apego e nutrição, tanto física quanto afetiva. Portanto, o ser humano precisa de um ambiente suficientemente seguro para poder construir um sentido saudável do seu Eu para sentir-se digno. Quando dispomos de uma personalidade saudável e adaptativa, temos uma *ferramenta* muito útil para lidar com as diferentes circunstâncias e exigências dos ambientes externo e interno. É para isso que serve nossa personalidade, sendo um ótimo programa organizador de experiências e provedor de sistemas de funcionamento e ação para interagir com o mundo de forma funcional. Quando o sistema do Eu não é construído em um ambiente seguro e organizado de forma adaptativa, não consegue se adaptar de forma flexível às exigências

---

[22] O termo *transpessoal* significa "além" ou "através" do pessoal, e se refere às experiências, processos e eventos que transcendem os fenômenos relativos à sensação limitada de identidade, e permitem-nos experimentar uma realidade maior e mais significava.

da vida ou fornecer recursos que facilite a gestão da satisfação de nossas necessidades.

Como demonstrado ao longo do livro, podemos dizer que quando nosso sistema e nosso cérebro não precisam se preocupar em responder ou se proteger de qualquer perigo ou ameaça externa, podemos utilizar nossos recursos e energias para crescer, nos desenvolvermos, nos reorganizarmos e, se necessário, também nos curarmos. Como exposto no capítulo dois, a teoria polivagal de Porges explica como os caminhos neurais do suporte às condutas sociais são compartilhados com os caminhos neurais que sustentam a saúde, o crescimento e a cura.

É na relação com alguém que oferece uma atitude de presença plena e segura que o outro consegue ter a coragem de olhar para seu mundo interior e de ousar conhecer aquilo que, na solidão de sua dor, não desejaria ou não poderia olhar, mas que agora pode porque se sente apoiado por alguém que está realmente presente. Dessa forma, seu cérebro pode direcionar os próprios processos de atenção e autossustentação para o mundo interno, ou intrapessoal. É na experiência do contato com a própria experiência que a pessoa pode se reapropriar do que sempre foi dela, aceitando e ouvindo a longa história enterrada, negada e/ou rejeitada. Pode *tomar* e *habitar* sua experiência, mas, ao mesmo tempo, diferenciar-se dela, posicionando seu centro de identidade em uma dimensão estável e nuclear que sempre esteve e está além de toda a experiência vivida. Através das experiências que vivemos, vamos moldando e construindo a *Ideia do Eu*, embora ela seja sempre transitória e esteja ligada à experiência em si. Toda experiência é essencialmente transitória, pois tem um começo, um meio e um fim. Da mesma forma, *as ideias do Eu* associadas às nossas experiências também são mutáveis. Consideremos por um momento, enquanto lemos essas linhas, como a nossa ideia do próprio Eu já foi se moldando e alterado ao longo de nossas vidas, talvez muito marcada, principalmente, pelo tipo de relacionamentos nos quais estivemos. Essa é a tarefa da psicoterapia profunda: a cura e a transformação da nossa *Ideia do Eu* para ajudar a pessoa a se diferenciar de sua experiência, saber que ela "tem" a experiência, mas "não é" sua experiência, e posicionar o centro da identidade no que eu chamo de *Eu Essencial*. A psicoterapia é, em última instância, um processo de evolução da consciência, ajudando-a a deslocar o centro de consciência da experiência para *a dimensão da consciência que observa os fenômenos.*

No processo de cura e transformação, devemos aceitar o que foi separado do campo da consciência e alienado do sentido global pessoal. Dessa forma abriremos caminho para o processo de cura do eu, do ego, da personalidade ou do personagem. Tal processo decorre da dimensão central do nosso *Eu Essencial.* Em outras palavras, o terapeuta deve ajudar o paciente a despertar a capacidade de autocura e sustentar o processo para que ele ocorra. Nesse caso, a pessoa pode adquirir o sentimento de que seu centro de identidade não é cativo das experiências vividas, e, além de toda experiência agradável ou desagradável, cada um de nós já está além. Assim, podemos acessar e situar nossa identidade num sentido estável e imanente do *Eu Essencial,* o eu primitivo, que todo ser humano é pelo fato de vir ao mundo, mas antes de ser impregnado e condicionado pelas experiências que viveu. Refiro-me ao que está no capítulo um, e depois, no três, e que chamei de nosso Eu Essencial, ou nosso Eu verdadeiro, ou ainda Eu Superior. Quando somos liberados dos laços e das mordaças de nossas experiências emocionais que não foram processadas, podemos começar a vislumbrar nossa natureza espiritual, ou nossa dimensão transpessoal.

A Presença Amorosa e Curativa

Neste parágrafo, falarei essencialmente sobre a qualidade da atitude presencial que caracteriza, ou deve caracterizar, uma psicoterapia profundamente curativa. Não é que essa característica de presença não possa ocorrer em outras relações, como no casal, ou numa amizade ou na paternidade, mas, geralmente, ela requer treinamento nessa habilidade através de um processo prolongado de conhecimento pessoal, autocura e da prática de uma disciplina orientada ao desenvolvimento dessa habilidade, como a atenção plena ou a meditação e talvez até uma prática espiritual.

No capítulo 4, apresentei alguns dados de pesquisa que apoiam, tanto pela via da epigenética quanto pela via relacional, o fato de que os cuidadores primários, e também os secundários (família expandida, educadores, cultura), instigam *cargas* que envolvem histórias emprestadas. Essas cargas insufladas atuam como uma sombra que as quais André Green (1970) chamou de *mecanismo que silencia o indivíduo dentro de si.* Em outras palavras, as histórias projetadas de outros inibem nossa capacidade de viver uma história própria e desenvolver uma ideia saudável do Eu não contaminado pelas *ideias do Eu impostas* pelos outros. Obviamente, cada indivíduo, em última instância, incorpora esse estímulo, mas como um esforço de adaptação ao meio ambiente e apenas para fins de sobrevivência: ser aceito pelos cuidadores, pelo clã, ou pela sociedade. Assim como, geralmente, aconteceu de as relações anteriores criarem ou cristalizarem uma experiência como traumática, agora também devem ser as relações que facilitam o sistema de cura. A relação terapêutica tem como principal objetivo esse compromisso: fornecer o antídoto para o que foi prejudicial em outras relações a fim de promover a capacidade de autocura. É, portanto, através de uma nova relação interpessoal, nesse caso segura, presente e em sintonia, que a pessoa sofredora poderá acessar a cura de seu Eu ferido. Só crescemos e amadurecemos por meio de relações seguras e quando *estamos presentes.*

De acordo com os pesquisadores Lambert & Barley (2002) e Lambert & Simon, (2008), 30% dos fatores que influenciam os resultados da psicoterapia podem ser atribuídos ao que eles chamam de fatores comuns, como os atributos do terapeuta (presença e empatia) e a relação terapêutica. Muitos anos de pesquisa confirmam que o ingrediente mais importante de uma terapia efetiva, independentemente do paradigma ou modelo terapêutico, é a capacidade empática do terapeuta (Hutterer & Liss, 2006, citado em Badenoch, 2008). Frequentemente, quando perguntamos aos nossos clientes o que mais auxiliou no trabalho de ajuda que oferecemos, eles respondem coisas como: "Saber que você está aí; que você me acompanha e eu não estou falando sozinho"; "Sentir-me compreendido por você"; "Você me ajudar a ver o que não consigo ver, e me conhecer sem julgamento e com o seu apoio sem eu ser criticado". E, no entanto, em muitos treinamentos para ser tornar um psicoterapeuta, o desenvolvimento desta preciosa e escassa qualidade ainda é negligenciado.

A presença em uma relação terapêutica abre espaço para a segurança interpessoal que leva à possibilidade de acessar partes mais profundas da nossa psique e do nosso Eu. Partes essas que geralmente rejeitamos ou escondemos de nós mesmos por terem sido rechaçadas ou reprovadas pelos outros ao longo do nosso desenvolvimento. À medida que o terapeuta se faz mais presente, sua presença aprofunda a experiência relacional que realiza a cura dentro, entre e além dos dois indivíduos presentes na relação. Trata-se de um espaço cocriado pelas duas pessoas, que vão construindo um processo de contato profundo com os cantos mais obscuros e sombrios daquilo que normalmente repudiamos. Nesse processo de cura, não só o cliente muda, mas também o terapeuta, pois ambos influenciam um ao outro nesse contexto de intimidade aberta e sincera. Allan Schore, um dos principais pesquisadores da neurociência, nos inspirou a considerar as interações emergentes entre o hemisfério direito do terapeuta e o hemisfério direito do paciente, como uma dança que ocorre, geralmente, sob a nossa consciência e fornece os fundamentos essenciais da cura. Pensar na terapia nesse sentido nos leva à inevitável conclusão de que a saúde mental do terapeuta é a pedra angular da sua capacidade de ser um agente promotor da integração neurológica da experiência do paciente. Consequentemente, a capacidade de abraçar e gerenciar a própria consciência interna e continuamente emergente é a primeira responsabilidade do terapeuta.

Bugenthal psicoterapeuta existencialista afirma:

> "O principal instrumento projetado para apoiar os esforços terapêuticos do paciente é a sensibilidade intensamente desenvolvida do terapeuta. De muitas maneiras, essa sensibilidade é como um instrumento musical que precisa ser cuidadosamente ajustado e protegido" (traduzido da edição em espanhol, 1987).

O que o terapeuta faz não é tanto aplicar técnicas, mas apresentar uma forma de estar, já que o contato sintônico dos dois hemisférios direitos é o caminho principal da mudança neurológica (Schore, 2003b, 2007). Na condição de terapeutas, temos que preparar nossas mentes para apoiar a experiência completa do outro. Esse é o aspecto mais importante da formação de um terapeuta. Desde o início da relação com o paciente, podemos estabelecer o território interpessoal para a cura que nos fornece as atitudes e maneiras mais empáticas de trabalhar juntos, a cada instante. A maioria das interações entre as pessoas se dá de forma não inconsciente, conexões de milissegundos, donde se conclui que a consciência pessoal e a saúde mental do terapeuta são ingredientes essenciais da relação terapêutica (Badenoch, 2008). Cada organismo é uma caixa de ressonância impactada pela experiência do outro, e à qual devemos responder de uma forma que haja encaixe e sintonia com o que o outro precisa, nos níveis emocional, cognitivo, comportamental, mas também com o ritmo que o outro precisa e numa linguagem que ele possa entender. É por isso que o poder do terapeuta é definido não apenas pelo seu conhecimento do mundo das experiências e da psique, mas, principalmente pela sua capacidade de estar presente, de responder às emoções difíceis do cliente e conviver com elas, apoiando-as, e ajudando o cliente a apoiá-las, a ser capaz de acolhê-las, e a escutar suas informações e a história que contam.

Entendendo a sintonia conforme descrito por D. Siegel (2010):

> *"Sintonia é a forma como focamos nossa atenção nos demais e sentimos sua essência em nosso próprio mundo interior... O lado físico da sintonia interpessoal consiste na percepção dos sinais dos outros que revelam seu mundo interior: é perceber não apenas suas palavras, mas também seus padrões não verbais do fluxo de energia e informação. Esses sinais são os elementos familiares, enviados e recebidos principalmente por meio do hemisfério direito, contato visual, expressão facial, tom de voz, postura, e tempo e intensidade da resposta. O alcance subjetivo da sintonia é o autêntico sentido de conexão, de ver alguém de forma profunda, de tomar a essência da outra pessoa nesse momento. Quando os outros percebem nossa sintonia com eles, eles se sentem 'sentidos' por nós... Sintonia exige presença, mas é um processo de atenção focada e percepção clara".* [traduzido da edição em espanhol]

Normalmente, em nossas relações diárias, não damos a atenção necessária ou o devido respeito à experiência do outro, talvez por estarmos mais treinados e acostumados a negá-la, a tirar sua importância, ou a dar conselhos rápidos, do que ouvir profundamente o outro, permitindo simplesmente que ele seja ele mesmo e adentre os recônditos e aspectos dolorosos de sua experiência. Parece que criamos uma cultura que nega a dor e está excessivamente orientada para os resultados, para o consumo centrado na gratificação do agradável e na realização por meio da produtividade, em detrimento de nos permitirmos estar em relacionamentos mais íntimos e de aceitação e honra do outro, tal qual ele é. Nossa cultura nos marcou excessivamente com um padrão de como ser e como viver, e depois nos esquecemos de quem realmente somos.

Ron Kurtz (1991) expressa essa ideia de forma magistral em seu livro *Psicoterapia Centrada en el Cuerpo*:

> *"Primeiro aprendemos um Eu, e depois simplesmente o usamos para o resto de nossas vidas. Desde crianças, fazemos um mapa de quem somos, de quem amamos e como vamos nos comunicar. Fazemos um mapa de como é o mundo, do que é possível acontecer nesse mundo e do que não é possível. Então, quando adultos, usamos esse mapa sem alterá-lo muito. Mas o fabricante do mapa e o usuário do mapa fazem duas coisas muito diferentes. Na infância, criamos o Eu, quando adultos, usamos esse Eu. Quando adultos mantemos os hábitos que criamos para esse Eu há muito tempo. Esquecemo-nos desse ato de autocriação. Quando usamos o Eu, não o sentimos como algo que pode ser mudado. Quanto mais a mudança do Eu ameaça o mundo, mais energia gastamos para estabilizá-lo. Mas pode ser alterado. O Eu já foi jovial e flexível um dia. A possibilidade de recriá-lo reside em nós mesmos. Na parte mais profunda do nosso ser, ainda mora o fazedor de Eus. A criança que desenhou os mapas ainda faz parte de nós. Seus rascunhos de modelos ainda estão lá. Todos podem ser reexaminados. Aumentando a nossa sensibilidade, obtemos acesso ao mapa, a quem desenhou o mapa e à possibilidade de mudança. Ao acessar o núcleo, encontramos não só o Eu criado, mas também o poder de criação".* (traduzido da edição em espanhol, p.141)

Na citação anterior, Kurtz ressalta que, para ajudar a encontrar os aspectos mais essenciais do Eu do outro, o terapeuta deve desenvolver sua sensibilidade, sua atitude de saber como estar presente. A Presença Terapêutica (Geller & Greenberg, 2012) é definida como a manutenção de nosso ser completo no encontro com o paciente, estando completamente no presente em vários níveis: físico, emocional, cognitivo e espiritual. A presença implica (1) estar completamente em contato consigo mesmo naquele momento, enquanto permanecemos (2) abertos, receptivos e imersos no que está surgindo no momento, com (3) uma ampla sensação de amplidão e expansão de consciência e percepção. Essa consciência enraizada, imersa e expandida é acompanhada pela (4) intenção de estar disponível e interagir com o paciente, a serviço do processo de cura. O estado interno de receptividade implica em uma abertura completa ao mundo multidimensional interno do paciente, incluindo suas expressões verbais e corporais, bem como a abertura à experiência corporal do terapeuta, do que está experimentando no momento, para ter acesso ao conhecimento, às habilidades profissionais e a sabedoria incorporada em tudo isso.

O estado de presença do terapeuta implica em uma metaconsciência de si mesmo e do outro, um descentramento do sentido experiencial do Eu. De uma forma parecida com a prática do zen-budismo, somente quando nos esvaziamos dos nossos conceitos de Eu, é que a claridade cristalina da natureza do ser do outro pode realmente ser vista. Quando nos esvaziamos de nossos próprios problemas, conceitos, julgamentos e necessidades, criamos um espaço interno limpo que pode ser preenchido e afetado pela experiência do outro. Presença significa deixar de lado nossas próprias necessidades, nossa vulnerabilidade e nossas próprias feridas e poder tocar a dor e as partes repudiadas do outro. Se estamos muito cheios de nós mesmos - imersos em nossos próprios assuntos e em nosso próprio Eu, não há espaço para o outro, logo, não há cura (Hycner & Jacobs, 1995, p. 49).

Quando suspendemos os julgamentos sobre o outro e as circunstâncias, quando deixamos de acreditar que sabemos como as coisas devem ser, ou o que é melhor para o outro, simplesmente aceitamos e acolhemos o outro e sua experiência como são. E quando não temos intenção de mudá-la, nem de fazer qualquer coisa com ela, deixamos que ela simplesmente seja e expresse sua forma mais profunda e até mesmo desconhecida, para que ela possa vir à tona. A partir daí, criamos um espaço para que a natureza divina e espiritual emirja (Hycner, 1993). A presença curativa e amorosa não reivindica nada do outro, não precisa de nada, consiste apenas em aceitar a experiência do outro. Quando queremos mudar o outro, inclusive quando justificamos ser "para seu próprio bem", estamos exercendo uma espécie de violência. Qualquer ato que implique colocar no outro algo que não é dele implica em algum tipo de violência, que vai desde a forma mais sutil a mais evidente. E há muitos níveis de violência: julgamentos, planos, conselhos, exclusões de todo tipo. A arrogância de tantos terapeutas e pessoas que pensam que sabem o que é melhor para o outro ou o que acontece com o outro, são todas formas de violência e cada uma delas cria defesas na outra pessoa. Mas a inclusão, o empoderamento e o respeito dão aos outros espaço para fazerem o que quiserem e serem o que quiserem, sem necessidade de mudar (Kurtz, 1991). O acesso aos aspectos profundos e repudiados da experiência exige uma presença com esse tipo de aceitação e apoio. Ao permitir que a experiência do outro seja manifestada e venha à tona, damos a ele oportunidade de se transformar. Quando queremos que a experiência do outro mude, geralmente promovemos uma resistência sutil ao que realmente é, ao que é agora. O princípio da autocura pode ser chamado de *Presença incondicional*, que é a capacidade de conhecer a experiência de forma completa e direta, sem filtrá-la com os conceitos do que deveria ser, e sem um plano de ação.

Se o terapeuta, ou outra pessoa, precisa ajudar os outros para se sentir competente ou impõe sua ideia do que significa ajudar, ele bloqueia o cliente e o impede de descobrir, em sua própria experiência, o que a sua dor expressa, do que ele precisa, e o que é útil para ele levar uma vida mais completa e feliz.

Ron Kurtz, novamente em seu livro *Psicoterapia Centrada en el Cuerpo*, apoia o mesmo conceito no princípio de Não-Violência na terapia. Em uma observação primorosa, ele diz :

> *"Se um terapeuta formula perguntas para obter mais informações para si mesmo, muitas vezes interrompendo o paciente, isso constitui violência".*
>
> *"Violência é ficar atrelado demais ao próprio ego e às próprias prioridades, em vez de ter uma postura realmente curativo para com o outro"* (traduzido da edição em espanhol, p. 31)

Muitos de nós crescemos em relações nas quais não fomos aceitos como realmente éramos. Nossos pais supervalorizavam algumas qualidades (ser aplicado, estudioso ou forte) e subestimavam outros aspectos, ou simplesmente não prestaram atenção a eles (por exemplo, nossa necessidade de proteção, nossa sensibilidade, nosso medo). Então, tivemos que nos adaptar aos desejos dos outros de que responderíamos ao que eles queriam que fôssemos. Essa é a violência simbólica do entorno. Se hoje o terapeuta também exige que o cliente seja diferente, ele está de, alguma forma, replicando a falta e a ferida original.

Existem dois fatores que tornam mais fácil para o terapeuta estar em sintonia com a experiência do cliente:

a) O terapeuta deve renunciar a qualquer intenção de mudar os pensamentos, as crenças, os sentimentos ou os comportamentos do cliente. Isso significa que ele deve se colocar em estado de presença plena, com interesse, curiosidade e empatia para abrir espaço para o cliente ter sua experiência e ir fundo. O terapeuta precisa se manter calmo e imparcial para que a mudança e a transformação resultem e emirjam do próprio impulso ou *movimento* do cliente.

b) A atenção do terapeuta deve estar completamente disponível como requisito para oferecer respostas em perfeita sintonia. O terapeuta dever direcionar sua mente e sua atenção totalmente no que está acontecendo no momento presente com seu cliente e entre ele e o cliente. Isso inclui o que está acontecendo com o próprio terapeuta ao reagir ou responder ao cliente.

Além disso, para criar um sentimento de reciprocidade, de estar juntos na tarefa, precisamos de alguns fundamentos internos que sustentem uma conexão mútua contínua (Badenoch, 2008):

- O terapeuta deve se comprometer profundamente em adentrar o mundo interior do paciente, por mais doloroso que seja. Isso dependerá do nível de consciência e cura que o terapeuta tem de sua própria dor. Se o terapeuta bloqueia as próprias áreas doloridas, não vai conseguir acompanhar o paciente nesse caminho.

- O terapeuta precisa se sentir confortável para facilitar o reconforto do paciente. O apoio e o reconforto podem ser transmitidos de várias maneiras: no olhar, na postura, no ritmo respiratório, nos olhos úmidos, no tom de voz, ou simplesmente através de um sentimento profundo de presença, confiança e esperança. O paciente – ou sua criança interna – ainda busca aquela fonte de esperança e estímulo vinda de alguém de fora. Então o terapeuta deve se sentir confortável ao passar por certo período de dependência emocional, necessária, por parte da criança interna do paciente. Se isso for bem construído, o paciente passará pelos estágios naturais de independência, até alcançar, finalmente, a interdependência e criar um ambiente interno seguro no qual ele descobrirá seu próprio Eu Essencial, que é será fonte de autoconforto, nutrição e cura. Esse é o caminho da cura profunda e da boa terapia: ajudar o paciente a posicionar seu centro de identidade em uma dimensão própria que represente uma fonte estável de autossuporte, compreensão e bem-estar. O sentido do Eu não dependerá mais de como os outros nos tratam temporariamente, e sim de um sentimento firme e sólido de valorização pessoal.

- Um terceiro fundamento essencial é a capacidade de o terapeuta acompanhar os movimentos internos do paciente. O terapeuta deve *ouvir* não só o que o paciente diz por meio da narração verbal, mas também, e principalmente, o que ele está narrando com todo o seu corpo, e com as manifestações fisiológicas mais sutis. Essa narrativa corporal e fisiológica conta a história da dor repudiada, que foi esquecida ou negada para garantir a sobrevivência do indivíduo, mas que luta incessantemente para vir à tona e revelar sua verdade a quem quer que a aceite e valide. A mente *livre de si mesma* do terapeuta prepara uma espécie de santuário interno para receber a história de dor do paciente. Quando o terapeuta está vazio de si mesmo, podem formar-se imagens do mundo interno do paciente que permitem elaborar respostas que se encaixem, de maneira sintônica, com a realidade interna do paciente. Isso promove o sentimento de ser profundamente compreendido, além do afrouxamento das defesas do paciente e do surgimento do material mais profundo e mais vulnerável, que, ao emergir, pode experimentar a força transformadora de ser expressa e recebida.

- Por último, o terapeuta deve envolver a pessoa do paciente em sua totalidade, não só seus aspectos cognitivos e emocionais, mas também sua faceta espiritual e suas inquietações. Tais preocupações podem ou não estar adstritas a determinada religião, ou podem simplesmente refletir uma profunda busca por sentido e propósito de vida. Usando palavras de David Grand, descobridor do *Brainspotting*, o paciente é a cabeça do cometa e seu cérebro segue o caminho que a experiência precisa seguir para ser transformada. O terapeuta é apenas a cauda do cometa, seguindo-o aonde quer que vá, enquanto mantém contato através de segmentos para apoiá-lo. Essa analogia tenta ilustrar a forma como o terapeuta deve seguir a experiência do paciente tal como ela é, acompanhando-o, e ajudar na sustentação do processo, dentro da *janela de tolerância*. Ao promover um ambiente seguro para a livre expressão da experiência, esta se transformará em um caminho transformador.

O processo terapêutico é um processo de despertar, de chamar a experiência que estava adormecida, ou anestesiada, aguardando o momento em que alguém com bastante respeito e compaixão quisesse olhara para ela e socorrê-la. Assim, o terapeuta faz uso de uma curiosidade saudável e voluntária para fazer despertar camadas cada vez mais profundas do que não podia sair até agora, porque não havia encontrado ambiente seguro ou adequado e a delicadeza e o respeito necessários para sair.

Gosto de utilizar metáforas para exemplificar o processo do despertar da experiência enterrada, por vezes anestesiada ou *pseudo-esquecida* (pois não é possível esquecer de verdade). Na história da Bela adormecida, a princesa, que foi amaldiçoada pela bruxa má, para cair num sono profundo de 100 anos, é despertada pelo amoroso beijo do príncipe. Os ursos entram em estado de hibernação quando chega a estação mais fria, caracterizada pela falta de luz e de calor. Poderíamos dizer que quando a natureza diminui a força nutritiva e quente do sol, a vida adormece. Mas, no final do inverno, e com o retorno da luz, o urso desperta do seu estado de letargia para voltar à vida com força e entusiasmo. Da mesma forma, muitos seres humanos tiveram de recorrer ao exílio em espaços desertos e vazios de amor, refúgios internos, poços, caixas ou cavernas, isolando aspectos pessoais que foram severa e cronicamente humilhados, enquanto objetos de vergonha, rejeição e desamor. E é somente diante da presença compassiva de outro ser humano que esses aspectos ocultos e marginalizados da consciência e do sentido de identidade (Partes que o indivíduo sente não serem suas) podem ser revelados e, assim, receberem a compreensão e a aceitação devidas de outro ser humano. É neste processo de revelação e expressão da própria história, no contexto em que ela foi vivenciada, que a história pode finalmente ser finalizada e transformada sob a luz compassiva da presença do outro e também da presença do Eu Essencial do próprio paciente. Assim como na história da Bela Adormecida, ou no processo de hibernação do urso, a luz e o calor do amor compassivo voltam na primavera e despertam a qualidade transformadora da experiência, pelo simples fato de permitir que ela exista e possa ser totalmente expressa. E assim se dá o princípio da física no qual "a energia não é criada nem destruída, apenas transformada". Ela se transforma do que chamo de *bolha curativa*, criada pela presença do terapeuta e pela presença (autoaceitação) do paciente diante de sua própria experiência.

No processo da psicoterapia integrativa profunda, a qual D. Grand chama, no prólogo deste livro, de *psicoterapia essencial*, devemos considerar que *nós não sabemos nada* do outro, porém demonstramos curiosidade e interesse em saber e compreender o outro profundamente em sua dimensão mais dolorosa, ouvindo a história contida nas emoções não processadas, nas reações físicas, nos gestos manifestos, nos comportamentos aparentemente inadequados, mas que, em algum momento do passado, teve uma função de sobrevivência. Partimos do princípio que "a patologia não é inerente, ou não pertence à identidade da pessoa", e sim que essa pessoa, que hoje age de maneira inadequada, algum dia, decidiu organizar sua experiência daquela forma e passou a se manifestar como se manifesta hoje porque foi o que a ajudou a deixar as experiências dolorosas. Foi o melhor que ela pode fazer naquela circunstância, dada a maturidade que tinha. A patologia não está na pessoa, mas no contexto em que a pessoa viveu e no tipo de relação desenvolvida. Com isso em mente, despertamos nosso interesse em conhecer e compreender como nosso organismo inteiro e nosso cérebro assumem a responsabilidade principal de nos ajudar a sobreviver de forma inteligente às circunstâncias dolorosas ou precárias. Essa é a inteligência de nossa sabedoria profunda e subcortical posta em prática.

O terapeuta deve preparar sua mente para saber como se comportar e como receber a experiência do outro. Allan Schore (2012) se refere a esta preparação da seguinte maneira:

> *"No nível mais essencial, o trabalho intersubjetivo da terapia não é definido pelo que o terapeuta faz para o paciente (abordagem do hemisfério esquerdo), e sim pelo mecanismo-chave de saber 'como se manifestar diante do paciente', especialmente nos momentos estressantes do hemisfério direito".*[traduzido da edição em espanhol]

Estar presente é a qualidade de interagir com o outro em uma situação, ou uma relação, no nível mais profundo, mais consciente e participativo que alguém consiga estar. Uma terapia profundamente transformadora – *Psicoterapia Essencial* – envolve conhecer o máximo possível para depois se despir desse conhecimento no encontro com o outro. Isso significa que nosso conhecimento sobre as dinâmicas pessoais, a teoria e como uma experiência é organizada, deve ficar de lado para que o encontro com o outro seja posto em primeiro plano junto com a compreensão de sua experiência. E é neste ato de estar presente que nosso conhecimento enquanto terapeutas e pessoas fica evidente para nós, devido ao fato de que, neste momento, ele se encaixar com o que o outro nos está revelando. Dessa maneira, em vez de impormos nossos conceitos, teorias ou ideias anteriores, o conhecimento é visto como uma sabedoria compassiva no serviço do outro. De certa forma, temos que afastar o conhecimento, as teorias e as hipóteses para podermos ficar diante do outro sem preconceitos ou prejulgamentos, e para que somente o que surge deste encontro interpessoal sirva de guia e evocação do que se encontra no depósito de nosso saber e na essência do nosso ser. Assim, o que é evocado se encaixará em sintonia com o que estiver acontecendo, não se impondo à experiência do paciente, mas, na melhor das hipóteses, simplesmente se encaixando nela. Tudo isso será experimentado como uma compreensão profunda por parte do outro.

Jung, em uma sublime frase sua, disse *"conheça todas as teorias, domine todas as técnicas, mas ao tocar uma alma humana, seja apenas outra alma humana"*.

A *Bolha Curativa*

Um aspecto central da presença é, portanto, a *aceitação radical* de tudo tal como é. Toda experiência, por mais difícil e desagradável que seja, precisa ser respeitada e ouvida em uma atmosfera de compaixão, tanto pela pessoa que têm a vivência quanto por quem a acompanha. Chamo esse espaço de *bolha curativa* (figura 5.1) do ambiente terapêutico. Nessa *bolha curativa*, a estrutura subcortical do cérebro não precisa permanecer vigilante nem cuidar da sobrevivência do organismo porque, ao não perceber mais o outro - o terapeuta - como alguém potencialmente perigoso ou ameaçador, pode simplesmente manter a calma (ativação parassimpática social, segundo Porges) e o olhar introspectivo, curioso e respeitoso, que facilita o uso da capacidade de autocura do cérebro.

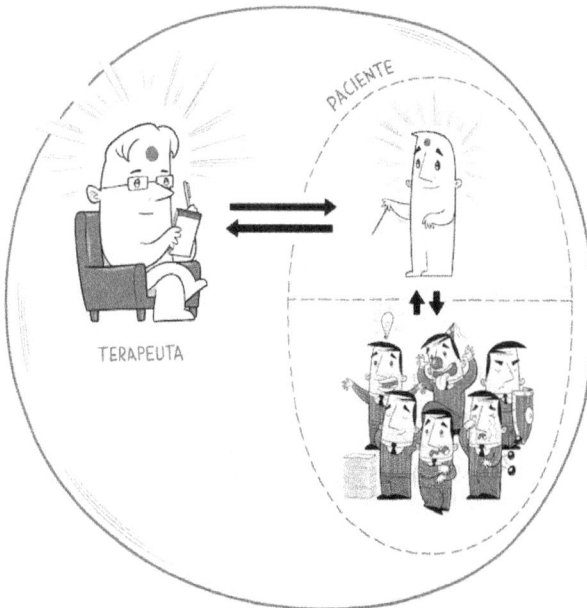

Figura 5.1

Ao oferecer essa presença, criamos uma estrutura de sintonia relacional que permite ao paciente observar sua experiência tal como ela é apresentada. Na *bolha curativa*, a atitude de *estar presente* do terapeuta (no seu Eu Essencial) ajuda o paciente a também manter um estado de presença diante de sua própria experiência. Com seu observador interno amoroso e compassivo voltado para si mesmo (seu próprio Eu Essencial), acolhe sua experiência, escuta a história que nunca foi manifesta e/ou foi ignorada em grande parte, ou mesmo repudiada. Ele desenvolve um *vínculo de apego interno* consigo mesmo e, dessa forma, pode tomar sua experiência para si, ou, nas palavras de Janet, habitá-la novamente como sendo sua. Nesse espaço, o cérebro do paciente entra em no modo de autocura. O terapeuta, em seu *Eu Essencial*, desperta e ajuda o cliente a também estar em seu *Eu Essencial* - dimensão da autocura - para se relacionar compassivamente com o seu(s) Eu(s) experiencial(is). A partir desse momento, o terapeuta aborda o Eu Essencial do paciente para apoiá-lo e incentivá-lo a continuar acolhendo com curiosidade e compaixão a história ainda viva contada por sua experiência.

Autores como Winnicott (1992) empregaram a expressão *ambiente de apoio* para descrever os detalhes do cuidado físico e do meio ambiente que promovem a *saúde mental da criança*. Bion (1962) utiliza o termo *contenção* (*containment*) para descrever como o cuidador primário fornece um ambiente psicológico capaz de promover as capacidades de autorregulação da criança. Através da *contenção* e do *ambiente de apoio*, a mãe é capaz de ajudar a criança, tanto na prática quanto em sua mente, de maneira a demonstrar seu reconhecimento dos estados fisiológicos, afetivos e, também, da capacidade de lidar com eles de forma eficaz. Com ajuda do cuidador primário, a criança aprende a tolerar e *conviver* com seus estados de desregulação (Schore, 2003a). No mesmo sentido, o terapeuta deve criar um espaço de *sustentação* e uma *contenção* para que os pacientes gravemente traumatizados possam receber e testemunhar sua própria dor, pois esta é a função da *bolha curativa*.

A capacidade de manter a observação da experiência interna evita que os pacientes fiquem transtornados pela estimulação excessiva das reações traumáticas, fazendo com que eles desenvolvam uma *coerência mental* (Siegel, 2006). Por meio da atitude de presença, manifesta de forma não verbal através do tom de voz, da postura, atitude, serenidade e da aceitação de todas as experiências, o paciente pode se ater a *olhar para o seu mundo interior* para que ele possa ser transformado na medida em que for sendo completamente expresso.

O reprocessamento da experiência costuma se desenvolver como uma *Curva de Transformação*, normalmente ampliando sua ativação ao expressar a história restringida, para num segundo momento, entrar na fase de resolução e transformação. Poderíamos dizer que primeiro a experiência precisa ser contada tal como aconteceu para depois *ser transformado*, redefinida e consolidada com um significado e uma funcionalidade atualizados.

Ao observar a experiência relembrada e ainda viva, através do Eu Observador / Eu Essencial, o paciente passar a "ter" uma experiência em vez de "ser" a experiência. O retrauma é minimizado, pois o córtex pré-frontal permanece *on-line*, observando a experiência interna, e inibindo a escala de ativação subcortical. Sabemos que o córtex pré-frontal medial, comparado a uma *Torre de Vigilância* por Bessel van del Kolk (2014), tem conexões diretas com a amígdala e o mesencéfalo e exerce de forma automática a função de autorregulação quando está na presença de alguém em sintonia e em atitude de presença. Essa *torre de vigilância* oferece uma visão da cena a partir do alto.

Quando está presente, o terapeuta renuncia o *fazer* em proveito da experiência de *ser*. O objetivo é a pessoa aceitar plenamente e sem julgamentos o que está acontecendo a cada momento. O sentido fragmentado do Eu se origina quando nos separamos de nós mesmos, porque não gostamos do que acontece ou do que sentimos. Nesse contexto, tudo o que precisamos fazer é recuperar nossa experiência e permitir que ela exista em um estado de observação.

> *"A 'descida ao inferno' é a jornada às nossas próprias regiões que se encontram separadas, repudiadas, desconhecidas, indesejadas, proscritas e exiladas nos diferentes mundos subterrâneos da consciência... O objetivo desta viagem é encontrar a nós mesmos. Esse retorno à casa original pode ser surpreendentemente doloroso, até mesmo brutal. Para fazê-lo, primeiro devemos aceitar não excluir nada".* (traduzido da edição em

espanhol, Stephen Cope, citado em van der Kolk, 2015, página 139)

O poder do terapeuta é definido não apenas por seu conhecimento do mundo, das vivências e da psique, mas, principalmente, por sua capacidade de estar presente, saber enfrentar as emoções difíceis do paciente, apoiando e ajudando-os a suportá-las e recebê-las, além de incentivá-los a escutar as informações e a história que elas contam.

A partir do núcleo de nosso próprio ser - o Eu Essencial - podemos estar profundamente presentes com nossos pacientes, liberados de toda ansiedade sobre *se estamos indo bem* ou *quem controla a terapia* ou *se o paciente está seguindo corretamente o plano terapêutico pensado*. E os pacientes respondem a essa presença como se fosse um diapasão que toca a si mesmo. É com essa presença profunda, autêntica e leal do terapeuta - sem segunda intenção ou plano escondido – que cada paciente deseja se conectar.

Concluo que o recurso, por excelência, para o reprocessamento da experiência traumática é a presença e a sintonia do terapeuta. Em face de sua compaixão genuína, o terapeuta mantém um estado de autocompaixão no paciente e, assim, a capacidade autorreguladora do cérebro é ajustada automaticamente.

Quanto mais poderosa a força da presença do terapeuta, mais sustentável será o processamento, e mais fácil para o paciente permanecer no próprio *Observador amoroso* ou *Eu essencial*.

Quando nossa capacidade de estar presente é alta, temos menos necessidade de empregar métodos ou intervenções técnicas. A região subcortical do cérebro do paciente detecta essa presença e responde se autorregulando, que é outra maneira de considerar a capacidade de autocura. Os pacientes, ao perceberem que estaremos com eles durante toda a viagem, estarão mais dispostos a entrar em suas cápsulas traumáticas e suas terríveis memórias.

Numa época de terapias altamente técnicas, metodologias seguidas em manuais, protocolos, propaganda farmacêutica e, evidentemente, numa atmosfera digital de serviços através da informática, temos que lembrar e recuperar o potencial de cura da presença do coração aberto.

A Contratransferência Límbica

O termo *contratransferência límbica* foi cunhado por David Grand, criador do método *Brainspotting*, para se referir ao momento de rompimento da *bolha curativa* do processo terapêutico. Quando o terapeuta abandona seu estado de presença para *empurrar* a mudança ao paciente – ou seja, quando deixa de ser a cauda do cometa para se tornar a cabeça – ele evoca os mecanismos de resistência ou adaptação do paciente. Como mencionado antes, todos nós temos uma longa história pessoal de adaptação ou resistência às exigências do meio ambiente para sermos aceitos, o que levou a maior ou menor grau de alienação da nossa própria natureza. Quando, atualmente, o terapeuta, de certa forma, exige ou precisa da mudança do paciente (geralmente para se sentir *competente e capaz*), ou não o apoia com a força de sua presença por medo de *machucá-lo* ou *ser abandonado pelo cliente*, desperta, no cliente, diferentes mecanismos de defesa de autoproteção, submissão, complacência ou agressão utilizados para sobreviver à pressão ou aos requisitos do contexto externo.

Figura 5.2

Como vemos na Figura 5.2, o terapeuta torna-se exigente (podendo adotar qualquer outro estado emocional que não seja o *Eu Essencial*: ansioso, preocupado, assustado, irritado...), fazendo o cliente ativar seu sistema límbico de sobrevivência, de luta (resistência ou agressividade) ou fuga (com base no medo de ser julgado, ou ser rejeitado ou abandonado). Caso o cliente tenha sido vítima de traumas mais graves, ele pode até despertar seu sistema de sobrevivência de congelamento, ou colapso, diante do pânico de ser abusado ou abandonado pelo terapeuta. Qualquer um desses mecanismos de resposta envolve a ativação de Partes Protetoras (defesa ativa de luta e fuga) ou das Partes Excluídas (defesas mais associadas à submissão ou à renúncia), novamente reagindo ao que percebem como algo ameaçador presente no ambiente, que, neste caso, seria o terapeuta exigente, irritado, julgador, conselheiro. É por isso que o termo *contratransferência límbica* faz sentido ao envolver a ativação de nosso modo de sobrevivência organizado diante das figuras parentais do passado para sobreviver e seguir em frente.

Nessa situação, a *bolha curativa* é rompida para abrir caminho à luta entre duas pessoas que brigam para ter controle. No melhor dos casos, o terapeuta será capaz de retornar ao seu estado de presença, ao seu Eu Essencial, ficar atento ao processo que está ocorrendo e se colocar na relação terapêutica, de uma maneira adequada para o processo de cura, ajudando o paciente a descobrir o que está sendo ativado entre ambos e como isso remete ao passado. Na *contratransferência límbica*, o eu experiencial do paciente entra em ação como uma reação ao eu experiencial do terapeuta. E, como vimos na Figura 5.2, o Eu Essencial fica eclipsado.

A função do terapeuta é ajudar o paciente a ver como a transferência é uma maneira de trazer (portanto, recordar) o passado para o presente, ou uma forma de acessar o contexto original no qual o padrão ação-emoção-crença foi organizado, a fim de poder escutar a história original, novamente, mas com a observação compassiva do *Eu Essencial* (de ambos: terapeuta e cliente). Desnecessário dizer que o terapeuta deve assumir a corresponsabilidade pelo ocorrido no processo. Para isso, é essencial que ele possa realizar tanto uma metaobservação e quanto uma ausculta íntima, investigando o que aconteceu, qual foi a história ou o comportamento do cliente que mexeu com ele, ou o que foi despertado em sua própria história de sobrevivência, ressoando no paciente. Só assim é possível trazer essa informação de volta, mas de forma terapêutica.

A Presença e o Princípio da Incerteza na Psicoterapia

A presença deve refletir a atitude de "não saber", o que envolve as qualidades de abertura e curiosidade diante do que é o outro, além de interesse e compaixão, para que a experiência do outro fale por si só. O "não saber" promove no cliente a atitude de olhar para si mesmo a fim de descobrir os aspectos dolorosos repudiados, entrar no próprio interior e olhar para o que ele não pode olhar sozinho. A visão compassiva e de aceitação do terapeuta também incentiva o paciente a adotar essa mesma atitude de estar presente de uma maneira compassiva em sua própria experiência, promovendo assim uma relação interna de autoaceitação - **um vínculo interno amoroso** - uma forma de *ser* que cria um novo diálogo consigo mesmo, envolvendo o *Eu observador*, compassivo e amoroso, e o Eu que experimenta e revela suas experiências diante da presença amorosa e curativa (a relação *Eu com Você*, segundo Buber, mas neste caso, *Eu Comigo Mesmo*).

Aqui nos deparamos com o princípio central do neuroprocessamento utilizado para nos manifestarmos em atitude de presença - claramente estabelecido na prática do *Brainspotting*, do qual falarei no próximo capítulo - e na *Terapia Essencial* (ou em qualquer psicoterapia que busque uma cura profunda do sentido do Eu): o *Princípio da Incerteza*, ou da Indeterminação, elaborado pelo físico Werner Heisenberg em 1927, que afirma, de maneira simples, que o próprio ato de observar muda o que está sendo observado. Heisenberg mostrou que não podemos observar algo sem alterá-lo e que não existe o observador independente que possa ficar de lado observando como a natureza acontece sem influenciá-la. Também não é possível observar as coisas como elas realmente são. O que observamos no mundo externo está completamente imerso em nossas percepções.

No campo de estudo do comportamento animal, da etologia, e sua extrapolação para a psicologia humana, Boris Cyrulnik afirma o mesmo. Observando o comportamento das mães símias em cativeiro, e sob influência humana, observou-se o comportamento das mães que agridem ou cuidam de sua prole de forma inadequada, chegando a maltratá-las e sendo negligentes – que é algo muito difícil de acontecer na vida animal selvagem. Cyrulnik (1989) afirma que a cultura humana transformou a mãe símia em uma "péssima mãe" ao interferir nos intercâmbios com seus descendentes.

"O homem cria a patologia do que ele tem pressa de tratar. E o observador participa na criação do que ele observa. O observador e o observado são coautores dessa observação" (Cyrulnik, 1989, p. 51)

Nesta seção, quero fazer um exercício de reflexão baseado nos princípios da mecânica quântica. Esta afirma que os átomos podem se manifestar tanto na forma de partícula quanto na forma de onda, conforme haja ou não um observador. Nesse momento, eles se tornam partículas ou ondas, a depender da forma como tentamos mensurá-los. Pela fenomenologia simples, a observação, por si só, já altera a matéria. No mesmo sentido, poderíamos dizer que uma experiência pode se manifestar tanto em sua natureza de onda quanto de partícula. Manifestando-se como onda, a experiência é relacional, flui livremente em livre associação, semelhante ao sonho. Ela é criativa e dá lugar ao poder criativo, à arte e à poesia. Ao se manifestar como partícula, a experiência é específica e circunscrita a fatos e fenômenos. São as crenças que alguém tem sobre si mesmo, a vida, e sobre os outros, agarradas às experiências vividas que marcaram nossa maneira de nos percebermos e de vermos o entorno como algo estático e preestabelecido. Nossas crenças filtram nossa percepção da realidade, determinam o que e como observamos, com base em uma ideia preconcebida sobre o que é a realidade ou o que podemos ver. Isso faz com que nossas crenças sejam confirmadas pelos eventos que experimentamos em nossas vidas, e, de alguma forma, tornam a vida previsível e rígida (a ideia que corresponde ao conceito de script de vida). A vida, enquanto processo, é sempre renovada quando vivida a partir de um estado de consciência conceitual, estando em constante mudança, sempre em processo de criação e construção contínuas, devido a sua natureza de onda. A vida percebida a partir das crenças se apega aos conceitos e às experiências anteriores que tivemos e se cristaliza em sua natureza de partículas.

Não podemos nos manifestar nos dois estados (partícula e onda) ao mesmo tempo. Essa é uma outra maneira de dizer o que já abordei no capítulo anterior: a vida pode ser vivida a partir do *Eu Essencial*, enquanto processo de fluxo contínuo, ou a partir do *Eu Experiencial* (ego) como uma ideia prefixada. A "realidade" é recriada como um diálogo entre o observador e o que é observado, um diálogo entre a memória, a mente, o corpo habitado e o entorno. Tudo se influencia e mutuamente. Essa condição gera a possibilidade de que a "realidade" pode se expressar e desenvolver em um espaço entre as diferentes Partes do ego do paciente, e um espaço entre o terapeuta e o paciente que evoca um número infinito de possibilidades, dependendo dos estados de ambos. Vivemos em um campo contínuo de interações onde um influencia o outro, e o estado mental do terapeuta afeta o mundo de fenômenos internos que são despertos e manifestos no paciente, e vice-versa. É nessa interação contínua que o senso de si, tanto do paciente quanto do terapeuta, é cocriado, seja para confirmar um sentido antigo de identidade egoica preso na dor (retrauma) ou para promover o processo de transformação com um novo sentido de Eu, agora curado, e até, podemos dizer, *desperto*, já que o Eu Essencial sempre esteve lá.

Se estamos continuamente influenciando a todos com quem interagimos e a tudo o que observamos, é impossível manter uma atitude neutra ou objetiva em relação à vida e à experiência do outro. A questão é *como queremos influenciá-las*. Anteriormente, fiz alusão à atitude de não-imposição e não-violência como aquela em que não "impomos" nada ao outro que já não seja do outro. Assim, devemos aprender a estar diante do outro de uma maneira atenta, presente, receptiva e compassiva, não impondo nossas necessidades, nossos desejos, e nem mesmo nossa própria visão do que é ou deveria ser a experiência de vida do outro. A tarefa do terapeuta é criar essa *bolha curativa* para que a experiência do paciente possa vir à tona, se expressar e se transformar. O objetivo é que a pessoa aceite plenamente, e sem julgamentos, o que está acontecendo a cada momento. Neste contexto, tudo o que temos que fazer é recuperar nossa experiência, permitir-lhe um estado de observação, sem conceitos anteriores.

O estado de Atenção Plena (*Mindfulness*) e o Eu Essencial

Desde a antiguidade, conhecemos o poder de cura das práticas orientais da meditação e da atenção plena. Sabemos de seus efeitos benéficos sobre a saúde e o bem-estar psicológico. Mais recentemente, alguns pesquisadores se concentraram em demonstrar seus efeitos na saúde física, na psicoterapia e da educação. Kabat-Zinn et al. (1990) demonstraram que o treinamento em seu método REBM (Redução de Estresse Baseada em *Mindfulness*) poderia ajudar a reduzir os estados subjetivos de sofrimento e melhorar a função imune do organismo, acelerando as taxas de cura e nutrição das relações interpessoais, promovendo uma sensação geral de bem-estar. O fundamento do benefício clínico da atenção plena é que a aceitação da própria situação pode aliviar a batalha interna que surge quando as expectativas de como a vida deveria ser não se ajustam ao modo como a vida é. A atenção plena (*mindfulness*) implica em sentir o que se é, perceber os próprios julgamentos e deixar que essas sensações, imagens, sentimentos e pensamentos venham e vão embora. Se mantivermos uma atitude de curiosidade, abertura, aceitação e compaixão, todo o resto ocorre por si só. Não há nenhum objetivo específico, nenhum esforço para *livrar-se* de algo, simplesmente a intenção de ser e, principalmente, experimentar estar no momento sem ser levado pelos próprios julgamentos e objetivos. Isso envolve uma atitude de distanciamento da atividade da própria mente. O terapeuta deve apoiar e indicar com sua presença e consciência plena o contato intrapessoal do paciente, criando e sustentando a *bolha curativa*.

Numa outra perspectiva, Freud (1912) afirmava que o terapeuta deveria atender seu paciente com *atenção flutuante*:

> "*Consiste em não fazer nenhum esforço para concentrar a atenção em nada em particular, mantendo a mesma calma e quietude atenta em relação a tudo o que se ouve - numa 'atenção uniformemente suspensa'. [...] assim que a atenção se concentra deliberadamente em um ponto específico, o indivíduo começa a selecionar o material que está à sua frente. Aparecerá um ponto fixado em sua mente com uma clareza especial e, consequentemente, os outros serão dispensados, numa seleção das próprias expectativas ou inclinações. Isso é o que não deve ser feito. [...] se nesta seleção, aparecerem as próprias expectativas, corre-se o perigo de nunca encontrar nada além do que já é conhecido, e se a pessoa segue as próprias inclinações, nada do que é percebido será verdadeiramente refutado* (traduzido da edição em espanhol, *pp. 11-112)*".

Veja a semelhança entre a proposta de Freud na citação anterior e o *princípio da incerteza*.

Theodore Reik (1948) buscou aprofundar o pensamento de Freud sobre a atenção flutuante uniforme rumo a uma compreensão mais profunda da escuta terapêutica. Ele argumenta que muitas das nuanças mais sutis na comunicação interpessoal são expressas e percebidas no nível inconsciente, e que, apenas quando volta para si mesmo e dá atenção ao "sexto sentido" é que o terapeuta consegue compreender seus pacientes. Da mesma forma, Bion (1970) afirma que toda sessão com o paciente deve ser vista como se fosse a primeira, porque a assimilação do conhecimento a respeito do paciente com base no que já se sabe sobre ele, ou no que as próprias teorias dizem, impedirá que o terapeuta permaneça aberto às novas possibilidades que possam surgir.

Ele também registra que o terapeuta deve prescindir do desejo de alcançar qualquer objetivo, pois isso obscurecerá sua visão e o impedirá de se relacionar totalmente com o momento imediato. O mestre zen Shunryu Suzuki (2000), por sua vez, fala sobre a atitude de cultivar uma *mente de principiante*:

> *"Se sua mente estiver vazia, estará sempre pronta para tudo, estará aberta a tudo. Na mente do principiante, há muitas possibilidades; na mente do especialista há poucas"* (traduzido da edição em espanhol, p 21).

A presença e a incerteza no espaço do silêncio

A presença implica no processo de sair do próprio centro para se fazer disponível ao outro. Um aspecto importante é a capacidade de sustentar a experiência do outro, dando espaço para a escuta e administrando o ritmo do silêncio focado no *olhar interno*.

Cook (1964), em suas pesquisas, utilizou uma metodologia de revisão de casos e descobriu que o silêncio era necessário para que ocorresse uma mudança positiva na terapia. A extensão dos silêncios foi um meio de promover o progresso na terapia, e demonstrou que as atividades cognitivas, acompanhadas da fala, inibem momentaneamente a expressão das emoções e dos sistemas de crenças implícitos, dificultando a modificação de sua estrutura subjacente.

Os neurocientistas Mayberg et al. (1999), Oh e Choi (2007), Rauch, Whalen, et al. (2000) descobriram que, quando o hemisfério esquerdo/córtex pré-frontal e frontal (linguagem, sequenciamento e lógica) são ativados, as atividades do hemisfério direito (emoção, intuição, sensação, espaço, criatividade) são diminuídas ou muito reduzidas. Parece que quanto mais atividade houver no nosso hemisfério esquerdo, menos atividade de percepção haverá no hemisfério direito. Podemos ver aqui uma analogia com a lógica da mecânica quântica. Quando vemos o mundo de forma conceitual e predefinida por nossas crenças, perdemos a capacidade de ver a "realidade" de forma mais flexível e aberta, e inibimos a capacidade criativa e transformadora dos processos vitais.

A pesquisa da equipe de Gendlin (1957) foi capaz de prever o sucesso ou o fracasso da terapia com base na escuta da diminuição ocasional, ou não, da fala dos clientes, e se tinham dificuldades em encontrar palavras ou se referirem às próprias sensações corporais. Os clientes que falavam com clareza e fluência durante as sessões não foram associados a alterações positivas no tratamento. Pinco (2008) afirma que, à medida que os clientes alternam entre a verbalização e a observação silenciosa das sensações, emoções, movimentos corporais involuntários, imagens e pensamentos, tornam-se menos ansiosos, mais presentes e mais capazes de resolver problemas centrais. Aqueles clientes que não se sentem confortáveis trabalhando em silêncio parecem permanecer presos ao contar seus problemas. Parece que, embora as palavras trocadas com o terapeuta sustentem a relação, às vezes impedem um trabalho mais profundo (Pinco, 2008).

Lovelady (2005) desenvolveu uma pesquisa, com uma ampla gama de terapeutas, na qual os pacientes relataram que o silêncio os conduzia através da experiência e contribuía para o desenvolvimento da relação terapêutica. Em sua pesquisa qualitativa apareceram expressões como: "Fui encorajado a prestar mais atenção"; "Me ajudou a encontrar minhas próprias respostas"; "Aprendi a prestar atenção no que existe além das palavras". Em sua tese de doutorado, Pinco (2008) descobriu que o silêncio desempenha um papel decisivo na promoção de mudança, as atividades que envolviam silêncio foram observadas em 82% dos pontos de mudança decisivos, dentre as quais foi relatada uma parcela que continha tanto fala quanto silêncio. Os dados qualitativos da tese de doutorado indicaram que o movimento de *ir para dentro* foi o componente chave dos pontos decisivos de mudança.

Em nosso treinamento de *Integração e Reprocessamento do Trauma*, no Instituto Alecés, destacamos para nossos alunos que o nosso cérebro tem duas maneiras de ser devido ao nosso histórico e ao aprendizado ocorrido nas relações nas quais tivemos que nos adaptar ou nos defender dos outros: a) estar numa relação com os outros, por conter grande parte da história vivida com os cuidadores primários, sob forma de transferência, ficando sempre alertas para nos protegermos dos outros ou para nos adaptarmos e sermos aceitos; b) estar numa relação consigo mesmo. Essa segunda via nos permite *olhar para dentro*, entrar em contato profundo conosco e conhecer nossa experiência mais profunda. Em uma educação suficientemente boa, esses dois modos jamais entrariam em contradição. Mas quando é preciso se adaptar, renunciando a aspectos pessoais para agradar ou se proteger do outro, um modo inibe o outro. Os momentos de silêncio na relação terapêutica devem servir para promover uma relação profunda do paciente com ele mesmo, ou seja, ajudá-lo a conhecer seu mundo *esquecido* ou *repudiado* para integrá-lo à visão de si mesmo. Meu mestre Zen nos incentiva a aceitar essa realidade quando diz: *"Aceite o que você rejeita em você porque isso também é você"*.

Estar presente em nossas emoções e *ouvir* a história registrada em nossa corporeidade faz com que a experiência que vivia presa e incrustada possa, agora, acordar e dar início à sua caminhada de transformação. Diana Fosha (2008), citando Gendlin, diz que ao ajudarmos nossos clientes a trabalhar em silêncio, expandimos sua capacidade de conviver com as próprias emoções e de começar a confiar que cada sentimento doloroso é energia potencial direcionada para um modo mais real de ser, desde que abramos espaço para ele se mover na direção da verdade. Ele sabe a direção certa. Tão seguro quanto você, quando conserta um quadro que está torto. Não há a menor chance de colocá-lo na posição errada. Existe um senso do que é o certo.

O silêncio no contexto da psicoterapia integradora, profunda e experiencial – *Terapia Essencial* – leva à revelação natural da cura, que nos ajuda a sair da experiência encapsulada (ou encriptada), da nossa dor, e de nossas estruturas de defesas, para a integração e a metabolização do que é nosso, mas que não tinha sido incorporado ao nosso próprio sentido. Assim, alcançamos um sentido mais completo de quem somos, aprendemos as lições ensinadas pela nossa história, cujo objetivo é nos despertar para uma compreensão mais profunda dos seres únicos que somos. A dor é a escola na qual crescemos, amadurecemos e despertamos para nossa natureza essencial.

Concluindo, o silêncio estruturado na presença do terapeuta é a ferramenta, associada à atitude de presença do terapeuta, que abre espaço para a verdade profunda e escondida da experiência não digerida possa revelar informações guardadas, que podem ser finalmente transformadas em um significado adaptativo. É condição essencial para que a experiência em natureza de onda *entregue* a história guardada. Processar emoções intensas até sua conclusão descreve o processo da *curva de transformação* (Fosha, 2005), que varia desde (a) defesas contra algo, ansiedade e vergonha, e sentimento de ser criatura ou ser divino; (b) a sensação de ser criatura, que é sentida no corpo, função subcortical; até a condição da (c) divindade, que é o estado central (ao qual chamo de Eu essencial), onde, através do senso de sagrado e verdadeiro, nos tornamos mais profundamente humanos e nos transformamos no nosso melhor.

A transformação da experiência geralmente requer sete tipos de experiências que são decisivas para a mudança (Fosha, 2004):

1. Estar e sentir-se em ressonância e sintonia.

2. Permanecer em contacto com os próprios atributos de resiliência, energia e vitalidade.

3. Ativar as tendências adaptativas de ação. Exemplo: chamar atenção à possibilidade de mudar algo ou se afastar quando a pessoa ficar imobilizada ou paralisada pela experiência original.

4. Experimentar o sentimento de ser visto e compreendido.

5. Poder experimentar estados corporais de relaxamento, vitalidade e/ou expansão. Para isso, podemos perguntar ao paciente em que área do seu corpo ele consegue perceber uma sensação física de bem-estar ou de *estar presente*. Então podemos ajudá-lo a alternar entre a experiência dolorosa e a positiva. Isso o ajudará a acalmar o SNA e manter ativa a função parassimpática, também chamado coerência mental,

ou seja, a alternância rítmica e estável entre a ativação simpática e a parassimpática.

6. Experimentar afetos de cura tais como: comoção, alegria, amor ou gratidão.

7. Manter o estado de Eu Essencial (Fosha o chama de Estado nuclear ou central). Isso envolve a sensação de calma, curiosidade, aceitação e compaixão em relação aos aspectos do Eu que está contando sua experiência.

Agora, voltando à natureza do silêncio e sua capacidade de favorecer transformação, precisamos lembrar que pode haver silêncios eficazes (com sintonia) e ineficazes (com isolamento ou solidão). A chave é o envolvimento ativo do terapeuta.

O silêncio não estruturado e ineficaz é aquele não dirigido, de origem indeterminada, e desconectado. Esse silêncio é vivido sem o sentimento de empatia e compreensão pelo outro. Assim sendo, ela não facilita a transformação da experiência, podendo até causar novos traumas.

O silêncio estruturado e efetivo, por outro lado, possui uma organização explícita (promovido em um momento apropriado), e contém uma tarefa explícita (focado em algo), incluindo um convite para experimentar e observar aspectos significativos da questão abordada. Em suma, o silêncio estruturado é promovido dentro de uma *bolha curativa*, orientado pela atenção focada, direcionado à consciência corporal, organizado por uma atitude de curiosidade, sem julgamentos, e inclui um *ambiente de apoio* explícito fornecido pelo terapeuta.

O silêncio estruturado visa:

- Gerar uma sensação de segurança "suficientemente boa". O terapeuta deve transmitir a esperança sentida por ele, aconteça o que acontecer, segundo a segundo, e que será renovada após passar pela experiência.

- Ajudar a estabelecer e manter o que chamo de *Vínculo Interno*, ou a relação entre o Eu Essencial e o Eu experiencial.

- Ensinar o paciente a se fixar no presente. Às vezes, será necessário promover sensações corporais no paciente, que não estejam associadas ao trauma, mas à experiência no contexto atual. Pode ser útil mudar a atenção do paciente para a sensação das solas dos pés em contato com o chão, a descrição sensorial dos objetos presentes na sala, as sensações despertadas pela automassagem, etc.

- Permitir a expressão da flexibilidade, promovendo o desejo de trabalhar de uma maneira geralmente nova. O paciente (todos nós em geral) não cria o hábito de refletir sobre o que motiva suas experiências. A terapia é um processo de contato interno crescente, que precisa ser facilitada de maneira criativa.

- Utilizar a habilidade inata do cérebro para se curar. Conforme já falei sobre isso, consiste em simplesmente olhar para si mesmo e permitir a livre expressão – deixar-se ser como é – diante do olhar atento de outro e do próprio Eu essencial.

- Invocar aspectos multissensoriais da memória (prestando atenção a todos os fenômenos do mundo interno, incluindo sensações, imagens, gestos, pensamentos), destacando a experiência (o terapeuta pode apontar para algo como "sua mão parece expressando alguma coisa" para destacar uma narrativa corporal) e facilitar a cura.

- Fazer uma diferenciação explícita entre o *aqui e agora* e o *lá e depois*. Existem duas estruturas cerebrais importantes para o processamento mental do trauma: uma relacionada à intensidade da emoção, e uma ligada ao contexto. A intensidade emocional é determinada pelo detector de fumaça, a amígdala, e seu contrapeso, a torre de vigilância, ou o córtex pré-frontal medial. O contexto e o significado de cada experiência são determinados pela estrutura que inclui o córtex pré-frontal dorsal lateral (CPFDL) e o hipocampo. O CPFDL nos diz o quanto da experiência atual está relacionada ao passado e como isso pode afetar o futuro. Saber que tudo o que está acontecendo tem um fim faz com que a maioria das experiências seja tolerável (van der Kolk, 2014). O terapeuta pode, e deve, ajudar o paciente (seu hipocampo e seu CPFDL) a localizar o contexto da experiência que está sendo processada. Às vezes, basta dizer: "Mesmo que seu corpo esteja tremendo de medo, aqui e agora, você está seguro(a). Isso é apenas uma lembrança que já aconteceu". Outras vezes, pode ser preciso um pouco mais: "Do alto dos seus 40 anos, da mulher que você é hoje, diga à menina de 8 anos que está tremendo, com medo do pai irritado, que, agora, ela tem seu próprio lugar. Conte para ela sobre seus amigos, seus filhos...".

- Oferecer segurança e firmeza, o que pode ser transmitido pelo terapeuta principalmente com uma atitude calma, paciente e presente. Em outros momentos, pode-se dizer algo como "eu estou aqui e agora você não está mais sozinho nisso".

- Acalmar o sistema nervoso do paciente. Uma maneira rápida e eficaz é pedir para o paciente respirar suavemente ao sentir emoções intensas. Quando vemos que o paciente está sofrendo muito, demasiadamente imerso em suas memórias, podemos sugerir a ele que, "Com sua respiração, ajude a criança que está sentindo tanta tristeza, e use a respiração para respirar a dor que sente no peito, deixando que através da expiração, pouco a pouco, toda a mensagem de tristeza seja expressa". Desta forma, ajudamos a experiência a permanecer dentro da *janela de tolerância* e a permanecer em contato com as emoções, permitindo-lhes expressar toda a história que elas guardam.

O silêncio estruturado também emprega técnicas de hipnose:

- Absorção: é promovida através de expressões que criam e fornecem uma estrutura a partir da qual incitamos o cérebro a olhar mais profundamente e em termos de possibilidades. É preciso elaborar a fala de maneira a oferecer uma estrutura suficientemente ampla para que a informação proveniente do paciente venha dele mesmo e de modo que ele possa aceitar tal estrutura, quando ela se encaixar perfeitamente na sua experiência, ou, caso contrário, rejeitá-la. Pode-se usar a linguagem probabilística "talvez existisse uma boa razão para ficar em silêncio"; "talvez as coisas ficassem pior se você lutasse"; "às vezes, algumas crianças adormecem como forma de descansar do sofrimento".

- Diferenciação: devemos apoiar adequadamente ao ritmo de processamento da diferenciação entre o Eu Experiencial e o Eu Observador (Eu Essencial): "simplesmente observe, escute e saiba o que o tremor nas pernas está dizendo, pois ele precisa que você tome conhecimento de algo importante que ainda não foi expressa"; "abrace essa tristeza que está vendo e mantenha a curiosidade e a atenção no que você precisa conhecer". Nessas frases, fica implícito que o paciente ouve ou abraça sua experiência a partir de um lugar de metarreflexão.

Cultivar o estado de atenção plena exige que nós estejamos cientes da nossa própria consciência e que somos capazes de perceber quando nossos preconceitos de cima para baixo (abordagem *top-down*) a respeito do que "deve ser" ou "tem que" se chocam com a vida que é vivida de maneira totalmente consciente, com compaixão por nós mesmos. O processamento *de cima para baixo* se refere à forma como nossas memórias, crenças e emoções moldam nossas experiências *de baixo para cima* (*bottom-up*) com as sensações experimentadas diretamente. Em termos neurofisiológicos, a influência do funcionamento de nosso neocórtex, que atua como um filtro organizador de nossa percepção da realidade, foi designada por Engel, Fries e Singer (2001) como processamento de cima para baixo, em oposição ao processamento de baixo para cima, descrito pela entrada de informações frescas através dos órgãos sensoriais. Engel, Fries e Singer (2001) fornecem evidências de que o processamento de estímulos, controlado de cima para baixo, molda, de forma intensa, a dinâmica intrínseca da rede tálamo-cortical e cria previsões constantes dos eventos sensoriais recebidos, condicionando, assim, a natureza do que percebemos e como percebemos. Com a atenção plena, simplesmente observamos nossos processos internos expostos à incerteza do que acontece, tal como ela acontece. Ao prestar total atenção às informações recebidas, inibimos os processos da abordagem de cima para baixo e favorecemos a chegada de maior riqueza de informações na região pré-frontal, que é a área do cérebro responsável pelas funções de integração e autorreflexão. O processo de atenção plena de qualquer uma das correntes de informação provenientes tanto do universo sensorial interoceptivo quanto do exteroceptivo e do mundo interpessoal exige que uma parte do córtex pré-frontal, especificamente o córtex pré-frontal dorsal lateral (DLPFC), seja ativada ao mesmo tempo em que recebe a informação dominante naquele momento. A simples observação, por meio da atenção plena e curiosa, compassiva e sem julgamentos, já envolve uma intervenção das áreas mais mediais do córtex pré-frontal, incluindo o córtex orbital frontal. Desta forma, temos a oportunidade de tornar a resposta mais flexível, desconectando o funcionamento compulsivo e reativo, ou a automatização do nosso funcionamento. Siegel chama esse processo de SODA ("Se você Observa, Desconecta o Automatismo"). Pierre Janet, por outro lado, referiu-se a dois mecanismos importantes para metabolização da experiência: a *Presentificação* (consciência de estar no presente, separando-o do passado) e a *Personificação* (consciência de estar sozinho na própria experiência). experiência). Esses são dois processos necessários para a integração e a transformação da experiência traumática em experiências narrativas.

Concluindo, uma vez que não é possível, nem mesmo aconselhável, manter uma atitude neutra, e devido à natureza energética da interação estar sempre influenciando o evento observado, o melhor que podemos fazer é oferecer nossa presença, a mais limpa e aconceitual possível. O nível mais elevado de presença em relação ao outro ocorre quando suspendemos os julgamentos sobre o outro e sobre as circunstâncias, quando paramos de acreditar que sabemos como as coisas devem ser, ou o que é melhor para o outro, e simplesmente permitimos que as coisas aconteçam, e acolhemos o outro e suas experiências como são, sustentando o silêncio e o olhar interno para que o cliente possa acessar suas habilidades de autocura e encontrar suas próprias respostas, em suma, encontrar a si mesmo. O que o buscador busca é o seu verdadeiro eu.

Conhecer alguém pessoalmente - face a face, mente a mente, coração com coração, essência com essência - com abertura, espaço, reflexão compassiva, e sem julgamentos, afeta e muda tanto a pessoa que encontra, quanto a pessoa que é encontrada. É algo que acontece nos níveis relacional e espiritual; um contato com uma consciência superior; uma expansão da capacidade da mente e do coração que se aproxima de uma dimensão sutil e que é emanado a partir da presença profunda de alguém. Assim, a partir de um lugar de confiança interpessoal, surge a possibilidade de acessar partes mais profundas de si.

Compaixão e Presença

A verdadeira essência do ser humano é a bondade.
Existem outras qualidades provenientes da
educação e da sabedoria, mas,
se alguém quiser se tornar um verdadeiro ser
humano e dar sentido à sua existência,
é fundamental ter um bom coração.
XIV Dalai Lama (em *Oferendas - 365 pensamentos de*
maestros budistas,
de Daniela e Olivier Föllmi, Lunwerg Editores, 2003)

Durante muito tempo, utilizei os termos *presença amorosa* (observador amoroso) e *presença compassiva* como sinônimos, mas vale a pena refletir sobre o significado de cada palavra. O amor e a compaixão são semelhantes, mas o amor é um sentimento e a compaixão é uma ação.

Compaixão pode ser definida pela empatia ou compreensão pelos outros, bem como o desejo e a intenção de utilizar essa compreensão para ajudar os outros e aliviar o sofrimento deles (Shapiro & Carlson, 2009; Vivino, Thompson, Hill & Ladany, 2009) .

A palavra tibetana para a compaixão é *"tsewa"*, que significa o desejo e a ação de compreender e reduzir o sofrimento do outro.

A compaixão possui três aspectos:

- A compreensão e o cuidado com outra pessoa e seu sofrimento.

- O desejo de reduzir o sofrimento alheio.

- A ação necessária para ajudar a reduzir o sofrimento do outro.

A compaixão é um resultado natural da presença. Não é apenas um estado, mas também uma ação pela qual respondemos ao outro com gentileza, ternura, força, amor e cuidado profundo. Sogyal Rinpoche (1992) faz distinção entre compaixão e pena, apontando a primeira como sendo "mais nobre", e cita Stephen Levine: "Quando seu medo toca a dor de alguém, ele se transforma em pena. Quando seu amor toca a dor de alguém, ele se transforma em compaixão".

O mesmo Stephen Levine (1998, p.48) diz que "a definição mais simples de cura é adentrar a atitude de consideração e consciência pelas dores mentais e físicas daqueles que excluímos com julgamento e decepção".

Esse autor (1989) dá uma bela definição de cura ao se referir a sua dimensão espiritual:

> " [...] a cura não vem de ser amado, mas de ser você mesmo. Não é uma questão de ser claro, mas de ser claramente único. Essa cura é simplesmente ser você mesmo. Não há nada separado, nada excluído, nada que limite. Às vezes, para entrar no reino do ser puro, a porta se abre, além da vida e da morte, e nossa face original se volta para nós mesmos".[traduzido da edição em espanhol]

Neste trecho, Levine aponta como o aspecto curativo abarca a capacidade de se situar em nossa dimensão do Eu Essencial, que testemunha os aspectos e a história vivida por nós mesmos.

A compaixão para com os outros deve começar com a compaixão por si mesmo (autocompaixão). Cultivar a autocompaixão, bem como compreender, olhar e curar a própria dor que experimentamos nas relações com os outros, é essencial para desenvolver a compaixão pelos outros. A autocompaixão desenvolvida paralelamente à empatia e à intimidade com os outros é um passo preliminar para a compaixão.

Além disso, essa compaixão implica se enxergar no mesmo nível que o outro, nem acima nem abaixo, e poder afastar os interesses pessoais enquanto estamos interagindo.

Cultivando e desenvolvendo a capacidade da presença.

O budismo desenvolveu uma visão profunda da natureza da compaixão e das dificuldades que impedem seu desenvolvimento. O Budismo Interpessoal reconhece três fomes presentes na experiência humana, que buscam satisfação, mas nublam a presença:

- A fome de prazer

- A fome de ser

- A fome de não desaparecer

A *fome de prazer* é acompanhado pelo medo da dor. Quando nos sentamos diante de nossos pacientes, portadores de dor e sofrimento, nossa ressonância com nossa própria dor faz com que ela desperte e apareça. E é através desse medo de sentir a nossa própria dor que diminuímos nossa capacidade de estar presente para o cliente.

A *fome de ser* é acompanhada pelo medo da invisibilidade. A própria necessidade do terapeuta de ser *visto e reconhecido* como poderoso e como ajudante cria um obstáculo na capacidade de colocar-se de lado e estar presente de maneira completa e plena diante do cliente. Isso também pode se manifestar na oferta de intervenções ou técnicas que não surgem a partir da experiência real do cliente, mas que refletem uma necessidade mais profunda do terapeuta de se mostrar competente ou de sentir que está contribuindo com algo diferente e significativo. Neste caso, a intervenção não está ao serviço do cliente, mas a serviço da necessidade da pessoa que intervêm.

A *fome de não desaparecer* é ofuscada pelo medo de intimidade ou compromisso. A proximidade requerida pela presença terapêutica pode assustar o terapeuta, principalmente se ele não tiver um senso interno de estabilidade e enraizamento. O terror de perder o que somos pode tornar impossível nossa capacidade de abertura e receptividade diante do cliente (Geller e Greenberg, p.185).

Quando deixamos ir essa ânsia de prazer e reconhecimento, e não nos intimidamos pelo compromisso com o outro, a presença, a sabedoria e a compaixão podem surgir naturalmente.

No budismo, a maneira de eliminar o sofrimento associado ao ego é através do chamado *Nobre Caminho Óctuplo*. Buda disse "descobri a Visão Correta" que consiste em não ter nenhuma visão concreta, isto é, ao perceber que todas as visões são limitadas e que nenhuma visão específica é a única. Todas as visões são fragmentadas e parciais, condicionadas pelas ideias do eu e da vida que construímos. A verdadeira visão é, de fato, a não-visão, uma visão sem conceitos preconcebidos sobre as coisas. O nobre caminho óctuplo é organizado com base em três categorias: sabedoria, conduta ética e treinamento mental; visto a seguir:

1. Sabedoria:

a) **A Visão Correta**. Inclui a consciência e a visão das coisas como elas são, sem julgamentos, pretensões ou preconceitos.

b) **A intenção Correta**. Refere-se à intenção de que nossa ação, nossa fala e nossa conduta contenham o melhor e o mais alto nível de interesse pelo respeito e pelo bem-estar pessoal e dos outros.

2. Conduta ética:

c) **O Discurso Correto**. É estar ciente de que o que dizemos (palavras e entonação) reflete o Ser verdadeiro, compassivo, amável, não egoico, respeitoso, a serviço da cura e não do mal.

d) **A Ação Correta**. Refere-se ao fato de nossa vida refletir preceitos éticos, que incluem não matar, não roubar, não mentir, não manter comportamento sexual negativo, nem ser indulgente com a ingestão de drogas.

e) **O Meio de Vida Correto**. Trata-se de escolher uma profissão e um estilo de vida em sintonia com os princípios éticos.

3. Treinamento mental:

f) f) **O Esforço Correto.** Isso reflete o esforço de se desenvolver uma vida interior e mental íntegra, que inclui o cultivo do estado de atenção plena (*mindfulness*) e a eliminação deliberada de pensamentos e atitudes prejudiciais ou inconscientes.

g) g) **Consciência do momento (mindfulness) Correta.** Isso implica a consolidação de uma prática de atenção (com o corpo, os sentimentos, a mente) que envolva os atributos de cuidado e atenção ao que emerge nos nossos processos internos e interpessoais.

h) h) **A Concentração Correta.** Inclui a prática intencional e eventual de cultivar o desenvolvimento mental e as qualidades de presença. Inclui a prática da meditação.

Em resumo do que foi expresso até agora, Daniel Siegel (2010) cunhou o termo *Mentalidade* (*mindset*) como inclusão de uma atitude compassiva. Ele define mentalidade como um estado que incorpora a capacidade interpessoal e intrapessoal de ver o próprio mundo íntimo e o dos outros e moldá-lo na direção da cura, indo além de uma consciência interna (autopercepção) e da consciência sobre o que está acontecendo com os outros (empatia). É uma habilidade complementar que enfatiza a capacidade da atenção plena e permite que a pessoa se concentre profundamente no mundo interior pessoal e do outro, mobilizando esse mundo interior na direção da saúde e da integração.

Presença e Autocura

"Eu sou luz, verdade e vida,
e na escuridão que assombra meu destino,
reconheço o amor que me protege e que revela meu
caminho"
Monge Zen

"Antes de trilhar seu próprio caminho, você não poderá
ajudar ninguém,
e ninguém poderá ajudá-lo."
Shunryu Suzuki,
Zen Mind, Beginner's Mind: Informal Talks
on Zen Meditation and Practice.

Quando o cérebro do paciente deixa de se *preocupar* com o que possa acontecer, como algo prejudicial vindo do mundo exterior (sobrevivência), e começa a redirecionar seu olhar para o mundo interior, para as experiências dolorosas que ficaram trancadas, emperradas e congeladas no tempo, e para a época em que aconteceram essas vivências, ele pode começar a se curar.

No Capítulo 3, sobre a Integração do Eu, descrevi um procedimento que fala como nossa dimensão suprapessoal (Eu Essencial) assume o comando do sistema interno para se encontrar face a face com os aspectos do Eu (Partes ou Subpersonalidades) que foram sendo moldadas para nos ajudar na adaptação aos requisitos e exigências do entorno, e aos nossos próprios aspectos repudiados, desconsiderados, ou mesmo negados. Todos esses aspectos, ou Partes, são nossos. Eles guardam elementos valiosos de nossa pessoa, revelam nossa história vivida e a nossa própria explicação para essa história pessoal enquanto ela se desenrolava.

Ao longo dessas experiências, fomos moldando nossa personalidade e introduzindo conceitos e ideias no sentido de quem somos e do que fazemos aqui. Obviamente, esses conceitos e ideias adquiridas e autoimpostas serviam para nosso nível de compreensão naquele estágio de desenvolvimento em que os eventos ocorreram. Construímos uma ideia de Eu, ou várias, que foi nos afastando do sentido de que somos realmente. O movimento de contar a história armazenada ativa as memórias organizadas e registradas, e os mapas da realidade, segundo palavras de Ron Kurtz. E é importante entender que toda *rememoração* representa uma *modificação* em potencial (Siegel, 1999). O processo de direcionamento da atenção para uma memória em particular acrescenta, no mínimo, a energia, a informação e os recursos do momento presente a essa memória, com os quais podemos expandir e transformar nossa percepção da experiência vivida. Esse processo é uma maneira pela qual a presença reconfortante do terapeuta acompanha e mantém o processo e o processamento da experiência que não foi integrada, a fim de realmente transformar a visão das experiências do passado doloroso do paciente.

Em suma, a terapia é um encontro entre duas pessoas que abordam um processo de construção conjunta da ideia de si próprio, ou uma redefinição do autoconceito e dos conceitos que se têm sobre a vida e a realidade em geral. Nesse encontro interpessoal, são abordadas a mudança e a transformação de nossa percepção de como os órgãos e o corpo, que representam em si um sistema de percepção, concebem a realidade pessoal e do entorno. A terapia é um espaço voltado para a transformação de nossos órgãos perceptivos, objetivando uma forma mais flexível e adaptável de sentir o momento presente. A partir desse processo de transformação, a pessoa pode retornar à sua realidade diária com uma capacidade de percepção renovada, que lhe permitirá abordar as questões cotidianas de uma nova maneira, mais flexível. O principal objetivo deve ser o paciente ser capaz de situar seu centro de identidade pessoal em seu Eu Essencial, seu verdadeiro Eu, e utilizar os recursos das diferentes Partes como uma sabedoria que foi alcançada e agora será empregada no gerenciamento de diferentes circunstâncias da vida.

Uma boa analogia seria a linguagem de computador. Em nosso disco rígido, temos diferentes programas (*softwares*) para realizar diferentes tipos de tarefas: planilhas, processamento de textos, gerenciamento de e-mail, visualização de fotografias. Quando precisamos executar alguma tarefa, simplesmente ativamos o programa necessário e, depois de finalizado, voltamos a desligá-lo. Mas quem executa os programas é a própria pessoa. De forma similar, podemos ativar e utilizar os recursos aprendidos em nossa personalidade, sem confundir nossa identidade com os diferentes programas aprendidos.

Podemos dizer, então, que a construção da personalidade está a serviço da nossa sobrevivência e, enquanto ato de inteligência subcortical, ilustra a maneira como precisamos nos adaptar para sobreviver, pois precisamos nos sentir amados e aceitos. Quando o amor, a aceitação e o respeito são ameaçados, o ser humano realiza uma hipertrofia de alguns aspectos pessoais (aqueles que são aceitos e reforçados pela sociedade) e a diminuição de outros (aqueles são percebidos como rejeitados pelos outros). A vida é o palco onde podemos desenvolver e amadurecer o que já trazemos de maneira inata e natural em nossa semente, ou estado potencial. Todos nós somos dotados de uma natureza humana digna, valiosa e bondosa. Às vezes, nossos pais, nossos educadores, e os preceitos e valores de nossa cultura, nos levam ao desenvolvimento exagerado de aspectos do Eu que visam alcançar realizações materiais, sucesso acadêmico, apresentação social específica, como sermos bons e complacentes com os outros, perfeccionistas, fortes ou resistentes; mas que repudiam os aspectos mais sensíveis, como a vulnerabilidade, o medo, a tristeza e a vergonha. Todos esses aspectos são manifestações de nossos diferentes sistemas de gerenciamento da vida diária. São nossos próprios aspectos que, quando carregamos as cargas impostas pelas relações fracassadas com outras pessoas, tornam-se desadaptativas ou rígidas, em certo grau. A cura envolve ajudar esses sistemas a liberar as cargas impostas, a fim de colocar os recursos inerentes à disposição para administrar as vidas contidas em cada um dos sistemas: saber levar uma relação social, saber cuidar de si e dos outros, saber ganhar a vida, saber amar e criar vínculos, saber se proteger e se defender, saber jogar e desfrutar das coisas.

De um ponto de vista espiritual, toda energia faz parte de uma fonte maior de energia universal à qual podemos nos referir como Deus, O Ser, Mente de Buda. Assim, toda energia, em seus diferentes aspectos, deseja ser reivindicada, tanto como um aspecto repudiado quanto na condição de alguma Parte formada para nos ajudar a proteger nossa vulnerabilidade e a sermos aceitos pelos outros, o que, tradicionalmente, chamados de *defesas*, e que, no Capítulo 3, são chamadas de Partes Protetoras. Esses aspectos do nosso Eu podem se manifestar através de sonhos ou nas reações que temos nos relacionamentos com os outros, e na forma como enfrentamos os desafios da vida cotidiana. Cada um deles aparece, continuamente e nas diversas áreas da vida, como uma forma de pedir que olhemos para eles e os compreendamos.

O trabalho de cura busca promover o despertar da consciência, ou a redescoberta da natureza essencialmente humana e divina que somos. Existe um Eu Essencial que objetiva a manifestação da verdade do ser, e um ego - com suas subpersonalidades - que responde à personalidade. No despertar da consciência, ajudamos a natureza essencial a se separar e se desidentificar da experiência que viveu, para retornar à dimensão do Ser Essencial que é, em essência, e era antes mesmo de ter adotado tais experiências.

A partir desse ponto, podemos curar nosso Eu Experiencial, organizador da personalidade, para reassumir o sentido de dignidade e valor com o qual cada um de nós nasceu, e que sempre tivemos, mas que, por vezes, ficou obscurecido pelo impacto das experiências vividas. A mudança é possível porque o que acreditamos ser e a forma como nos moldamos foi definida pela interpretação dos fatos que aconteceram conosco, pela nossa conclusão a nosso próprio respeito, e pelas decisões que tomamos para continuar sobrevivendo. Não podemos mudar os fatos da nossa história, mas podemos alterar o que contamos para nós mesmos a respeito do que nos aconteceu.

Paola foi abusada sexualmente, por seu tio-avô, dos 5 aos 9 anos de idade. Ela não se atreveu a contar para a mãe porque achava que levaria a culpa, pois a mãe, geralmente, a culpava quando algo acontecia com ela, dizendo coisas do tipo: "Foi bem feito pra você, menina má"; "Seu pai briga com você porque você o irrita", "você é sempre malvado com seu irmão". Então, como ela não acreditava que sua mãe pudesse apoiá-la, confortá-la e defendê-la, decidiu o seguinte: "vou me virar sozinha; não posso confiar em ninguém; eles não me amam porque eu sou má".

Paola também se aproximava do tio avô porque ele brincava com ela e dizia coisas agradáveis, então ela se sentiu importante para ele. Quando ele tocava seus órgãos genitais, ela sentia que algo não estava certo, mas não mais ousava protestar. Inclusive, quando foi descoberta pela tia-avó, ela disse "não conte nada a ninguém ou não vão mais gostar de você". Paola assumiu parte da responsabilidade pelo abuso, elaborando novas conclusões, como "eu sou suja porque fico excitada", "ninguém vai me amar porque eu sou suja e não valho nada".

As crianças chegam a esse tipo de conclusão limitante e dolorosa porque é muito mais doloroso para elas concluir "meus "pais não me amam e nunca me amarão". Essa crença os deixaria num vazio desesperador. Então, mesmo quando a responsabilidade pelo cuidado e pela proteção recai sobre aqueles pais que não são "suficientemente bons e capazes" de cuidar da criança, por causa da sobrevivência, ela decide mudar o *centro de controle* do mundo exterior para si mesma. Quando se é pequeno, o *centro de controle* fica com os cuidadores, mas trazê-lo para dentro de si dá a esperança de que algo ainda possa ser feito para recuperar o amor e a aceitação do outro. Se a criança conclui "eu sou má e suja", tem a impressão de que tudo o que ela precisa fazer é "se comportar bem, ser boa e não ter desejo sexual" para que seus pais possam amá-la. Essa é a inteligência da estrutura subcortical do nosso cérebro envolvido no processo de sobrevivência. Muitas crianças conseguem seguir em frente, apesar de terem tido experiências terríveis, porque são capazes de adiar a satisfação de suas necessidades, de suas fantasias e sonhos, que serão amadas por uma família imaginária, ou que algum dia encontrarão um amigo que as amará e com quem poderão ter sua própria família amorosa.

O antídoto é fornecido pelo olhar compassivo do terapeuta e do próprio paciente, disposto a conhecer a verdade do ocorrido, a ouvir as diferentes Partes e/ou aspectos pessoais, em profundidade.

Corrigan, Wilson e Fay (2014) afirmam:

> *"Qualquer que seja a modalidade de terapia utilizada, a capacidade de induzir estados de compaixão nutritiva direcionadas às partes do Eu onde são guardadas as memórias e os sentimentos relacionados ao trauma, contém um ótimo potencial de cura. Ela faz com que a sintonia significativa do terapeuta estimule o crescimento e a cura do paciente, mas também pode ser devastadoramente destrutiva quando o terapeuta ajuda a criar uma sensação de segurança, talvez pela primeira vez na vida da pessoa, e depois explora isso para seu próprio benefício. A desconfiança nos outros se solidifica de maneira que os terapeutas posteriores terão que lutar muito para diminuí-la"* (traduzido da edição em espanhol, p. 270).

O Eu Essencial cura o Ser Experiencial (personalidade ou personagem) a partir do lugar de amor compassivo e aceitação. O Eu da personalidade é um mecanismo necessário e útil para se desenvolver na realidade e nas circunstâncias que a vida nos apresenta. Quando se está livre das ataduras e restrições do passado, é possível utilizar os recursos aprendidos ao longo da experiência para lidar com tudo de uma maneira mais apropriada. Paola, por exemplo, depois de seu trabalho de cura, pode guardar seu senso de valor pessoal, dignidade e merecimento de amor, dentro de si mesma. Ela nunca mais pedirá às outras pessoas para confirmarem que ela é digna ou importante, porque esse senso de dignidade é dela, pertence a ela, mesmo que algumas pessoas que não gostem dela ou não a valorizem. Paola pode compreender como ela geralmente se ligava a homens que, de alguma forma, não a tratavam bem e, em noites de bebedeira, vivia aventuras sexuais das quais se arrependia mais tarde. Hoje, Paola tem o centro de identidade no seu Eu Essencial e pode empregar seu aprendendo para diferenciar as pessoas confiáveis das não confiáveis, aquelas com quem deseja manter relação, por tratarem-na bem, e aquelas com quem ela deve ser cautelosa ou manter distância. Ela pode até usar sua parte depositária da raiva para estabelecer limites diante de alguém que não a trate bem. Agora, os diferentes aspectos de seu sistema, de seu Eu, estão a seu serviço. É o Ser Essencial quem está no comando do sentido profundo e real do ser. A partir do seu Eu

Essencial, ela pode decidir quais recursos precisa utilizar para lidar com a realidade que enfrenta.

Cada um de nossas Partes tem sua própria maneira de sentir, pensar e agir, mas nenhuma delas corresponde à nossa verdadeira identidade, à identidade que constitui o núcleo de nosso ser. Por detrás da característica oscilante de nossos pensamentos, emoções e comportamentos, existe um senso permanente do indivíduo. Essa "coisa", ou este senso, é o Eu – aquele que se percebe. Desta forma, podemos dizer que o *Eu verdadeiro é a consciência em seu estado essencial, não diluído, e puro.* É um estado de nudez, onde nos despojamos de todas as vestimentas psicológicas, pensamentos, sentimentos, imagens, sensações físicas, e permanecemos somente com o ser puro, ou o Eu Essencial.

O problema é que, geralmente, nos identificamos com nossos estados: emoções, desejos, pensamentos ou sensações. Nesses momentos, sentimos que esse estado é *o Eu*. Então, o trabalho de cura e despertamento da consciência começa com a separação, ou distanciamento, dos aspectos e produtos do Eu, para que seja possível olhar para eles com curiosidade, compaixão, abertura e aceitação. Desta forma, *limpamos* o ambiente para que nosso Eu Essencial se encarregue de nossa percepção, e não mais se identifique com a experiência vivida.

O problema do sofrimento humano é que colocamos o centro da identidade em nossas percepções, mas as percepções são apenas formas que cada um de nós cria, com base em nossas experiências anteriores. Dois indivíduos diferentes terão percepções diferentes diante da mesma realidade ou circunstância, em função de sua experiência pessoal, educação, carga cultural, etc. Percepção é consciência em movimento, e consciência implica em um estado de percepção em repouso. A cura depende de um estado de silêncio interior no qual é possível estar ciente das próprias percepções – Eu sou aquele que percebe, que pensa, que sente e que atua – e desenvolver um olhar compassivo, neutro, de não julgamento, sobre a natureza do fenômenos internos: nossas diferentes partes.

Rumo a Uma Visão Espiritual e Transpessoal da Vida

"A natureza do espírito é comparável ao oceano e
ao céu.
O movimento incessante das ondas na superfície
do oceano
nos impede de ver sua profundidade.
Se submergirmos, não há mais ondas.
A natureza do oceano é imutável...
O espírito nada mais é que a natureza
completamente vazia.
Permaneçamos na simplicidade natural do espírito
que vai além de qualquer conceito".
Pema Wangyal Rinpoche
(citado por Catherine Barry, 2014)

"O melhor é entender a si mesmo, e depois você
entenderá tudo".
Shunryu Suzuki,
Zen Mind, Beginner's Mind: Informal Talks on Zen
Meditation and Practice.

O termo transpessoal significa *além* ou *através* do pessoal e se refere às experiências, processos e eventos que transcendem o senso limitado de identidade, permitindo cogitar uma realidade maior e mais significativa. Certa vez, li uma citação que alguns atribuem a Ram Dass, Wayne Dyer ou Deepak Chopra: *"Não somos seres humanos vivendo uma experiência espiritual, somos seres espirituais vivendo uma experiência humana".* Nosso caminho na vida e na trajetória da espécie humana envolve um despertar progressivo da consciência. À medida que acumulamos experiências e histórias, vamos nos capacitando a nos separar dos sistemas e programas que tivemos que criar para viver em um mundo determinado pela sobrevivência, avançando rumo a um ambiente impulsionado pelo desenvolvimento e pelo despertar de nossa consciência superior.

Não é propósito deste livro discutir o sentido transpessoal de existência, e eu também não sou um especialista avançado no assunto, mas quero oferecer algumas reflexões e considerações sobre o caminho até a cura.

O psiquiatra C. G. Jung falava do Eu nuclear, escrito com "E" maiúsculo, para distingui-lo do *eu* da personalidade e marcá-lo como arquétipo interno da Essência Divina. Na mesma época, o psiquiatra italiano Roberto Assagioli falava da essência espiritual que ele chamava de Eu Transpessoal existente no núcleo de cada pessoa. A descrição de Assagioli lembra a crença budista do Rigpa, a verdadeira natureza da mente ou do Eu Superior (como o Sol que brilha dentro de cada um de nós, mas está encoberto, na maioria das pessoas, pela pelas nuvens de nossas feridas e subpersonalidades).

Todas as nossas subpersonalidades, se tiverem espaço e oportunidade para vir à tona e expressarem sua função positiva de ajuda no processo de sobrevivência, terão motivação para se transformarem em facetas dispostas a empregar sua sabedoria e seus recursos para ajudar a pessoa a levar uma vida correta (utilizo o termo *correto* no mesmo sentido usado pelo budismo no nobre caminho óctuplo) e ter uma visão mais elevada de si mesma. Piero Ferrucci (2000), em seu livro *Psicosíntesis*, sugere que as subpersonalidades precisam emergir por si mesmas. Por exemplo, uma Parte Sedutora pode abrigar a avançada qualidade do "Amor", ou uma Parte Teimosa pode conter o germe da qualidade transpessoal da "Vontade". Todas as partes possuem uma qualidade transpessoal em seu núcleo, que está disposto a se harmonizar e contribuir para o sistema funcional da personalidade.

Uma analogia que ilustra esse processo é o caso da orquestra inexperiente, cujos músicos ainda não estão coordenados entre si, e a interpretação está pouco afinada e sem harmonia. O trabalho do maestro é conhecer as virtudes de cada músico, motivá-los a extrair o melhor de suas habilidades e, finalmente, se harmonizar e contribuir para o desempenho virtuoso da obra. Quando cada um dá o melhor de si, ocorre uma experiência de *cume*, onde se ouve uma representação divina em que "o resultado é maior do que a soma das partes individuais". O mesmo ocorre com as pessoas, quando nossas Partes se transformam e integram, dando origem a um nível mais elevado de consciência. De alguma forma, ao aliviar as cargas emocionais de crenças e sentimentos dolorosos, essa energia é liberada e transformada em uma visão mais elevada do eu e da vida. O sistema deixa de ser voltado para a sobrevivência e para a proteção e pode se voltar para o desenvolvimento, o crescimento e o despertar da dimensão espiritual.

Assagioli utilizou o termo *espiritual* em sua acepção mais ampla, reunindo os estados de consciência e as funções e atividades humanas que têm como denominador comum os valores acima da média (valores éticos, estéticos, heroicos, humanitários e altruístas). Ele falava do *Eu pessoal* que era reflexo ou evolução do *Eu Transpessoal* (o que chamo de Eu Essencial). Este eu pessoal tem como missão nos dar um sentido de identidade e organizar nosso mundo psíquico terrestre, guardando a ideia do que permanece, como centralidade, na visão que temos de nós mesmos após passar pelos diferentes estados emocionais que experimentamos ao longo da vida. O eu pessoal vive no nível da individualidade, onde pode aprender a regular e dirigir os diversos elementos da personalidade. Conhecer nosso eu pessoal é condição primária para a manutenção da saúde psicológica. Eckhart Tolle diz que este é o primeiro nível da consciência: conhecer nossos próprios padrões.

Quando a pessoa coloca seu centro no Eu Transpessoal ou no Eu Essencial, temos um caso raro. Envolve um trabalho de cura e de desenvolvimento da consciência. O Eu Essencial, embora mantendo um senso de individualidade, se situa num nível de universalidade, do sentimento de que todos nós compartilhamos a mesma natureza espiritual e uma visão profunda do todo. A percepção do Eu Essencial é uma condição de plenitude espiritual. Eckhart Tolle o chama de segundo nível da consciência.

O eu pessoal e o Eu Essencial são, de fato, a mesma realidade experimentada em níveis diferentes: a verdadeira essência do que somos além de qualquer papel que desempenhamos (pai, médico, marido, o nome próprio pelo qual somos chamados) e do condicionamento cultural que vivemos. O mestre Zen Dennis Genpo Merzel, em seu livro *Gran Mente Gran Corazón*, também se refere a este Eu Essencial como Grande Mente-Grande Coração, tendo desenvolvido um método de diálogo com as subpersonalidades a partir do modelo *Diálogo de Voz* dos autores Hal e Sidra Stone. Genpo explica como costumamos viver presos - identificados - na perspectiva limitada do nosso eu, também chamada de mente dualista (eu-você, sujeito-objeto, eu-mundo, eu-meus pensamentos, bem-mal, certo-errado). Seu método Grande Mente ajuda quanto é preciso pedir permissão às subpersonalidades para acessar o Eu Essencial, o Eu Verdadeiro, ou a mente não dualista, que se sente una com tudo e com todos. Ele afirma que essa mente não dualista nos dá a oportunidade de silenciar o diálogo interno, quando necessário, como, por exemplo, para dormir, meditar, contemplar algo ou ficar totalmente imerso em uma tarefa, e curtir o presente. Por outro lado, a mente dualista nos ajuda a escolher e diferenciar, no plano prático, por exemplo, o pão que queremos comprar dentre dez opções existentes. O mestre zen Suzuki Roshi, em seu livro *Mente Zen, Mente de Principiante*, também remete a essa qualidade do Eu Essencial, igualando a mente zen à do principiante, porque a mente do principiante é uma mente aberta e desperta, que não está saturada de ideias, conceitos, verdades e dogmas, e, desta forma, pode presenciar os fenômenos em uma atitude de paz, sem desejo ou ação. A mente do principiante está diretamente conectada à fonte, enquanto que a mente dos buscadores esforçados e dos especialistas costuma ser uma mente fechada, estreita e dogmática. Quando colocamos nossa identidade no Eu Essencial, deixamos de nos identificar com tudo o que aparece (sejam fenômenos, críticas, emoções, pensamentos ou sensações), pois estes são apenas fenômenos transitórios, e aceitamos nos abrir, continuamente, para que nossa mente permaneça aberta e expandida, ao invés de se estreitar e contrair. Nossos sentidos e nosso Eu pessoal estão muito focados no exterior, nas aparências externas, e, assim, nosso ponto cego fica escondido atrás de nossos sentidos. Não percebemos quem está vendo, ouvindo, sentindo, pensando ou agindo. Não sabemos nada sobre essa realidade e, no entanto, é onde se encontra nossa casa, a essência do nosso ser. O autor Ramesh Balsekar (2015) desenvolve sabiamente, em seu livro *El Buscador es lo Buscado*, o pensamento do autor Vedanta Nisargadatta Maharaj, no qual ilustra o despertar do verdadeiro Eu.

Shunryu Suzuky, no livro citado, afirma:

> *"À medida que você pratica continuamente, semana após semana, ano após ano, sua experiência se aprofundará cada vez mais, aumentará e cobrirá tudo o que você fizer em sua vida diária. O mais importante é esquecer toda a ideia de lucro, qualquer ideia dualista. Em outras palavras, só pratique zazen quando em uma determinada postura. Não pense em nada. Apenas permaneça em sua almofada sem esperar por nada. Então, finalmente, você perceberá sua*

verdadeira natureza. Ou seja, sua verdadeira natureza se revela sozinha".[traduzido da edição em espanhol]

O ensinamento budista diz que deixamos de sofrer quando nos tornamos conscientes de nós mesmos, quando podemos nos colocar no núcleo de nosso próprio Eu, o Eu Essencial. O Eu Essencial pode se distanciar dos personagens, conectar-se e direcionar sua atenção para a realidade superior, por não estar mais preso e encoberto pelo conteúdo das experiências. Isso geralmente envolve a prática da atenção plena, ou meditação, para colocar o centro da consciência no espaço do silêncio e da receptividade, objetivando a percepção dos níveis mais altos da realidade, a qual não é percebida pelos sentidos somáticos. A prática constante do *mindfulness*, ou da meditação, é a chave para o funcionamento avançado da rede neurológica (Krause, Schnitzler & Pollock, 2010, citado em Lanius et al, 2014).

O Eu Essencial e sua natureza compassiva são agentes de cura. Essa capacidade, especificamente humana de metarreflexão e autoconsciência está localizada na região do córtex pré-frontal esquerdo (CPF) do nosso cérebro, que é a área do cérebro humano que evoluiu mais tarde, diferenciando-o do cérebro dos outros mamíferos. As emoções perturbadoras e estressantes, quando inconscientemente reprimidas, reaparecem através da intensificação do conflito interno (Lanius et al 2014, página 272), de alguma forma como um convite para serem observadas e curadas.

O monge Zen Marcel Ricard (2007), que também é pesquisador e fotógrafo, resume o ensinamento budista sobre a regulação emocional em três dimensões: antídoto, libertação e utilização. No primeiro - *antídoto* - a emoção perturbadora é substituída por um sentimento positivo, como o amor ou a compaixão. Esse conceito foi ampliado por Fay (2007, citado em Lanius et al, 2014), ao incluir expressões verbais e pensamentos como antídotos para constelações específicas de pensamentos e emoções perturbadores. A segunda técnica - *libertação* - requer uma atenção totalmente dedicada à emoção que está sendo observada até que seu impacto seja completamente dissipado. Isso envolve ajudar o paciente a permanecer na emoção dolorosa que emerge, em vez de tentar escapar dela ou evitá-la, para que ela possa revelar sua história completa. A terceira dimensão - *utilização* - envolve a separação dos aspectos positivos da emoção e seu emprego útil, por exemplo, transformando a raiva contra si mesmo em uma energia que ajude a frear os ataques ou críticas destrutivas dos outros. Esse último movimento mostra o que sinalizei anteriormente: a transformação da energia, agora, a serviço da gestão adequada da vida.

Portanto, existem dois Eus: o da personagem (o Eu construído em torno da personalidade), que busca ganho pessoal e sobrevivência; e o Eu da identidade essencial (o Eu Essencial), que busca a manifestação da verdade suprema sobre quem somos, e um propósito na vida que responda à essência de cada ser humano.

Por sua vez, Wade (1996) descreve nove etapas potenciais de desenvolvimento da consciência no transcurso da existência. Ele afirma que "uma fonte fisicamente transcendente que representa a consciência individual (a pessoa, sua essência) precede a vida física no momento da concepção e sobrevive após a morte". Em seu livro, Wade desenvolve seu pensamento para ilustrar, com base em uma extensa pesquisa empírica, a relação entre duas fontes da consciência (a transcendental e aquela embasada no cérebro, que aqui temos chamado de personagem ou personalidade) no curso da vida humana. Ele diz que "à medida que a força do cérebro aumenta (seu aprendizado prático) para gerar energia, a consciência subjetiva da fonte transcendente diminui. É possível que este fenômeno seja devido à interferência ou ao *ruído* dos padrões de ondas cerebrais e, em particular, ao controle discursivo do hemisfério esquerdo". Em outras palavras, Wade explica como o desenvolvimento do aprendizado e como a organização dos padrões de experiência, que visa administrar a vida física, vão obscurecendo a consciência do nosso Eu essencial real, confundindo nossa identidade com o personagem que foi sendo construído, com base na qualidade das nossas experiências. Consideremos por um momento que ideia teríamos de nós mesmos, se tivéssemos nascido em outra família, recebido um outro nome, e se tivéssemos tido, portanto, uma gama totalmente diferente de experiências. É óbvio que nossa ideia do próprio Eu seria diferente. E, no entanto, nenhuma dessas ideias sobre o Eu representa o somos em essência.

Este livro não é um tratado sobre espiritualidade. Desejo apenas rever como o trabalho de cura está voltado para o despertar da consciência e a busca do verdadeiro Eu, que somos nós mesmos, e que existe além das experiências vividas e interpretadas por nós.

Recordemos novamente as palavras de Stephen Levine:

"[...] a cura não vem de ser amado, mas de ser você mesmo. Não é uma questão de ser claro, mas de ser claramente único. Essa cura é simplesmente ser você mesmo. Não há nada separado, nada excluído, nada que limite. Às vezes, para entrar no reino do ser puro, a porta se abre, além da vida e da morte, e nossa face original se volta para nós mesmos". [traduzido da edição em espanhol]

Muitos seres humanos ainda não entendem a vida como um lugar de alegria, mas de esforço, trabalho, sofrimento. Viemos ao mundo em um estado de inocência, mas essa inocência não é respeitada quando somos criados e educados sob a imposição de que viemos aqui para sobreviver. Grande parte da nossa cultura ainda está enraizada na crença de que precisamos construir mais e fazer mais para sobreviver. É claro que em muitas partes do nosso planeta as pessoas estão imersas na tarefa inescapável de sobreviver. Mas, mesmo em nossa civilização mais desenvolvida, mais industrializada, continuamos nos movendo pelo imperativo da sobrevivência, que nos leva à competitividade, à exploração do meio ambiente e dos outros seres humanos, à objetivação do outro, seja como instrumento de produção necessário para incentivar o consumo, seja para desfrutar dele em relacionamentos vazios, se importar com ele ou valorizá-lo como alguém único.

Em nosso mundo ocidental e desenvolvido, aperfeiçoamos a tecnologia o suficiente para nos liberar do imperativo da sobrevivência, mas nosso modo de vida ainda continua agarrado a esse imperativo, impedindo-nos de utilizar livremente os recursos (tempo, dinheiro, dedicação) para despertar ou estimular uma conscientização mais elevada da natureza humana. Nossa inocência inicial foi moldada e conformada para se tornar uma peça *útil* no sistema de produção. E assim nossa inocência foi, mais uma vez, obnubilada e corrompida. A busca da verdade envolve reivindicar nossa inocência e nossa natureza bondosa, "neste vale de lágrimas". Um vale de lágrimas existe porque foi criado pela própria ação humana, através da desnaturalização das relações humanas.

Refugiamo-nos no trabalho, na raiva, na tristeza e no medo porque a inocência com a qual nascemos não é viável diante da sobrevivência. Desde que nascemos, sofremos o impacto da violência simbólica de nossa cultura e nossos educadores, que nos *instigaram* a seguir um modelo de ação e de vida perfeitas para nos sentirmos *dignos*, contaminando nossa natureza primordial inerentemente digna.

Nesse caminho de busca por nosso verdadeiro ser, do encontro com o Eu Essencial, precisamos seguir alguns passos:

a) Limpar o conteúdo do nosso eu experiencial para posicionar o nosso centro no Eu Essencial.

b) Quando nossa identidade não estiver no personagem (no eu experiencial), poderemos direcionar a atenção para o próprio Eu Essencial. Essa mudança do centro de identidade nos coloca em um lugar de silêncio, uma dimensão a partir da qual poderemos nos relacionar com o mundo em atitude de paz, compaixão, aceitação, equanimidade e ausência de julgamento. É um lugar a partir do qual podemos observar os fenômenos como simples cenários que nos ajudam a desenvolver nossas qualidades e despertar do sonho mais profundo que nos faz sentir que somos o personagem.

c) O despertar de nossa natureza primordial e verdadeira, da consciência não-dualista, e do sentimento de unidade com tudo o que existe. A partir daqui, podemos nos transformar numa fonte emanadora do que nos torna mais intimamente humanos: a compaixão pelos outros seres.

O sofrimento pode ser um instrumento que nos leva a aprofundar a consciência do Eu Essencial. Ansiedade, medo e raiva vêm da desconexão pessoal e da ilusão de que nosso valor depende do reconhecimento, da aceitação e do amor dos outros. Isso representa um deslocamento de nossa consciência. Por isso, o eu (a mente) precisa entender que é apenas isso: um deslocamento de consciência. Quando o Eu entende isso, pode se encantar por essa compreensão.

O universo está continuamente fornecendo pistas para que possamos ver e perceber nossa responsabilidade sobre o que nos acontece repetidas vezes, e despertemos nesse sentido. As dificuldades são um campo fértil para trabalhar. Cada vez que nos atacam, temos a possibilidade de nos posicionarmos, nos descobrirmos, e nos diferenciarmos primeiro, para depois transcender. Mais uma vez, Suzuki ilustra o assunto com suas sábias palavras: "temos muitos problemas emocionais, mas esses problemas não são reais, e sim algo que criamos. São problemas evidenciados por nossos pontos de vista e ideias autocentradas".

Na jornada da consciência, evoluímos a partir de uma consciência familiar, durante nossa infância, que envolve depender dos outros para amadurecermos e nos tornarmos alguém. Depois, passamos por uma consciência grupal, durante nossa pré-adolescência, que resulta na extensão de nossa família ao mundo externo e ao coletivo. Em seguida, chegamos a uma consciência individual, no final da adolescência e da juventude, que nos torna mais conscientes a respeito dos seres únicos e incomparáveis que somos; agora, mais capazes de sobreviver com nossos próprios recursos e nossa própria identidade. Por fim, podemos acessar a consciência transpessoal, em nossa adultidade ou maturidade, que vai além do sentido individual, nos auxiliando a conhecer nossa natureza universal e espiritual, que nos integra com os outros e com o Ser superior.

Na condição de seres humanos, somos feitos "à imagem e semelhança de Deus". A imagem é inerente à nossa natureza, pois viemos com ela, mas a semelhança é algo que temos de conquistar através de nossa busca pela verdade e pelo despertar dos mais altos níveis das qualidades humanas. São as virtudes éticas e as qualidades que nos levam a abandonar a luta que visa exclusivamente nosso próprio benefício, e nos fazem ir mais longe ao expressarmos nossa natureza no mundo, a fim de deixar algo para nossos semelhantes, nosso planeta e as outras espécies que o habitam.

As grandes filosofias como o Tao, o Budismo, o Cristianismo, o Judaísmo e, em geral, todas as outras, transmitem essa mensagem de unidade e amor universal. O tao[23] encoraja as pessoas a abandonarem seu próprio caminho para seguir *O Grande Caminho*.

Do ponto de vista do despertar da consciência, a experiência do sofrimento e da violência simbólica exercida pela família

---

[23] Tao: palavra que tem um significado espiritual e filosófico de "caminho da natureza" ou "caminho dos céus". Este ensinamento é transmitido no livro *Tao Te King*, de Lao Tsé, filósofo chinês.

(condicionada por seus próprios traumas) e pela cultura é uma professora que nos ensina e nos impele a despertar do sonho onde estamos identificados com os programas ou Partes dominantes carregados de dogmas e princípios sobre o que "devemos ser" na vida. Viemos para ser mais Eu e menos abnegados ao serviço dos moldes, programas e histórias emprestadas e não resolvidas de nossos clãs. Viemos a serviço da verdade, e não a serviço da cultura ou dos programas familiares. O que realmente somos não está, nem deve ser, sujeito à aprovação dos outros, e sim à validação de nossa verdadeira natureza.

Uma vez que nosso Eu Essencial esteja suficientemente descontaminado e separado do nosso eu pessoal, ele pode se voltar para si e abrir o olhar para o Ser que é a fonte de toda a energia universal que dá vida a tudo. Ela é a fonte de toda a criação, seja Deus, a natureza de Buda, ou a energia divina. O ser é amor e sabedoria infinitos a se revelar em cada um de nós quando voltamos o olhar na direção do silêncio, sem esperar nada, mas abertos e receptivos à sua revelação e à sua benção. A partir do silêncio e do vazio íntimo, podemos conhecer a verdade e como cada um de nós deve emanar seu amor no mundo, de uma maneira única e especial. Isso vem a nós se nos desapegarmos o suficiente do eu pessoal e experiencial, deixando nosso receptáculo limpo. A expressão desse amor no mundo não pode ser mental ou moral. A vontade verdadeira, como vontade divina, é o Eu posto a serviço da verdade.

A evolução de nossa consciência vem seguindo uma hierarquia que passa do Poder para a Sabedoria, até acabar no Amor. O poder é expressão da força, do dinheiro, do sexo. O poder visa subjugar o outro, é primário e tem o objetivo de dominar o instinto. No entanto, quando o poder se hipertrofia, mais cedo ou mais tarde, surge a rebelião dos outros como resultado da opressão e da necessidade de crescer.

A sabedoria está acima do poder, que inclui a consideração do outro. Alguns impérios, como o Império Romano, foram capazes de perdurar por séculos porque não só subjugavam, mas criavam cultura e melhores condições de vida para os cidadãos.

O ápice do nosso processo de consciência é o Amor, que é mais poderoso que a Sabedoria. Quando o amor serve de estímulo para a sabedoria, ela se torna mais poderosa e duradoura. Este é o caso de pessoas como Gandhi, Nelson Mandela, Madre Teresa ou Padre Vicente Ferrer, que foram capazes de vencer a vontade de governos poderosos, com base no amor e nas qualidades elevadas.

Essas pessoas não exerceram sua vontade pela força, simplesmente emanaram sua energia amorosa de maneira que impregnaram a natureza essencial e amorosa em todos os seres humanos. Na energia do amor, nos tornamos criativos e criador ----- - autores, fazemos nosso trabalho sem esforço, simplesmente porque ele é a expressão do que somos.

Comecei este capítulo falando sobre a presença incondicional e amorosa. Esta é a qualidade do Eu Essencial e da nossa natureza divina. Essa presença, que compartilha das mesmas qualidades do Ser Supremo, é abrangente, tudo aceita, e, por permitir tudo e aceitar de forma compassiva, promove sua transformação e seu desenvolvimento rumo aos níveis mais elevados. Todos conhecemos casos de pessoas que foram tratadas com extrema violência e que, em contato com outro ser humano compassivo e compreensivo, conseguiram mudar e se tornarem mais humanas. O mesmo acontece quando nos colocamos em nossa natureza Essencial, compartilhando as mesmas qualidades – à semelhança – do Ser. A presença é, portanto, a benção que nos leva a nos esvaziarmos de nós mesmos para abrir a porta da sabedoria inspirada no amor à unidade com o Ser, que é o canal da transformação. Na presença, ficamos quietos, não pretendemos nada, nem impomos qualquer intenção, permanecemos testemunhas compassivas da realidade como ela é, e como não pretendemos mudar a energia, ela se transforma.

Quero terminar este capítulo com uma citação do Tao Te Ching, de Lao Tsé, que contém a essência do que quis expressar sobre a força curativa da presença, da natureza do Eu Essencial e do Ser em si.

"O sábio controla sem autoridade,
E ensina sem palavras;
Ele deixa todas as coisas subirem e caírem,
Nutre, mas não interfere,
Dá sem pedir,
E fica satisfeito.
Alcança um estado de inação tal que
Sem nada fazer, nada deixa por fazer".

Capítulo 6:
Neuroprocessamento de Memórias Traumáticas com *Brainspotting* - Uma Terapia com Base no Cérebro.

A principal atividade dos cérebros é
Mudarem e si mesmos
Marvin L. Minsky

Comecei este livro argumentando como o corpo é uma grande *caixa preta* que registra tudo o que acontece ao longo de nossa história de vida e, principalmente, como nós explicamos isso para nós mesmos, como damos significado ao que nos acontece e como isso nos leva até o próprio conceito ou ideia de nós mesmos (do eu), da vida e dos outros seres humanos.

O ser humano é a criatura mais complexa desse planeta. Nosso organismo foi se transformando em um sistema multicelular de extraordinária complexidade, e para gerenciar essa complexidade, tivemos que desenvolver um cérebro também vasto e complexo.

O cérebro é o órgão de nosso corpo responsável por administrar as condições internas do corpo e fazer a mediação com o ambiente externo a fim de negociar a satisfação das necessidades, especialmente em nossas trocas com nossos pares. Ele também é o único órgão equipado com autoconsciência para transcender os imperativos de sua própria biologia e se posicionar em uma dimensão consciente e pessoal.

O cérebro humano pode investigar a si mesmo e a natureza, sendo capaz de agir sobre ela para transformá-la ou destruí-la. Talvez o fato de ficar de pé e andar em duas pernas seja uma maneira de simbolizar a capacidade humana de transcender os determinantes biológicos e elevar a consciência a uma dimensão espiritual.

No capítulo 2, expliquei como as experiências afetam a maturação da arquitetura do nosso cérebro e como condicionam seu funcionamento normal. Nosso cérebro é um *gênio* dotado de 50 a

100 bilhões (10^{11}) de neurônios, que são células capazes de transmitir sinais através de até 1000 bilhões (10^{15}) de conexões sinápticas. Isso faz dele o computador e órgão mais complexo do universo, com mais complexidade do que qualquer galáxia no universo. Quando falo do cérebro, não me refiro apenas ao órgão contido dentro do crânio, mas todo o sistema nervoso espalhado por todo o corpo. Muitas vezes a ciência faz uma separação artificial entre o cérebro e o corpo, mas hoje sabemos que não há tal separação. Cérebro e corpo estão inextricavelmente ligados, e o nervo vago e o tronco encefálico são a via principal dessa conexão.

Damásio, em seu livro *E o Cérebro Criou o Homem*, diz:

> *"Nos cérebros intrincados de criaturas complexas, no entanto, as redes neurais chegam a imitar, com o tempo, a estrutura de partes do corpo às quais pertencem. Acabam por representar o estado do corpo, elaboram verdadeiros mapas do corpo para o qual trabalham e se transformam em um tipo de substituto virtual, um duplo neuronal. E o que é ainda mais importante, elas permanecem conectados ao corpo ao qual imitam durante toda a sua vida. [...] os circuitos neurais imitam as vontades celulares veladas".* (página 72).

O cérebro, enquanto órgão de gerenciamento da vida, também é se encarrega do processamento das experiências, digerindo-as e convertendo-as em material útil para a sobrevivência e o desenvolvimento humano (assim como o sistema digestório extrai nutrientes de alimentos e descarta o que não é útil). Nosso cérebro é responsável por escanear, registrar e mapear os estados do nosso corpo 24 horas por dia a fim de monitorar o que está acontecendo e alocar os recursos necessários para restaurar o equilíbrio e a homeostase que regula a vida. Guarda em si as capacidades de autorganização, recuperação, cura e desenvolvimento.

No trauma e no trauma crônico, o cérebro precisa exacerbar suas funções orientadas para a sobrevivência e, geralmente, quando fica preso em algum circuito voltado para a antecipação do perigo, permanece condicionado e em um modo de alerta crônico, o que bloqueia suas capacidades de aprendizagem, desenvolvimento e crescimento, que vão desde multiplicação celular, reprodução sexual, digestão, e cuidado dos outros, até aprendizado intelectual e regulação emocional.

O *Brainspotting* é uma abordagem neurológica que permite ajudar o cérebro a utilizar sua capacidade de autocura para acessas as áreas de experiência que ainda precisam ser processadas.

Meu encontro com o *Brainspotting*

Sempre me considerei um buscador na vida, e minha vida é caracterizada por uma inquietude em explicar os problemas da existência humana. Foi isso o que acabou me levando a estudar psicologia. Mas desde a minha adolescência e início da juventude, sentia-me impulsionado a buscar respostas mais profundas sobre o significado da vida. Naquela época, eu comecei a ler alguns livros sobre filosofia Zen e outras correntes espirituais, além do cristianismo onde fui educado. Minha busca por respostas no âmbito dos problemas psicológicos e espirituais tomou, durante muito tempo, direções diferentes: a psicologia e a psicoterapia me ajudaram a entender como os problemas relacionados ao sofrimento psicológico se desenvolviam; e a prática espiritual servia para a busca de uma verdade transcendente.

Em 2009, minha amiga e colega Esly Carvalho, do Brasil, me contatou para me informar que estava vindo a Portugal acompanhando David Grand, conhecido autor e colaborador do modelo EMDR[24], para apresentar e ensinar uma nova ferramenta psicoterapêutica chamada *Brainspotting*. Com entusiasmo, concordei em organizar o primeiro seminário para formação, em minha terra natal – a Galícia – e, desde o primeiro momento em que vi David Grand aplicar e demonstrar o modelo, fui cativado pelo poder da técnica, a profundidade dos seus ensinamentos e a elegância do processo.

No *Brainspotting* (também chamado BSP), pode ver claramente como integrar minha formação como terapeuta psicodinâmico em análise transacional e estados do eu, meu trabalho focado e embasado no que ocorre na relação terapêutica –

---

[24] EMDR: sigla em inglês (Eye Movement Desensitization and Reprocessing) para Dessensibilização e Reprocessamento por meio de Movimentos Oculares, que é uma técnica de reprocessamento do trauma de eficácia comprovada.

desenvolvida no modelo de psicoterapia integrativo-relacional de Richard Erskine – e a presença do terapeuta com os novos paradigmas de neuroprocessamento que já havia experimentado durante meus 9 anos de prática com EMDR.

Através do *Brainspotting*, encontrei uma maneira de unificar o trabalho sobre o sofrimento psicológico e emocional com a presença da dimensão transcendente do Eu, do Eu Essencial na cura, e do uso profundo da presença do terapeuta. Desde então, tornei-me um fervoroso defensor e colaborador do desenvolvimento do *Brainspotting* enquanto docente e supervisor internacional (ensino em países como Espanha, Brasil, Equador, Eslovênia, Romênia, Áustria e Itália) para ensinar outros terapeutas a empregar essa poderosa ferramenta em seu trabalho terapêutico na cura do trauma.

Não é meu propósito, neste capítulo, fazer uma extensa descrição do modelo *Brainspotting*. O leitor interessado poderá aprofundar seu estudo por meio de excelentes livros publicados em inglês e em português pelo Dr. David Grand *Brainspotting – A Nova Psicoterapia Revolucionária para Mudança Rápida e Efetiva,* e *O Cérebro nos Esportes – Superando os Bloqueios e a Ansiedade de Performance.* Menciono o *Brainspotting* como um modelo excelente e poderoso com o qual podemos abordar a cura do trauma utilizando os recursos naturais do cérebro para o processo de autocura, a partir da dimensão do Eu Essencial ou do Observador Compassivo, e elaborar algumas formas de usá-lo em relação ao modelo experiencial explicado neste livro.

O que é *Brainspotting*?

O *Brainspotting* foi criado a partir da síntese do Dr. David Grand de uma série de modalidades de psicoterapia (psicanálise, EMDR e Experiência Somática, basicamente) e de sua experiência ao manter seus pacientes focados em um ponto no campo visual[25] que tem ressonância com a sensação corporal percebida quando a pessoa é ativada pelo problema que está sendo tratado.

---

[25] O ponto no campo visual é chamado *'brainspot'*. São pontos de enfoque do olhar direcionados para qualquer lugar do espaço tridimensional do campo visual.

David Grand, ao considerar as observações e comentários de psicólogos clínicos especialistas que utilizaram os métodos que ele havia descoberto e desenvolvido, descobriu que os clientes conseguiam adentrar um profundo processo de cura que, muitas vezes, ocorria fora de sua consciência e culminava na resolução de traumas de longo prazo (Grand, 2007).

O *Brainspotting* (BSP) se baseia na relação de reciprocidade entre a realidade psicológica, a percepção sensorial e a experiência somática, utilizando as conexões diretas entre os músculos oculares e o nervo vago para acalmar o sistema nervoso autônomo e, ao fazê-lo, desenvolver um senso visceral de contenção e segurança. Além disso, ao acessar a vivência profunda registrada na experiência corporal-celular, permite modificar e transformar as memórias implícitas, os sistemas de crenças e suas respostas fisiológicas nucleares (Doidge, 2003, Grand, 2007, Siegel, 1999, 2004). Isso geralmente ocorre em um processo no qual o paciente se mantém em profunda conexão com sua experiência interior, visualizando seu Eu Experiencial, em um estado de observação compassiva diante do que emerge a partir de sua experiência (seu Eu Essencial).

O BSP é uma técnica de reprocessamento neurológico que vai além da mente consciente e acessa diretamente as áreas profundas do cérebro (particularmente o mesencéfalo no nível do colículo superior e do núcleo periaqueductal cinza; Corrigan e Grand, 2013) e do corpo. É desenvolvido como um modelo em que o terapeuta entra em sintonia com o cliente e seus processos cerebral e corporal através da localização da posição do olho (*brainspot*) conectada com a sensação percebida no corpo do cliente. David Grand chama essa sintonia simultânea de *sintonia dual,* na qual a sintonia relacional do terapeuta é acompanhada pela sintonia das áreas neurológicas - através da posição ocular - nas quais a experiência dolorosa não processada do cliente está registrada.

O *Brainspotting* é uma abordagem que facilita o processamento de experiências traumáticas que ficaram fixadas e enraizadas no nosso sistema neurobiológico através da localização da rede neuronal onde a memória dolorosa foi registrada. Da mesma forma, também é possível acessar a experiência referente a um traço, ou sentimento, positivo e empoderador através do posicionamento ocular correlacionado com a área do cérebro que é ativada quando uma experiência positiva é revivida. É, portanto, uma abordagem de acesso à experiência somática profunda, não integrada, que trabalha com o cérebro profundo e o inconsciente (região subcortical do cérebro envolvida nas nossas respostas de sobrevivência). Podemos acessar os aspectos traumáticos não processados que, como expliquei nos capítulos anteriores, ficam armazenados em sistemas de memórias implícitas e processuais em formato somatossensorial, e/ou organizados em torno de Partes ou Subpersonalidades que representam uma maneira de "ver o mundo".

Toda vivência é sentida e registrada em nosso sistema corpo-cérebro através de sensações físicas, percepções e estados emocionais. Tais experiências sentidas em nosso corpo são registradas em mapas no nosso cérebro, que é o responsável por executar seu gerenciamento de acordo com experiências anteriores, recursos e maturação disponíveis no momento da experiência.

David Grand descobriu o BSP em 2003 tratando o medo de uma patinadora artística de executar a técnica do salto triplo. Ele fazia a cliente se concentrar e reviver o sofrimento emocional, enquanto ele estimulava seu campo visual (na época, ele trabalhava com uma técnica derivada do EMDR e Experiência Somática, de Peter Levine, na qual percorria o campo visual da paciente para estimular o movimento ocular da esquerda para a direita, e, depois, da direita para a esquerda). Em um ponto no caminho do movimento bilateral dos olhos da paciente, ela começou a piscar ostensivamente. O Dr. Grand parou o movimento de sua mão, deixando-a fixa no ponto em que os olhos estavam mais ativos, e mantendo o olhar da paciente fixado nesse ponto. Ele então testemunhou o surgimento de uma série de memórias dolorosas importantes da paciente, associadas ao seu medo de não ter o desempenho correto na patinação. Surgiram também diversas lembranças relacionadas ao desempenho e rendimento acadêmico no ensino médio, além de momentos em que a menina tinha experimentado o medo do fracasso e de decepcionar os pais, incluindo o sentimento de culpa por ter acreditado que o divórcio dos pais tinha sido decorrência do seu mau comportamento. A rede neurológica da paciente havia organizado as experiências dolorosas vinculadas ao medo de decepcionar os outros, nas mais diversas áreas da vida, e agora estava sendo ativada, bloqueando seu desempenho na disciplina esportiva de forma automática e não consciente, simplesmente porque seu cérebro ativava uma resposta de medo diante de uma situação na qual ela percebia que poderia decepcionar pessoas importantes para ela. Nessa sessão, a paciente processou uma grande quantidade de lembranças emocionais que ainda tinham uma carga emocional forte e pode, finalmente, sentir-se relaxada e sem medo. No dia seguinte, no treinamento, ela pode executar a técnica do salto com naturalidade, após meses de frustração.

As bases da organização das experiências pessoais – esquemas – são definidas nos primeiros anos de vida (talvez no período intrauterino, e nos dois primeiros anos após o nascimento). Ou seja, os esquemas, ou padrões de organização nuclear das experiências são registrados como experiência somática e ativação de reflexo, que não são conscientes, mas automáticos, e são disparados por qualquer estímulo que as evoque.

Essa reação e a experiência associada são sentidas simplesmente no corpo. Do mesmo modo, as experiências traumáticas, devido à sua natureza inevitável, que superam os mecanismos de defesa normais de uma pessoa, permanecem registradas em nossa neurobiologia de forma vívida, como memórias implícitas e fragmentadas em seus elementos somáticos, sensoriais e impossíveis de serem integradas nas memórias narrativas. Isso faz com que permaneçam incrustradas nas redes neurais e no corpo, geralmente, manifestando-se por meio de *flashbacks* sensoriais ou algum sintoma somático mais grave. Podemos afirmar, sem dúvida alguma, que o corpo carrega a pontuação da nossa história, conforme desenvolvido por Bessel van der Kolk no livro *El Cuerpo lleva La Cuenta* (2014).

Nosso neocórtex (a parte mais nova do cérebro) e nosso cérebro consciente não podem gerenciar, nem mesmo conhecer, todo o vasto conhecimento armazenado na região subcortical de nosso cérebro (tronco encefálico e sistema límbico), que tem uma maneira diferente de funcionar: sentir inconsciente. Por outro lado, esse processamento inconsciente da região subcortical do cérebro é muito mais rápido que o consciente. O cérebro tem mais de um quatrilhão de conexões (mais do que planetas no universo), que são percorridas em alta velocidade, mais do que a mente consciente é capaz de gerenciar. A região subcortical do nosso cérebro mantém registros de uma vasta e complexa realidade, impossível de ser conhecida tanto pelo observador externo (terapeuta) quanto pelo observador consciente do próprio paciente. O *Brainspotting* é uma abordagem neurológica que promove o processamento inconsciente sem a necessidade de palavras.

O que David Grand descobriu foi que podemos acessar qualquer experiência, tanto dolorosa e não processada, quanto positiva e empoderadora, através do escaneamento do campo visual. Outra forma de definir o *Brainspotting* é: "*o ponto para onde você olha afeta o que você sente*". Na verdade, podemos observar quando alguém está acessando ou lembrando-se de determinada experiência, conectando-se emocionalmente com ela, pois seu olhar costuma se direcionar predominantemente para algum ponto no seu campo visual. É, portanto, um fenômeno natural que ocorre espontaneamente. Acredito que nada do que nosso organismo faz, por razões muito específicas, é aleatório, mesmo que não saibamos a razão. Muitas vezes, observamos como as pessoas ficam com o olhar perdido no espaço, absortas, olhando para um ponto em lugar algum, ou como elas simplesmente tendem a dirigir seu olhar para um ponto específico. Tudo isso tem um propósito e um sentido fisiológico. A vista é um órgão sensorial no ser humano. Parece que o olho está continuamente examinando nosso entorno, e, quando registra a realidade externa, está registrando, simultaneamente, uma área do nosso cérebro. Assim, ao escanear o mundo externo, ele também acessa e examina as áreas de registro de cérebro no mundo interno.

O *Brainspotting* usa o campo de visão para encontrar o local onde os traumas e a dor não integrada são gravados no nosso cérebro (ou, como dito anteriormente, as experiências positivas empoderadoras). Os olhos examinam o ambiente externo de maneira natural à procura de informações relevantes, e também podem ser usados para escanear o ambiente interno – nosso próprio cérebro – para acessar outras informações.

O *Brainspotting* utiliza o campo visual para orientar a varredura do próprio cérebro, orientando-o para que ele encontre a informação perdida. E quando mantemos o nosso olhar fixo em um ponto específico no campo externo, ajudamos o cérebro a se concentrar no local específico onde o trauma ficou encapsulado, e promover um reprocessamento profundo, por meio de um estado de atenção plena, ou *Mindfulness*, que levará ao alívio e à resolução da experiência.

Por meio do *Brainspotting*, podemos afirmar que o cérebro tem a capacidade de se curar, e que o sistema imunológico é apenas uma manifestação desse princípio. Norman Doidge, em seu livro *The Brain that Changes itself (O Cérebro que se transforma)*, expõe essa ideia com rigor científico, argumentando como o cérebro possui a capacidade constante de criar novas conexões sinápticas pela neuroplasticidade, e de criar novas células pela neurogênese. Isso é observado através da capacidade permanente de aprender novas tarefas e processar experiências que estavam entrincheiradas.

Por meio de estudos de mapeamento cerebral, têm sido possível comprovar como as pessoas expostas a traumas crônicos apresentam redução no volumes do hipocampo, e, após um período de terapia profunda e integrativa, seus hipocampos apresentaram tamanho maior.

No capítulo anterior, expliquei, a partir da perspectiva relacional e do eu, como essa capacidade de cura reside na dimensão do Eu Essencial, ou do Observador Interno Compassivo. É essa capacidade de metarreflexão (capacidade de se observar), própria e exclusiva do ser humano, de poder colocar-se acima da própria experiência para "simplesmente observá-la com compaixão, abertura, curiosidade e ausência de julgamentos", que acabará por levar a um processo de cura, de reapropriação da experiência vivida e de atribuição de um novo significado adaptativo e atualizado. O *Brainspotting* ajuda o cérebro a entrar em seu modo de autocura, auxiliando na localização do problema e na manutenção do foco durante o reprocessamento.

No *Brainspotting*, promovemos um processo de *Atenção Plena (mindfulness)* muito focado no assunto a ser tratado. Ao manter a posição ocular em um ponto, o cérebro é capaz de processar e aliviar os efeitos do trauma no presente, e podemos acessar a cápsula de informações ainda não processadas, fazendo-a vir à tona para ser *acolhida, testemunhada e abraçada* tal como ela é, a fim de liberar a energia retida e expressar sua história, ou parte da história que nunca foi contada. Podemos dizer que *Brainspotting* é o desenvolvimento do modelo de neurobiologia interpessoal do Dr. Daniel Siegel (2001). Na atenção plena focada, a posição ocular relevante, ou *brainspot*, ajuda o cérebro a manter o olhar e a atenção em uma questão específica, na região neurológica em que está registrada. A sintonia relacional e a presença do terapeuta ajudam a *sustentar e manter* o processo dentro do que chamei de *bolha curativa*. Quando uma pessoa pede ajuda porque não consegue resolver sozinha algum problema da própria vida, é porque seu cérebro, de alguma forma, adotou uma definição errada do problema e/ou não sabe onde buscar solução. Acredito que todos os recursos de que precisamos para enfrentar a vida estão dentro de nós mesmos, mas nas pessoas que tiveram histórias muito dolorosas, o cérebro fica travado em um sistema de sobrevivência, esperando ameaças além do contexto em que o perigo ocorreu e, portanto, não consegue entrar no modo de reparação, cura, processamento e integração. Então, no *Brainspotting*, encontramos uma forma de ajudar o cérebro a sintonizar a experiência que precisa de cura, e o ajudamos a olhar, a partir do na dimensão do Eu Essencial, para o que ele não podia/queria olhar.

Em outras palavras, acompanhamos e ajudamos o cérebro a curar-se.

Uma vez identificada a posição ocular na qual o cliente percebe com maior intensidade as sensações corporais relacionadas à revivência de seu problema, o encorajamos a observar com curiosidade, compaixão, sem expectativas ou julgamentos, o fenômeno do seu mundo interior – sejam sensações, pensamentos, imagens, cenas, emoções... – permitindo que eles si dirijam para onde quer que desejem ir. Encorajamos o paciente a *não reagir* aos seus processos internos, simplesmente *deixá-los ser o que são* e expressarem a *história* associada que ainda guardam. Assim, promovemos seu reprocessamento, permitindo que o evento interrompido, silenciado, negado e esquecido agora possa emergir e expressar essa longa história adiada. Permitimos a expressão do que nunca pode ser expresso, de modo que ele possa ser completamente transformado à luz da presença compassiva, tanto do terapeuta quanto do eu essencial do cliente.

O *Brainspotting* pode acessar o nível dos reflexos ativados em nosso corpo que respondem instintivamente à ameaça. Os instintos de sobrevivência são a base do sentido mais corporal e nuclear do eu onde construímos nossa identidade e nossas respostas ao meio ambiente.

Princípios filosóficos do *Brainspotting*

O *Brainspotting* é uma abordagem que envolve a filosofia da intervenção nas experiências. Implica na assunção de uma série de princípios que se encaixam em tudo o que foi exposto até agora neste livro, assim como a não imposição, ou aceitação de tudo o que acontece, sendo a expressão da *terapia essencial*.

Vejamos alguns desses princípios, que resumem o que foi explicado anteriormente neste livro:

- *Princípio da Incerteza.* O princípio da incerteza reconhece o quão pouco conhecemos sobre os motivos que impulsionam nosso comportamento. O inconsciente e tudo o que é registrado nas profundezas de nossos corpos e cérebros têm proporções vastas e inapreensíveis para a mente consciente. O princípio da incerteza afirma que quanto mais precisamente medimos uma propriedade de um objeto, menos precisamente podemos controlar, determinar ou conhecer outra propriedade do mesmo objeto; e que o observador influencia o evento observado. A maior parte dos eventos que ocorrem dentro de um ser humano é desconhecida. Na presença e na sintonia do *Brainspotting*, o terapeuta presume "não conhecer nada" e se coloca diante do outro em uma atitude de total aceitação, disposto a rastrear e acompanhar o que vier, do jeito que vier, além do que suas próprias concepções teóricas e experienciais indicam. Terapeuta e cliente aceitam que a experiência chegue no momento que precisar, e com o conteúdo que tiver, e consideram que se o cérebro traz essa experiência em determinada ordem, é porque há alguma razão para isso. Esse processo exige que o terapeuta se coloque na *atitude mental do principiante* (Suzuki, 2000) para aceitar os processos internos tal como eles chegam. O terapeuta deve se livrar de todas as expectativas, além de incentivar o paciente a fazê-lo também, e abraçar sua própria experiência como ela é. Então o terapeuta mantém o caráter de incerteza do processo e da experiência, disposto a acompanhá-la aonde quer que ela leve, esperando e aceitando o que vier sem ansiedade ou expectativa. A mente racional trabalha com conceitos e expectativas sobre o que pode acontecer. Os conceitos são mapas da experiência, mas não são a experiência em si, e as expectativas utilizam o que está ocorrendo no momento presente para projetar algo que esperamos no futuro, mas que ainda não está acontecendo. Na experiência, como na vida, *"sabemos por onde entramos, mas não sabemos aonde vamos chegar"*.

- *Fenomenologia.* Esse estudo considera que a experiência humana é única, vasta e complexa por natureza. Cada pessoa atribui um significado único ao que vive, e só ela pode conhecê-lo. Por meio dessa metodologia, ajudamos o cliente a adotar uma atitude de presença com sua experiência ao observar todos os seus fenômenos (sensações, emoções, pensamentos, comportamentos). O processo de autocura implica poder *estar presente* (no Eu Essencial) na própria experiência, tal como ela foi organizada, a fim de conhecê-la, aceitá-la e abraçá-la. Ajudamos o cliente a permanecer *no que existe*, a aceitar seus fenômenos intrapsíquicos, mantendo o interesse e a curiosidade.

- *A capacidade de cura está no paciente.* O *Brainspotting* promove e sustenta a capacidade de autocura do cérebro. É a partir da dimensão do Eu Essencial que ocorre o processo de cura do cérebro. Trauma e dissociação andam de mãos dadas, e a segunda condição significa que a pessoa traumatizada teve que se retirar ou tentar esquecer, não sentir ou, de alguma forma, não se ver no que foi vivido. Como já vimos, isso leva a uma divisão da consciência e da memória. Mas não podemos nos livrar de nossa própria experiência, pois é nossa e tem algo a nos dizer, algo a respeito do que temos que aprender no nosso caminho de despertar da consciência, a fim de nos tornarmos seres humanos gentis, flexíveis e criativos. Os processos traumáticos permaneceram incrustados em nosso aparelho neuropsicológico porque o fluxo natural de nossa experiência teve que ser interrompido para nos defender contra eventos que foram vivenciados como ameaçadores. Tudo o que fazemos é oferecer o enfoque necessário para que o cérebro possa, mais uma vez, enfrentar o que teve que bloquear, mas que agora pode ser reativado, processado e desmontado novamente para ser integrado. Costumo dizer que "o trauma (relacional) é criado como um assunto interpessoal e, depois, vira um assunto intrapessoal". Com isso, quero dizer que agora, é a própria pessoa quem, através da dissociação e/ou da luta interna, mantém o sistema traumático. Por exemplo, a pessoa que foi severamente maltratada, desprezada e criticada costuma trazer, dentro de seu sistema interno, uma crítica feroz contra si mesma que a deprecia, ou mesmo Partes que têm medo de se lembrar ou de sentir o passado. Quando uma parte da experiência é constantemente rechaçada, sua integração completa no sentido do Eu fica obstruída. O terapeuta ajuda o paciente a não reagir aos processos internos com evitação, julgamento ou rejeição. A evitação foi um mecanismo de sobrevivência utilizado na época, mas hoje é só mecanismo de manutenção do problema. A autocura ocorre quando favorecemos o processo de permanência na experiência, a fim de olhar para a história que nunca veio à tona, e encorajá-la a *contar a sua verdade*. O *observador amoroso* do cliente recebe e acolhe o que anteriormente era repudiado ou excluído.

- *A sabedoria vive dentro.* Esse princípio é uma continuação do anterior. Os seres humanos foram treinados em acreditar que as respostas aos problemas e às questões desconhecidas estão fora de si, e aprenderam a colocar a responsabilidade nos outros. No entanto, os conflitos que nos bloqueiam e nos impedem de lidar com a realidade de forma flexível e funcional estão no nosso mundo interno. No BSP, criamos o quadro relacional e terapêutico para que o paciente adote uma atitude de contato com seus conflitos, testemunhando o surgimento das Partes fragmentadas do seu Eu, e que foram construídas com a função de manter a sobrevivência e conter informações importantes, da história de vida, que estavam aguardando para serem reveladas e integradas. Mantemos a confiança e o encorajamos a também confiar na *sabedoria do cérebro profundo e do corpo*. Buscamos ignorar os mecanismos conscientes para acessar e trabalhar diretamente com nosso cérebro profundo, com o inconsciente e a sabedoria essencial do nosso sistema corpo-cérebro para curar o que foi encapsulado e ainda retém energia vital.

- *Não-violência*. Esse princípio é derivado de todos os anteriores. O terapeuta em *Brainspotting* não impõe nada e aceita tudo. As intervenções do terapeuta são mínimas para poder abrir espaço para o processo em si. As intervenções se concentram no processo ajuda para manutenção ou aprofundamento do foco, sustentando o silêncio estruturado comentado no capítulo anterior. Caso seja necessário fazer alguma intervenção, a atitude é a de jogar uma semente e dar espaço para ela germinar (o silêncio estruturado facilita a expressão da experiência em sua natureza de onda). O terapeuta que mantém essa atitude *não espera nada* de seu paciente, mas considera que a experiência se encontra em um processo que nunca permanece no mesmo lugar (como disse Heráclito: "não podemos nadar duas vezes no mesmo rio").

- *Sintonia Dual*. O que promove a cura é a capacidade manter uma relação terapêutica que sustente o processamento das experiências. A relação terapêutica cria a estrutura onde a cura ocorre, porque proporciona uma base segura para o paciente ficar disponível para entrar em contato com os processos internos ligados às experiências traumáticas e dolorosas. O terapeuta gera um ambiente seguro para que o cliente baixe a guarda dos seus sistemas de defesa e relaxe, mostrando que não há perigo contra o qual lutar. Assim, a atenção do cliente pode ser direcionada e focada no seu universo interior. O terapeuta auxilia na identificação e no foco do problema perturbador, com uma atitude de compreensão, aceitação e sintonia relacional (no seu Eu Essencial) diante dos processos internos do paciente. É neste contexto que o *Brainspotting* acrescenta a *sintonia neurológica* à *sintonia relacional* ao localizar o ponto ou a área do cérebro (*brainspot*) onde a experiência não processada foi armazenada. Dessa forma, o cliente se sente profundamente compreendido e cuidado, pois sabe que alguém *pode ver e responder* ao que nunca foi visto ou respondido antes.

Aplicação do Método

A sessão normalmente começa com a exploração do assunto ou problema apresentado pelo paciente. O objetivo principal do terapeuta é ajudar o paciente a se conectar física e emocionalmente com o assunto ou problema, para ativar a área neurológica onde ele está registrado.

Sabemos que a forma como uma pessoa experimenta e reage às situações atuais tem por base os esquemas de organização que foram criados num período mais antigo da própria história. Por isso, o terapeuta deve escutar atentamente a narrativa que o cérebro e o corpo do paciente expressam sobre a origem, a natureza e a essência do problema, e, então, o ajudará a estabelecer uma conexão inicial com o que é evocado na rede neurológica da linha do tempo do paciente. Cada história manifestada é uma guia de tratamento em si. É durante o processo de contar a história que o paciente "ativa" seu sistema corpo-cérebro. *Ativar* é um termo neurológico compreendido pelo nosso cérebro inconsciente, e mostra como percebemos nossas emoções e sensações corporais. A ativação é também o processo de começar a experimentar os pensamentos, emoções e sensações que causam perturbação.

Neste primeiro passo de **enquadramento ou preparação inicial**, buscamos abrir caminho para os mecanismos conceituais do cérebro inconsciente, a fim de acessar, o mais rápido e diretamente possível, a memória implícita e processual do corpo. A intenção é evitar o envolvimento da mente analítica, que entra em ação quando exploramos crenças e pensamentos antigos. Num movimento oposto, buscamos acessar o mais rápido possível a experiência sentida no corpo, uma vez que o corpo é o órgão da experiência, e promover o processamento de baixo para cima (do corpo para o cérebro).

O **segundo passo** é **pedir ao cliente que avalie seu nível de ativação de 0 a 10,** em uma escala SUD (do inglês Subjective Unit of Disturbance: Unidade Subjetiva de Perturbação), desenvolvida pelo psicólogo comportamental Joseph Wolpe, na qual 0 (zero) não representa ativação alguma, e 10 (dez) representa a maior ativação possível, pior perturbação. Os números nos ajudam a identificar quando começar, onde estamos no processo e quando terminamos (estima-se quando o SUD chega a zero). Após a ativação ser avaliada, perguntamos ao cliente em que região do corpo ele sente a ativação, pois é uma maneira de torná-lo mais consciente, preciso e mantendo a atenção na experiência.

No **terceiro passo,** procedemos à **localização da posição ocular relevante (*brainspot*).** Para isso, utilizamos diferentes formas de localização da posição ocular relevante relacionada à região do cérebro e do corpo onde está registrado o problema. Para o propósito deste artigo, vou ilustrar as duas técnicas básicas. Quem quiser uma revisão mais extensa e elaborada sobre o assunto, pode encontrá-la no livro de David Grand.

A primeira técnica, chamada *Janela Externa*, consiste em solicitar que o cliente siga um ponteiro (é a ferramenta com a qual nos exploramos o campo visual, localizando e corrigindo a posição ocular) que o terapeuta movimenta lentamente ao longo do campo visual do paciente, na linha horizontal ao nível dos olhos (eixo X). Na *janela externa*, o terapeuta observa cuidadosamente o rosto, os olhos e o corpo do cliente, em busca de respostas reflexas que possam ser despertadas pelo movimento do ponteiro. Todo e qualquer reflexo despertado pelo escaneamento do campo visual é levado em consideração, como, por exemplo, o olho do cliente tremer ou congelar, o cliente suspirar profundamente ou engolir saliva, respiração rápida, mudança de postura, mioclonia, etc. Quando qualquer uma dessas manifestações é observada, o terapeuta sabe que está tocando ou acessando experiências significativas (sintonia neurológica). É preciso escolher uma delas, pois algumas despertam uma ativação maior, enquanto outras serão mais suaves. A escolha do *brainspot* pelo terapeuta dependerá da avaliação feita sobre a resiliência e a capacidade do paciente de lidar com experiências emocionais intensas. Só assim poderá escolher uma posição de ativação mais alta ou mais baixa. Também é preciso considerar o diagnóstico do paciente. Pacientes portadores de síndrome complexa de TEPT terão maior necessidade de processamento de recurso corporal (uma sensação associada ao bem-estar ou à sensação de estar enraizado no presente, ou algum outro recurso positivo sentido no corpo). Promover o processamento de um *brainspot* com recursos corporais torna o processo mais amigável e sustentável. Devo dizer que todos os pontos reflexos despertado contêm informações significativas e, portanto, todos eles revelarão informações clínicas. Após escolhida uma posição ocular, o terapeuta deverá simplesmente manter o ponteiro na posição e pedir ao cliente para manter seus olhos naquele ponto (*brainspot*) para iniciar a fase de reprocessamento.

A segunda forma de encontrar a posição ocular é com a técnica da *janela interna*. Ela também se iniciar com o terapeuta pedindo ao cliente que siga o ponteiro ao longo do seu campo visual, no nível dos olhos, em um eixo horizontal (eixo X). Na janela interna, no entanto, o terapeuta pergunta ao cliente onde ele sente maior ativação no corpo, se quando o ponteiro está mais para a direita, no centro ou à esquerda. Nesta técnica, é essencial a participação ativa e consciente do paciente. Após escanear o eixo X e localizar o ponto de maior ativação, o eixo vertical (eixo Y) também deve ser explorado com a mesma premissa: "veja se você sente mais para cima, no nível dos olhos, ou embaixo". O paciente dirá em que posição a ativação é mais perceptível, que geralmente é o ponto de acesso à experiência a ser processada. A exceção, como disse anteriormente, é quando há uma necessidade de se trabalhar um ponto ocular que acesse experiências positivas: ponto de recurso.

O **quarto passo** do procedimento é promover um processo de **atenção plena (*mindfulness*) focada**. O cliente é incentivado a manter o olhar no *brainspot* enquanto observa sua experiência e os fenômenos internos que acontecem momento a momento (*"vá adentrando e simplesmente observe com curiosidade, aceitação e sem expectativas, tudo o que vier, ou aonde as coisas estão indo; acompanhe-as até onde elas querem ir"*). De vez em quando, o terapeuta pode fazer uma pergunta genérica, bem aberta, para saber como e/ou onde processo está: *"o que está acontecendo agora? O que está vindo?"*. Convém também ajudar o cliente a manter a consciência do que está acontecendo e o que ele sente no corpo: rastreamento da experiência. Em seguida, o terapeuta pedirá que ele prossiga: *"continue e veja onde está agora"*. Dessa forma, normalmente, o trauma é revelado com todos os conteúdos associados a uma rede neurológica.

À medida que rastreamos e acompanhamos a ativação no corpo do paciente, as memórias sob a forma de sensações, imagens, cenas e conclusões começam a se manifestar em um processo contínuo. O processamento costuma seguir uma *curva de transformação* na qual a informação retida é expressa de modo que, conforme o processo avança, ele entra em um estágio de resolução e transformação.

O reprocessamento se dá com a expressão espontânea do que está acontecendo internamente. O terapeuta confia que o cérebro sabe exatamente aonde ir, e simplesmente segue o processo até onde ele for, ajudando o paciente a permanecer no seu Eu Essencial. Dizemos, em *Brainspotting*, que o paciente é a cabeça do cometa, sua experiência emerge e se move livremente através do espaço de redes neurológicas (como um processo de associação livre), e o terapeuta segura a cauda do cometa e o segue em seu vagar.

O processamento funciona quando ambos adotam a atitude de *"permitir que aconteça o que tiver que acontecer"*, enquanto acolhem e testemunham tudo com aceitação. O processo de transformação está totalmente nas mãos do cliente, tudo o que acontece, incluindo sua transformação em um novo significado, é próprio do paciente. Isso o torna um processo profundo de cura e libertação. Para manter o paciente em atenção plena, ou *mindfulness*, é preciso encorajá-lo a abandonar toda e qualquer expectativa ou julgamento e não orientar conscientemente o processo, simplesmente mantendo uma postura de curiosidade compassiva enquanto observa como a mente segue de uma coisa para outra. A medida que o processamento transcorre, o terapeuta observa cuidadosamente os ecos dos traumas passados.

Conforme o reprocessamento avança, o terapeuta verifica o nível SUD em comparação com a ativação inicial, e o assunto de partida, até que o processamento chegue a 0 (zero) na escala SUD. Mas mesmo aqui, o terapeuta procurará camadas mais profundas na ativação. Foi provado que, mesmo quando o paciente atinge um SUD nível zero, pode haver ativações posteriores.

O **último passo** é chamado de **"espremer o bagaço"**. Nesta etapa, o terapeuta sugere ao paciente que tente ativar novamente o problema inicial. Ele é incentivado a retornar ao assunto de partida, ou aos momentos mais críticos da história que foi emergindo, e tente provocar a ativação o máximo possível. Geralmente, é experimentado algum nível de ativação novamente. Se for esse o caso, o paciente será convidado novamente a observar como a ativação é sentida no corpo, dando-lhe espaço para ir onde quiser, ou expressar o que ainda está retido. Com isso, pretendemos desmontar os aspectos reflexos mais profundos relacionados ao trauma que ainda estão dissociados.

É sempre aconselhável fazer o paciente se concentrar na questão problema que ele trouxe no início da sessão, após alcançar a ativação de SUD 0 (zero), para ver o que acontece agora que ele processou a dor associada. Ele imagina sua vida atual com o efeito do processamento realizado na sessão. Essa é uma maneira de promover o alinhamento do córtex pré-frontal.

Transcrição de Parte de Uma Sessão de *Brainspotting*.

A paciente é uma estudante do nosso Seminário de Desenvolvimento Profissional para Integração e Reprocessamento do Trauma, realizado no *Instituto Aleces* de Psicoterapia Integrativa. Ela se voluntariou para tratar o medo da sexualidade com o seu parceiro e como isso resulta em não ter filhos. Ela manifesta uma ambivalência entre o desejo de ter intimidade sexual e uma Parte que se sente suja e culpada.

Na transcrição, colocamos um T para as intervenções do terapeuta e um C para a cliente. Com a sessão já iniciada, o trecho começa no momento em que ela recupera uma cena de quando tinha 12 anos. Até este momento, o terapeuta tinha simplesmente ajudado a realizar o primeiro passo, que é a preparação para o processamento.

T: *Quando eu ouço você dizer "uma parte suja em mim", escuto como você se você colocasse essa definição em você. No princípio, você começou falando sobre uma imagem sua. Qual é a imagem que aparece quando você se conecta com tudo isso?*

C: *Vem uma imagem em casa com um medo e uma excitação juntos, ao mesmo tempo. A pessoa que abusava sexualmente, durante muitos anos, se eu me lembro, foi dos 7 aos 12, era um meio-irmão que vinha... Meus pais estavam separados. Bem, meus pais não. Meu pai estava separado de sua primeira esposa e meu irmão vinha para casa a cada 15 dias. Ele tinha entre 10 e 12 anos a mais que eu, tinha 18-19 anos e tinha 7 anos, algo assim. E quando ele vinha, eu sempre trabalhei bastante o medo... o medo paralisante, que acho que está se dissolvendo, e no fundo tem isso... eu vejo essa imagem dele em casa, mas eu também estava excitada com muito pânico. É muita mistura.*

T: *Excitação e pânico.*

C: *Ele vem junto, e não consigo ver isso, de que eu posso estar excitada com algo que é terrível para mim. Sobretudo essa adulta, recuperando essas imagens.*

T: *A-hã. (pausa e silêncio).*

C: *Não sei, me dá muita tristeza.*

T: *Olhe para isso agora e dê espaço para essa tristeza trazer o que tem nela.*

C: *Sim, sim.*

T: *Estou observando o tempo todo como, ao falar sobre esta imagem, seu olhar fica sempre ali* (a cliente encontra um *brainspot* de maneira espontânea, seu olhar se fixa automaticamente em um ponto, e então não precisamos mais buscá-lo. Essa é uma das maneiras de procurar o *brainspot*; chamamos esse *brainspot* de *olhar espontâneo*).

C: *Sim, sim, a vejo ali (a imagem).*

T: *Então, ao se concentrar nessa imagem, que efeito ela tem em você, no seu corpo, em seu sistema?* (Pergunto sobre a localização corporal da ativação sentida com relação à dificuldade).

C: *Eu acho que a emoção é de "isso não está certo", frio, como um frio aqui... o que eu vejo é aquela menina em sua casa com vitalidade, e uma energia boa, mas, ao mesmo tempo, um sentimento de que "isso não está certo".*

T: *E esse sentimento de que "não está certo" é o que você sente como um frio aqui?* (apontando para o peito, o terapeuta a ajuda a se manter focada no corpo).

T: *Quanto é a ativação, de 0 a 10, com 0 (zero) sendo nenhuma e 10 (dez) sendo o máximo que você pode sentir?*

C: *Um 6 (seis).*

T: *Ok. Agora, simplesmente dê espaço a essa ativação e observe seus processos internos, deixando-os para onde eles quiserem, e ser o que eles quiserem. Você só precisa observá-los com curiosidade e aceitação* (longo silêncio).

C: *É uma culpa, como uma retração, como uma restrição para não ser eu, ou poder ser... Não sei... Existe um antes e um depois, não sei. Eu tinha tendência de sempre dançar em casa nua, mas depois era como "eu o estou provocando" ao fazer essas coisas e, por outro lado, é como se eu tivesse desenvolvido uma fobia de hippies, e é essa fobia por mim.*

T: *Por você* (silêncio; o terapeuta não acrescenta nada, apenas confirma).

C: *Sim, eu sempre frequento ambientes com muitos hippies e, quando chega a hora em que todos tomam banho, nus, eu sempre me retiro e não gosto disso. Não os julgo, só não gosto de fazer isso.*

T: *Parece uma rejeição dessa parte sua* (longo silêncio).

C: *Me dei conta disso já mais adulta.*

T: *Dê espaço a ela, dê atenção a esta parte sua, porque ela ainda é uma parte sua que vivenciou isso... que viveu e precisa continuar contando. Continue só observando aonde ela está indo agora* (longo silêncio).

C: *Isso vem principalmente do meu relacionamento conjugal, quero esclarecer, que acho que o que me desperta desejo é a provocação, é o jogo, é o que me daria prazer, mas eu não me dou permissão porque isso é provocar...*

T: *A-hã!* (o "a-hã" é apenas uma maneira de se mostrar presente e manter o silêncio).

C: *Sinto que estou fazendo algo errado, algo perverso... algo não...* (pausa).

T: *Ainda está com a sensação de frio?* (verifique como a sensação corporal muda se comparada à ativação inicial).

C: *Sim, essa é a sensação que fica.*

T: *Sugiro que fique um pouco assim. Aceite essa sensação de frio como a forma encontrada pelo seu corpo para continuar se lembrando de uma situação que não foi contada, relacionada a toda essa história, para que você a receba e dê esse espaço e atenção* (longo silêncio). *O que está acontecendo agora?*

C: *É muito presente. É um pouco de medo. Se eu pudesse escolher uma palavra seria uma espécie de medo...*

T: *Você não precisa se esforçar para isso agora. Incentivo você a ficar assim. Se você quiser, pode olhar para a imagem que está aí, colocando toda a sua atenção nessa sensação de frio, e dê espaço interno para essa sensação de frio, para que ela possa contar sua história, sem qualquer análise, para que possa trazer o que precisa trazer, o que ainda existe aí dentro, o que não foi visto, o que não foi expresso... permita que as coisas simplesmente venham...* (longo silêncio) *O que está acontecendo agora?*

C: *É como um choro...*

T. *Permaneça nele, olhe para ele, dê permissão para chorar para que ele expresse o que tem, tudo o que está contido nessas lágrimas... Tente manter seu olhar no ponto e acolha tudo o que vier* (longo silêncio). *O que está acontecendo agora?*

C: *Há uma tensão aqui, vem como uma raiva e um aborrecimento muito grande... de que eles deveriam ter me ajudado, me acompanhado, não sei...*

T: *Raiva.*

C: *Sim.*

T: *Aceite... mantenha-se também nessa tensão e nessa raiva e dê-lhe espaço. Ouça o que ela precisa expressar* (longo silêncio).

C: *É como... toda essa tensão aqui é como que... para eu não me meter em problemas. Eu me afastei daquela imagem, para não me meter em problemas. A única solução que me resta é conter toda essa energia aqui dentro.*

T: *Essa raiva talvez tenha um propósito* (longo silêncio). *O que aparece para você?*

C: *É como uma força muito forte que eu seguro com mais força ainda... quero dizer... para dentro.*

T: *A-hã!* (Mantendo o silêncio).

C: *Para não machucá-lo, é claro.*

T: *A tensão ainda continua?* (o terapeuta rastreia o estado da sensação física e o processamento).

C: *A opressão é como... esse medo é como se eu estivesse empurrando para trás e apertando, mas não é mais medo, não é o medo que eu sentia antes, que me retorcia por dentro, é como se estivessem me empurrando para trás, e...* (observe como a experiência vai se movendo ao longo da *curva de transformação*).

T: *Fique nisso e observe aonde vai...* (longo silêncio).

C: *Força. Força para que tudo isso não vá lá para fora...*

T: *Mantenha sua atenção em toda essa força, em toda essa opressão e dê espaço e permissão para continuar contando a história, através do seu corpo, expressando tudo o que está dentro dela, dessa maneira incomum de te proteger* (longo silêncio).

C: *Tentei sair.*

T: *Deixe-a ir aonde quer que vá, deixe-a se expressar livremente, tudo o que você tem que fazer, por enquanto, é conhecer a história que existe nessa opressão e nessa força...* (observando uma emoção intensa na paciente). *Ou seja, deixe que venha tudo isso que está vindo agora, não lute contra isso, deixe vir...* (longo silêncio). *O que está acontecendo?*

C: *Somente o fato de reconhecer e não lutar contra isso faz com que relaxe. Não desaparece, mas não precisa mais fazer força.*

T: *Ainda ficou alguma força, qualquer opressão? Ainda tem alguma coisa?*

C: *Sim, um pouco aqui na mandíbula, e aqui... uma pequena contração no músculo... ficou solto aqui. Percebo calor na coluna vertebral, aqui no peito, mas... A boca fecha e isso fecha...*

T: *Dê espaço, continue explorando e continue deixando que a experiência lhe diga o que tem dentro e o que retém...* (longo silêncio).

C: *Me vem a imagem do meu irmão, e me vem um "Não", quero dizer, (a madíbula) é um "Não" muito forte.*

T: *Dê permissão para isso também, deixe que se expresse. Talvez ela não tenha conseguido se expressar, na hora, nem toda a emoção que existe neste "não"... Mantenha o olhar no ponto.* (longo silêncio)

C: *Quando você diz isso, isso se libera, com o "Não" que posso expressar, e se solta...*

T: *Um "Não" que nunca pode ser pronunciado... talvez houvesse um motivo importante para não poder pronunciá-lo...* (peça para que ela permaneça na experiência, e a deixe revelar algo mais profundo).

C: *Também me vem, quando você diz isso, que não podia ser quando eu era pequena. Eu te disse que foi até os 12 anos de idade porque aos 12 anos, eu tenho uma imagem de que eu dei um chute nele e ele nunca mais me incomodou. Ou seja, foi quando eu pode me defender...*

T: *Você se defendeu... Há uma verdade profunda aqui. Havia uma rejeição, uma aversão por você, de ser abusada, de ser usada, e você só pode dizer*

Não e se defender aos 12 anos. O que está acontecendo no seu corpo agora?... Deixe vir, não lute. (Note que as intervenções do terapeuta nunca são perguntas, só suporte à experiência existente).

À medida que a sessão avança, a cliente vai recuperando mais camadas da experiência, que vão dando lugar a novas versões e integrando o que ela, ainda pequena, tinha assumido como crença: "sou suja e provoco os outros", mas que vai mudando quando, aos 12 anos, ela se sente capaz de se defender. No processo, observamos que a sensação de medo evolui para uma emoção de raiva, e o processo de expressão e transformação ocorre progressivamente. A sessão é concluída com um SUD de nível 2 (dois) e a consciência de que "agora ela pode se defender e expressar seu desejo sexual". Na sessão seguinte, continuamos com o reprocessamento da culpa, já que a expressão da energia sexual havia despertado a culpa que sempre havia sentido.

Tratando de Casos Difíceis - Emprego do *Brainspot* no Recurso Corporal

Há clientes que, devido a uma história cronicamente devastadora, podem ter menos recursos pessoais e psicológicos para *olhar e aceitar suas experiências* a partir de um Eu Essencial acolhedor. Normalmente, são pessoas que sofreram danos muito severos, desde muito cedo em suas vidas, e conseguiram sobreviver graças ao desenvolvimento de sistemas de defesa muito fortes, poderosos e persistentes.

Imagine um bebê que foi maltratado desde o nascimento devido à convivência com pais dependentes de drogas e emocionalmente instáveis. O bebê não dispõe de todos os recursos de defesa ativa de um adulto: lutar, fugir ou, em casos extremos, paralisar, congelar e explodir. O bebê só pode lutar (chorando e chutando) ou paralisar, tentando não fazer barulho, para não incomodar. Assim, inibe suas respostas ativas de chamada para ser atendido. Quando isso acontece de forma sistemática ou muito agressiva, o mais provável é que esse ser humano aprenda a se dissociar e congelar, desde muito cedo, devido ao mecanismo de autodefesa, que faz o organismo passar longos períodos de tempo em paralisia, anestesiando as necessidades e inibindo a ação física. E assim, dali para frente, toda vez que ele enfrenta uma experiência na qual se sente ameaçado, ele se dissocia automaticamente, desconectando-se.

Essas pessoas não conseguem aprender as habilidades básicas de modulação e regulação das próprias emoções porque lhes falta um cuidador para protegê-las e confortá-las quando elas chamam. Normalmente, quando adultos, vivem suas vidas alternando períodos de anestesia emocional, em que *não sentem nada, nem sofrem*, com períodos em que se sentem sobrecarregados por emoções muito intensas de tristeza, desespero, pânico ou raiva. Vivem como autômatos (comem por comer; não sabem quando estão cansados ou não; trabalham incansavelmente para evitar enfrentar suas dores, etc.) porque não aprenderam a enxergar suas sensações como indicadores das próprias necessidades, ou como forma de escolher o que lhes convém. Seu trauma e suas dores "tomaram" quase por completo seu senso de identidade, e assim, sentem-se sem valor, indignos de amor e até mesmo defeituosos, com intensos sentimentos de vergonha e outras emoções dolorosas. Com essas pessoas, não podemos ir diretamente às questões que marcaram e danificaram sua personalidade, pois elas geralmente não dispõem de energia suficiente em seu Eu Essencial ou capacidade para tolerar emoções difíceis.

Em pacientes com histórico de trauma crônico, que geralmente envolve um diagnóstico de TEPT Complexo, ou, em casos mais extremos, – Transtorno Dissociativo de Identidade (TDI), mencionado anteriormente como múltiplas personalidades, ocorre uma maior divisão interna do eu, com o sistema de sobrevivência transformado nas diversas Partes da personalidade, ou estados do ego, portadoras de diferentes *sentidos do eu*. Nesses casos, a luta interna entre as diferentes partes chega a ser implacável. Muitas lutam para dominar o ego. Geralmente, as Partes Protetoras se tornam muito exageradas, querendo ser melhor com os outros, mais autoexigentes, ou mais fortes. Quanto mais rígidas e extremistas forem as Partes Protetores, mais repressão e força eles terão que exercer para reter a energia (dor, vergonha, terror, tristeza...) das Partes repudiadas.

Com pacientes com uma história de vida "boa o suficiente" e que possuam resiliência e capacidade de lidar com emoções difíceis, é possível trabalhar com um quadro muito amplo na ativação do problema e acessar o *brainspot* para ativação da dor. Mas nos pacientes mais gravemente traumatizados, cujo cérebro não conseguiu desenvolver um estado de resiliência, mantendo uma condição de desregulamentação bioquímica, precisamos trabalhar de forma mais focada, ou mais específica, com o *Brainspotting*.

Uma opção é usar o *brainspot* de acesso em uma sensação corporal de bem-estar ou de enraizado. Essa abordagem promove um processamento mais sustentável e amigável da experiência dolorosa, uma vez que mantém duas redes neurológicas ativas simultaneamente.

Desse modo, com esses pacientes, indicamos começar explorando qual é a região do corpo onde ele percebe uma sensação de bem-estar, calma e enraizamento. Em seguida, procedemos ao encontro da posição do olho (*brainspot*) com a qual eles apresentam sentimentos mais positivos. A partir da identificação desse *brainspot*, incentivamos o processo de atenção plena focada, deixando que os processos internos se direcionem para onde desejarem. Caso o cérebro do cliente já tenha sido ativado pela experiência dolorosa, que geralmente é o que ocorre, o material traumático virá à tona e será processado de modo mais restrito com o *brainspot* secundário.

Em casos de dissociação e danos graves, também pode ser necessário buscar a identificação de um aspecto mais específico da experiência como, por exemplo, uma Parte do eu contida na experiência. Essa é uma maneira de reduzir o foco das experiências e oferecer uma estrutura de contenção. Neste caso, é útil prestar atenção aos estados do ego que são ativados na pessoa quando ela fala do problema.

Brainspotting de Partes ou Estados do Eu

Uma parte ou estado do eu também é uma rede neural que comporta um sentido ou uma ideia do eu e seus subsequentes correlatos de experiência emocional, padrões de pensamento e ação, bem como sensações percebidas no corpo. Com isso em mente, podemos identificar uma Parte do eu, tanto em um sintoma, sensação física, emoção (medo, tristeza, raiva), reação comportamental, crença limitante, quanto em um script de vida (por exemplo: "em uma parte de mim, sinto-me estranha", "sinto como 'não valho' nada"). Uma Parte envolve uma rede neurológica de experiências associadas que foi organizada em determinado momento de vida diante de alguma circunstância. Assim, podemos acessar sua manifestação, sentida no corpo, e encontrar o *brainspot* em que a pessoa sente maior ativação.

Um paciente, Susana, relatava dificuldades de relacionamento e frustração com o marido. Ela dizia que ele nunca conseguia compreendê-la completamente e que havia uma parte dela que se sentia irritada e frustrada com ele. Afirmou explicitamente: "há uma parte em mim que ele não vê, aonde nunca conseguiu chegar". Fomos explorando o que ela sentia nesse lugar, dentro de si mesma, e quando vimos que sentia uma opressão em seu peito, essa Parte foi se tornando mais evidente e explícita. Sentia-se solitária, incompreendida, pequena e desamparada. Em determinado momento, perguntei: "quantos anos tem essa parte de você que sente o aperto no peito?". Ela afirmou que a percebia com 6 anos. Explorei o que Susana, hoje uma mulher, sentia pela Parte de 6 anos, e ela me disse que sentia "vontade de ajudar e de cuidar dela". Compreendendo que Susana dispunha de energia suficiente em seu Eu Essencial, sugeri que ela informasse a essa Parte que, agora, ela estava ali e tinha vindo ajudá-la, e que lhes daríamos o *espaço e tempo* que ela precisasse para receber atenção e cura. Sugeri que a ajudaria a encontrar um *brainspot* onde ela pudesse sentir essa Parte pequena e incompreendida, e começamos a buscar a posição ocular onde ela sentia mais coisas, enquanto explorávamos a linha imaginária na altura de seus olhos (ela apontou para um lugar à sua direita) e depois vimos se sentia algo mais quando o ponto estava acima, na altura dos olhos, ou abaixo desta. Ela escolheu um ponto no alto e localizamos ali o *brainspot* de acesso da experiência. A partir desse momento, solicitei que recebesse com carinho e interesse tudo o que a Parte - a menina de 6 anos - guardava dentro da sensação de pressão em seu peito, e expressasse em seu idioma de sensações, imagens, emoções ou sob qualquer outra forma, as informações e a história que mantinha. A Parte logo começou a mostrar uma imagem na cozinha de sua casa, quando ela era criança, onde estava fazendo tarefa de matemáticas, por volta dos 6-7 anos de idade. Estava com uma amiga e ambas eram ajudadas pelo pai. Como a amiga era mais habilidosa em matemática, o pai lhe dava mais atenção e mais reconhecimento. A Parte Infantil de Susana começou a expressar a dor e a raiva de ver que o pai manifestava preferência pela amiga. E logo foi mostrando outras cenas nas quais ela sentia que o pai não lhe dava apoio, onde ele não ia assistir suas competições esportivas ou não brincava com ela. Essa parte menina concluiu o seguinte: "não sou importante para meu pai", "não posso contar com ele". Além disso, o pai não era sensível às suas queixas e seu choro, e lhe dizia que ela tinha que ser forte e não chorar. Então, ela adotou a seguinte decisão: "tenho que ser forte, me bastar sozinha, e assim, talvez, meu pai veja que tenho valor". Susana ia acolhendo e testemunhando a história de sua Parte Menina, agarrada à dor e ao sentimento da solidão e do desamparo, enquanto permanecia absorta na posição ocular do *brainspot* de sua criança. Ao longo do processamento, foi despertando mais amor e compaixão em relação à sua Parte Menina, e em dado momento, sentiu que a menina estava sentada em seu colo e chorando. Finalmente, a sensação de pressão no peito atingiu um SUD 0 (zero) e o que emergia era uma sensação e um sentimento de "eu mereço amor e sou digna". Quando trouxemos essa transformação de volta para o relacionamento com o marido, ela pode ver e sentir que conseguia expressar para o marido sua necessidade de ter maior contato físico, além de também ter assumido que poderia pedir isso a ele porque ele estava disposto a atendê-la.

Procedimento do trabalho com as Partes em *Brainspotting*

1. Identifique, junto com o paciente, na medida em que ele conta sua experiência, que Parte (ou Partes) está envolvida no problema que está sendo relatado. É possível que apareçam mais de um aspecto ou partes envolvidas. Se for o caso, podemos mostrar o fato dizendo: "O que eu ouvi é que parece haver uma parte sua que se sente triste e cansada, e também ouço uma outra parte sua que a chama de fraca e a compara às outras pessoas que sofrem mais". Se o paciente aceitar esse *feedback*, podemos perguntar: "você sente que hoje devemos tratar essa parte triste e cansada?".

2. Confirmação do contrato da sessão sobre o processo. Se o paciente aceitar a proposta da etapa anterior, considera-se este aceite como um contrato de terapia para a sessão. Antes de começar a acessar e lidar com a Parte Alvo (a parte para a qual será buscado um *brainspot*), o terapeuta deve considerar a Parte Protetora envolvida (neste exemplo, a Parte Crítica: "você é um fraco e outros sofrem mais!") para ver se ela

impõe resistência ou dificuldade ao acesso e tratamento da Parte que possui a dor. Se a Parte envolvida colocar empecilho, teremos que negociar com ela no sentido de tratar a Parte com sofrimento para ajudá-la e se curar. Normalmente, isso costuma ser suficiente para a Parte Protetora se dispor a deixar o local e nos permitir ter acesso à Parte que carrega a dor (Excluída). Se não fosse dessa forma, teríamos que continuar negociando com ela, ou em casos mais resistentes, teríamos que transformar a Parte Protetora na Parte Alvo da terapia e do processamento, para que ela também pudesse contar sua história. Qualquer que seja o caso, na mesma sessão ou em outra, o objetivo é chegar à Parte com dor (a Parte Excluída).

3. Perguntamos onde o paciente sente a Parte Alvo no corpo e a ajudamos a se manifestar o mais explicitamente possível. Por exemplo, podemos pedir que ele se permita observar a sensação da Parte no corpo e veja se há alguma imagem ou cena associada a ela, ou ainda, se há alguma emoção ou crença conectada à sensação. Uma vez explicitado isso, costumo perguntar ao paciente "o que você está sentindo por esta Parte agora?" como forma de verificar se ele está em seu Eu Essencial ou em outra Parte Protetora. Se a pessoa manifestar *interesse, curiosidade, amor, aceitação* ou alguma atitude positiva e não julgadora, nem ansiosa, entendemos que ele/ela tem energia ativa suficiente no seu Eu Essencial para iniciar o processamento em um contexto de *vínculo interno* entre o Eu Essencial e a Parte Alvo. Assim, temos condições de passar para etapa de busca do *brainspot*. É aconselhável utilizar o SUD de 0 a 10 como medida da quantidade de processamento que vai sendo feita e/ou para avaliar, ao final, quanto foi processado ou ainda falta processar. Pedimos ao paciente que mantenha sua atenção na sensação corporal da Parte e buscamos a posição ocular onde ele sente maior ativação.

4. Iniciamos o processamento em atenção plena focada, com um comando: "Dê espaço a essa Parte, e à sensação na qual ela se manifesta, permitindo que ela se expresse por meio de sensações, imagens, emoções ou de quaisquer outras formas,

e diga tudo o que precisa que você saiba, e simplesmente a receba o que ela lhe der com carinho e curiosidade".

5. Durante o processamento, estaremos investigar, de vez em quando, o que acontece ou o que é dito pela Parte ou sensação corporal. Convém não abusar dessas indagações, a fim de deixar espaço e silêncio suficientes para que o Eu Essencial ouvir e observar o que chega, sem se sentir interrompido ou invadido. E de tempos em tempos, o terapeuta também verificará como o paciente está sentindo o corpo, para que ele mantenha esse foco.

6. Chegando ao final, investigaremos como está nível de SUD para avaliar o quanto foi processado. Se o SUD tiver atingido 0 (zero), pede-se ao paciente que pergunte à Parte se ela ainda quer expressar alguma coisa ("espremer o bagaço"). Se não houver mais nada, e as sensações forem agradáveis e positivas, e ainda houver tempo na sessão, o cliente é incentivado a continuar com o sentimento agradável e ver o que advém daí (sempre sem expectativas ou impaciência). Aqui, entramos no *modo de expansão da experiência*. Normalmente, haverá novos comportamentos funcionais associados a serem utilizados na vida atual. Como já foi indicado, é sempre aconselhável sugerir ao paciente que se concentre na cena inicial, na qual a Parte Alvo estava sofrendo, e veja como está a situação agora, com as novas sensações. E, por fim, sugere-se ao paciente que se observe na vida diária, com esse novo sentimento (função de planejamento da ação do córtex pré-frontal).

7. Caso o SUD não tenha atingido nível 0 (zero) na sessão, é promovido um fechamento parcial, dando à Parte a oportunidade de sugerir o que ainda falta ser expresso no SUD, que continua ativo. É preciso deixar garantido que não vamos nos esquecer dela e que voltaremos a ela na próxima sessão.

Em pacientes especialmente difíceis (aqueles com mais dificuldade de manter a modulação das emoções intensas ou de acalmar suas Partes mais doloridas), é aconselhável promover a conexão interna entre o Eu Essencial e a Parte trabalhada durante a semana. Você pode perguntar: "O que você sente pela menina agora?", ou "Pergunte à menina que está sentada em seu colo agora como ela gostaria que você se relacionasse com ela durante a semana". Geralmente, essas partes mais dissociadas precisam do contato estável de alguém que os veja, cuida delas e lhes preste atenção. Desta forma, incentivamos o paciente a desenvolver um compromisso de visitar a parte com a qual estamos lidando, se possível, todos os dias, mas sempre respeitando o que a pessoa aceitar ou disser. Essa medida busca promover *o vínculo interno* entre o Eu Essencial e a Parte que estivermos tratando, além de desenvolver uma nova rede neurológica de conexão entre a parte traumatizada e a dimensão amorosa e cuidadosa do paciente.

Se, durante o processamento, surgirem outras Partes Defensoras, Raiva, ou Medo do paciente para com ele mesmo, convém verificar como essas Partes se relacionam com o trabalho realizado e com a conexão estabelecida entre o Eu Essencial e a Parte Alvo. Normalmente, quando o processamento não chega ao fim, essas Partes envolvidas no problema dizem que continuarão vigilantes, ou que "terão que ver o que irá acontecer" antes que elas possam transformar a função que estavam realizando. De certa forma, o sistema deve considerar se a transformação é estável e se realmente ajuda na vida diária.

Em outras ocasiões, algumas Partes Protetoras podem se mostrar particularmente resistentes durante o processamento. Se esse for o caso, devemos dar espaço a esta Parte Protetora, e talvez transformá-la em uma Parte Alvo, para que ela diga como ajudou com o que fez e conte sua história de dor. Nesse caso, devemos ter o cuidado de expressar e garantir à Parte Excluída, com a qual começamos o trabalho, que voltaremos à ela mais tarde, nessa sessão, ou se não for possível, numa próxima.

Uma variante do procedimento acima é empregar mais de um *brainspot* para cada uma das diferentes Partes envolvidas no problema. Por exemplo, no caso de Partes muito magoadas umas com as outras, tradicionalmente conhecidas como Partes Polarizadas, pode-se localizar o *brainspot* para cada uma deles e então promover o processamento indo de uma para a outra. Uma maneira elegante é perguntar ao sistema interno: "qual delas, você sente que deve receber atenção primeiro?". E, quando uma delas tiver se expressado e aliviado o suficiente, incentivar o paciente a pergunte se está tranquilo ir para o outro *brainspot* para o que está acontecendo com a outra. Geralmente, pode-se iniciar sugerindo ao paciente que pergunte à outra Parte se ela ouviu o que a anterior disse, e diga que ela também pode revelar o que estiver guardado na sensação percebida. Sugere-se ao paciente que, quando sentir que foi suficiente para uma das partes, ele vá até o outro *brainspot* e observe o que acontece lá, ou simplesmente fique atento ao que vier deste *brainspot*. Desta forma, promove-se um processamento múltiplo, que geralmente leva à harmonização ou integração do sistema.

Na terapia com Linda, estávamos tratando seu medo de não ser uma boa mãe para seu bebê e como ela sentia uma forte autoexigência ter um bom desempenho, o que, às vezes, a levava a sentir raiva pelo o bebê quando ele não fazia o que ela achava que ele deveria fazer (especialmente comer bem ou ficar quieto nas relações sociais). Ela sentia raiva porque seu bebê não se comportava bem como os filhos de suas amigas quando elas saíram juntas. Durante o processamento, surgiram memórias e material doloroso mostrando como a mãe de Linda tinha sido descuidada e negligente com ela, como não mudava a fralda quando ela estava suja, não ia buscá-la na escola... Ela se lembrou de uma situação particularmente dolorosa: quando ela fazia xixi na cama, à noite, sua mãe era desumana. Uma vez, quando tinha 6 anos, sua mãe a jogou da escada por ela ter feito xixi e disse: "Você não vai voltar para dentro de casa porque é uma vagabunda, você não vale nada". Linda recordava deste episódio com muita dor, e sentia que "não tinha valor" para sua mãe. Ela tinha prometido jamais ser como sua mãe, e desde certa idade, tornou-se muito disciplinada e aplicada aos estudos como uma forma de "demonstrar para a mãe que tinha valor". Perto da metade do processamento, a *autoexigência* surgiu com muita força, junto com uma rejeição de Linda por sua *autoexigência*. Bastou uma intervenção psicoeducativa: "Rejeitar algo seu não ajuda a curá-lo. Vamos ver se a rejeição pode permitir que você lide com a autoexigência a partir de um lugar curativo". Assim, Linda também pode observar a autoexigência. Ela pediu à autoexigência que explicasse como tinha ajudado. A *autoexigência* foi dizendo como, graças a ela, Linda pode estudar, seguir adiante, e se proteger da dor de se sentir *invalidada* pela mãe. Só depois que a autoexigência pode se sentir reconhecida e valorizada, e, acima de tudo, descarregar sua história e sua fadiga, ela permitiu novamente retornarmos à menina desprezada pela mãe e terminar de processar e descarregar a dor dela. Por fim, a menina se sentiu bem e valorizada, e a autoexigência se transformou em uma parte que a ajudava a organizar o tempo e as coisas práticas no cuidado com seu bebê.

Trabalhando com a dissociação extrema

Os clientes com Estresse Pós-traumático muito complexo ou Transtorno Dissociativo de Identidade (múltiplas personalidades) terão dificuldade de trabalhar diretamente com um *brainspot* por ele fornecer um acesso muito direto às experiências e estes pacientes terem dificuldade em manter tais emoções fortes. Nesses casos, é mais adequado realizar um trabalho mais focado na relação com o terapeuta, que é a parte da sintonia relacional, do modelo de *Sintonia Dual de Brainspotting*.

O terapeuta deve ajudar o cliente a identificar a Parte que precisa de atenção na sessão, para que ele se relacione com ela a partir de uma atitude de interesse, curiosidade e respeito (o Eu Essencial). Com esses clientes, a posição ocular mais apropriada será aquela que acessar áreas de experiências que contenham recursos positivos, tais como bem-estar, força ou desejo de viver ou de ser homem ou mulher... Esses recursos positivos devem ser sentidos no corpo, para depois iniciar a busca pelo *brainspot,* a fim de expandi-los e ajudar a promover um cérebro resiliente. Em outros casos, a posição ocular, por excelência, será a de olhar nos olhos do terapeuta. Olhar para os olhos do cuidador é a primeira posição ocular biologicamente programada no bebê, e quando ocorre com presença e conexão é um recurso poderoso. Para alguns desses clientes, é o mais poderoso.

Quando temos de trabalhar com uma dissociação complexa, as capacidades de sintonia e presença do terapeuta são ainda mais fundamentais do que nos outros casos e, provavelmente, mais difíceis de serem mantidas pelo terapeuta devido ao intenso trauma de seu cliente. O terapeuta precisa ser mais ativo e diretivo no processo e na identificação dos aspectos que merecem mais atenção. Muitas vezes, ele tem que trabalhar diretamente com uma das Partes mais traumatizadas. E mesmo assim, precisa ajudar o cliente a se estabelecer pouco a pouco em seu Eu Essencial para se relacionar com essas Partes que trazem mais sofrimento e são mais frágeis. Na medida em que isso acontece, ele estará disponibilizando para o cliente seus próprios recursos de cura, autocuidado e autorregulação.

Talvez fique mais claro se ilustrarmos com um caso. Berenice é uma mulher que sofreu abuso sexual de seu pai dos 4 aos 10 anos. Era brutalmente violentada por ele, que também lhe dizia as coisas mais perversas e cruéis. Sua mãe tinha tentado se suicidar quando estava grávida dela, e foi sempre uma mãe deprimida que buscava a companhia da filha. Berenice tem uma personalidade muito fragmentada e aprendeu a se desassociar, desligando-se já no período intrauterino, quando se encontrava em um ambiente tóxico e deprimido[26]. Em uma sessão de terapia, ela manifestou sua necessidade de descansar e deitar no sofá do escritório. Eu fiquei simplesmente ao seu lado *assistindo*, vendo que nada acontecia. Ela chorou porque tinha tido, muitas vezes, essa fantasia, de poder dormir com alguém que ficasse de guarda para que ela pudesse relaxar, saindo do estado de alerta para se recuperar e dormir em paz. Aquela foi uma sessão reparadora de cura. Mas ao voltar para casa, depois de caminhar por cerca de dez minutos para de pegar o trem de volta, quando ela chegou à estação do trem, caiu inconsciente, desmaiada, provocando um pequeno machucado no quadril. Na sessão seguinte, começamos com esse episódio. Fiquei interessado no que ela estava sentindo no caminho de volta para casa, depois da sessão anterior. Ela disse: "Meus processos são lentos, preciso de tempo para voltar à atividade normal, e estava saindo do limbo". Depois, disse que quando chegou à estação havia muita gente e barulho: "é como se o mundo 'me tomasse de assalto'

---

[26] Pesquisas revelam como, já no período intrauterino, o bebê é capaz de secretar hormônios protetores para se resguardar do estresse agudo de sua mãe, ou de algum estresse que ocorra em uma situação específica, mas não conseguem mais se proteger quando vive em um ambiente uterino cronicamente estressado e tóxico, onde os hormônios do estresse de mãe adentram a placenta. A mesma situação foi encontrada em bebês que têm ambos os pais negligentes, cujo nível de cortisol é extremamente baixo. O cortisol é um hormônio do estresse, então um nível funcional ajuda o bebê a lutar e buscar atividade, mas quando fica abaixo do normal, revela que o bebê se resigna e se rende: não espera mais nada. Podemos dizer que os hormônios da mãe decidem quais genes serão ativados e expressos no bebê, organizando o sistema nervoso da criança na mesma direção do da mãe (traduzido da edição em espanhol Dowling, Martz, Leonard e Zoeler, 2000).

e não pudesse lidar com tanta estimulação". Achei esse fato semelhante a quando alguém está protegido em um útero, quente e calmo e, de repente, se acha num ambiente hostil, cheio de barulho e toxicidade. Ela disse que foi algo automático, seu corpo reagiu assim. Lembrei que os bebês não possuem resposta de defesa de luta e fuga, muito menos no útero. Ela fica constantemente despersonalizada, então lhe perguntei qual seria o percentual de presença dela e qual o percentual de ausência. Ela me disse que em 40% do tempo, está ausente. Eu propus tratar a Parte Ausente. Berenice disse que a Parte que estava ausente sempre foi assim. Eu sugeri que ela se relacionasse com a Parte Ausente e tentasse perceber como a via e que aparência teria. Ela tinha uma aparência de fantasma, sem forma. Ao ser objeto de interesse e ser questionada sobre o que a mantinha fora do corpo, a Parte dissociada disse que ela sempre foi assim, que nunca tinha *encarnado completamente porque tinha encontrado um ambiente frio e agressivo* e não queria estar em corpo assim. Já no útero da mãe, sentiu falta de mãe, pois a dela tinha tentado cometer suicídio e estava deprimida. Essa Parte ausente aprendeu a ficar meio encarnada, meio fora do corpo, desejando retornar ao seu estado anterior, calmo e seguro. Ficamos interessados em saber como ela tinha ajudado Berenice, mesmo estando meio encarnada. Ela relatou que havia encontrado um ambiente cruel e sem cuidados, que no corpo havia sofrimento, e por isso ela tinha aprendido a criar outra Parte (outra identidade) a quem ela chamou de Sandra, que conseguindo permanecer no corpo e, mais tarde, suportou estoicamente os abusos do pai. Assim, a Parte dissociada conseguiu *escapar ilesa*. Pouco a pouco, aprendemos sobre as funções de sobrevivência dessa Parte não encarnada, com ela conseguiu ficar em um lugar - fora do corpo - onde pode manter, pelo menos, uma parte sua "pura" e "intocada" até que ela pudesse crescer, sair de casa e encontrar um mundo melhor. Quando Berenice conheceu as funções dessa Parte, ela pode demonstrar gratidão. Também promovemos o encontro entre a Parte não encarnada e Sandra (esta se sentia injustiçada de ter sido deixada no corpo, tendo que sofrer). Nesta sessão, ambas as Partes puderam se conhecer e agradecer o que faziam uma pela outra: Sandra poderia continuar vivendo em um corpo maltratado (porém viva) e a Parte não encarnada se manteve pura e intocada até que ela estivesse mais velha e pudesse sair daquela situação. Este foi o início de um processo de integração de Berenice que, a partir do seu Eu Essencial, poderia se relacionar com duas partes muito antigas e frágeis em sua vida.

Como podemos ver, para alguns desses pacientes, é primordial ajudá-los a estabelecer um vínculo interno entre seu Eu Essencial e as diferentes Partes, facilitando um processo de consciência conjunta, autoconhecimento e cooperação para poder tirar a carga da história traumática. Nesses casos, o *brainspot* no recurso positivo pode ser útil, e mesmo indicado.

Brainspoting com Trauma Transgeracional: Curando as Cargas

Discuti no Capítulo 4 sobre a perspectiva transgeracional de como os traumas dos ancestrais podem pesar na vida das pessoas. Nesses casos, a *história emprestada* de algum antepassado tem o peso de um legado ou atribuição que o descendente tem que carregar para tentar consertar, resgatar ou simplesmente recordar como um tributo àquela história. Chamo este fenômeno de *histórias emprestadas* por não serem próprias das pessoas, mas de outras. Isso significa que, em algum momento e de alguma forma, a carga energético-experiencial das vivências que não foram processadas pelos nossos progenitores ou por outros antepassados (criptas ou fantasmas) foi insuflado, por via epigenética e relacionais, através do vínculo do nosso próprio sistema, ou seja, algum parte nossa "adotou" essa carga e traz a experiência de outra pessoa. Essa informação transgeracional é levada como uma história implícita, sentida em nossa corporeidade mais inconsciente, mas que dá a cor e o sabor de nossa vida.

As heranças psíquicas garantem a conservação das aquisições e do potencial espiritual da humanidade, mas também transmitem às crianças o ônus de superar as questões que ficaram em aberto no inconsciente de seus pais e antepassados.

A *rememoração geracional* pode proporcionar uma iniciativa de se reconectar neurológica e espiritualmente com memórias suprimidas para, finalmente, se reconectar com o verdadeiro eu e se libertar das cargas históricas que não são próprias. O reconhecimento, a ativação e a reconciliação da informação contida nessas memórias trazem à tona o fardo emocional da experiência histórica traumática e, ao mesmo tempo, liberam a ansiedade persistente associada neurologicamente à repressão forçada (Ruby Gibson, 2008).

Como dizem os títulos de dois importantes livros no campo da traumatologia – El cuerpo lleva la cuenta (Bessel van der Kolk, 2014) e El cuerpo lleva la carga (Rober Scaer, 2001) –, o corpo contém a gravação tanto da nossa história pessoal quanto da nossa pré-história, e as experiências resolvidas e não resolvidas de nossos antepassados, seu legado experiencial. Podemos encontrar nas sensações mais sutis a informação que ainda não foi metabolizada e transformada em uma lição adaptativa para nossa vida.

O trabalho a ser feito com o trauma transgeracional é uma extensão do trabalho com os estados do Eu e das Partes que expus na seção anterior. Deve-se considerar o que foi exposto acima, sobre nosso próprio sistema *absorver* a informação legada pelo outro através do contato com ela, seja através da via epigenética ou através do vínculo emocional (ver seção "A transmissão da vida psíquica", capítulo 4). Com isso, podemos ajudar a revelar, descarregar e transformar um fardo emprestado. Nosso sistema interno adotou os mandatos, encargos ou dívidas como forma de continuar a pertencer ao clã e como forma de aceitar uma identidade demandada pelo sistema familiar. Como bem disse Freud, todo indivíduo se move entre duas necessidades: "ser o seu próprio fim" e "ser o elo de uma cadeia à qual se está sujeito, sem a participação da própria vontade" (citado em Tisseron, 1997; página 13). Ou seja, essas cargas familiares emprestadas foram adotadas pela pessoa para poder sobreviver, já que um dos principais imperativos da sobrevivência é ser aceito e pertencer ao clã, à família, à cultura, ao país. No entanto, essas cargas adotadas inibem a capacidade de ser quem realmente somos, além dos requisitos e exigências do sistema.

Do ponto de vista psicogenealógico, o processo de se tornar um indivíduo diferenciado do clã consiste em diferenciar-se da árvore genealógica, se aproximando da realização e da plenitude pessoal para, finalmente, retornar ao clã em uma atitude de honra e perdão compassivo, deixando uma nova luz, livre de cargas para as gerações posteriores. Desta forma, seremos os antepassados protetores e esclarecedores para nossos descendentes.

Com o *Brainspotting*, podemos ajudar a pessoa a identificar a manifestação de suas experiências no corpo ou em alguma Parte, ou estado, do Eu identificado com algum progenitor ou antepassado. Podemos fazê-lo através de:

- Sensação percebida de um padrão geracional.

- Enfermidade geracional, problema de saúde ou sintoma físico.

- Memória ancestral, história ou comportamento; como e onde é sentida no corpo.

- Sensação de um trauma familiar ou cultural.

- Sensação percebida dos padres biológicos para os adotados.

- Um sonho emocional e sua repetição no tempo.

- Sensação percebida de um talento criativo herdado.

- Relação com territórios aborígenes.

- Significado de brasões familiares, insígnias, símbolos, imagens e como isso é sentido no corpo.

- Traumas de guerra, desaparecidos, mortes na família, influência e presença de algum ancestral específico ou de muitos outros.

Todos esses fenômenos podem ser investigados por meio da percepção sutil do que sentimos em alguma impressão corporal, em alguma imagem, sonho ou qualquer outra manifestação fenomenológica de nossas experiências. Isso nos permite buscar o *brainspot* tal como expliquei acima e, através dele, manter um ponto de acesso ou sintonia neurológica com a experiência desconhecida, mas registrada na *profundidade da nossa carne*.

Quando trabalhamos com questões transgeracionais, algumas questões são pertinentes e indicadas para o paciente levantar junto ao seu sistema, ou à Parte portadora da experiência:

- "Pergunte a essa Parte se essa tristeza, ou esse cansaço, expressa algo vivido por você mesmo, na sua vida, ou algo que representa outra pessoa. Se a resposta confirmar que não é algo próprio,

- "Pergunte se ela pode dar alguma indicação de quem ela representa ou de quem vem essa sensação", ou talvez "permita que venha a linhagem de seus antepassados - paterna ou materna - e incentive a manifestação dos antepassados, tanto dos conhecidos quanto dos desconhecidos. E veja se há algum que se destaca ou expressa alguma conexão especial com a sensação de...". Depois de identificada a energia do antepassado expressa na experiência, procedemos ao processamento.

- "Dê espaço e incentive a manifestação da energia desse ancestral expressa através de sensações físicas, imagens, sentimentos ou de qualquer outra forma de informação com a história que está sento mantida aí". E a partir desse momento, incentivamos a realização do processamento com atenção plena focada no *Brainspotting*. À medida que a informação armazenada vai sendo revelada, simplesmente mantemos o processo para que ela continue expressando as sensações existentes, as emoções que afloram, as imagens, etc. Sempre sustente e apoie a dimensão do Eu Essencial do paciente, para que ele fique presente e acolha o que vier. Esse suporte deve facilitar a chegada da informação ao corpo e à região subcortical do cérebro da consciência observadora, sem preconceitos ou julgamentos, que confia no que vier. Em alguns casos, na ausência de uma experiência de referência que confirme a veracidade do que aflora, podem surgir Partes internas que desconfiam se o que aflora é algo real ou inventado. Essa é a natureza da experiência fantasma à qual me referi no capítulo 4. Devemos encorajar o paciente a confiar e acreditar no que aflora, permitindo que a experiência flua.

Após a energia do antepassado ter sido descarregada, e a história revelada, podemos sugerir que ele vá ou se desobrigue, ou ainda, que o paciente observe se a energia do antepassado quer sugerir algum ensinamento de vida para ele.

Em muitos casos, esse movimento libera energia não metabolizada, e então, podemos sugerir que faça uma revisão de como aquela Parte, que carregou a *história emprestada*, está agora. Em geral, esse processo de transformação é suficientemente para curar e despertar a compreensão e a visão compassiva do sistema, ou da comunidade interna da pessoa, para que ele se reorganize. Em outros casos, será conveniente reprocessar a própria ferida de "não ter sido visto" ou "não ter recebido os cuidados normais" que teriam ocorrido caso o progenitor também não tivesse sido afetado por um trauma. Isso também pode exigir uma revisão e observação de como a Parte que portava a energia do antepassado está agora. Ou pode ser preciso dar espaço para ver se há alguma outra Parte que esteja se manifestando por meio de alguma outra sensação física de desconforto, e perguntar se é preciso buscar um novo *brainspot* para facilitar o acesso e o processamento desse sentimento que ainda permanece.

Concluindo, neste capítulo, expliquei como o *Brainspotting* é uma técnica neurológica para acessar as experiências profundas e inconscientes registradas na corporeidade. Revisei e propus um procedimento de trabalho para localizar o *brainspot*, ou a posição ocular relevante, a fim de facilitar o reprocessamento subsequente da experiência ainda não metabolizada para sua completa transformação. O leitor que queira ter uma visão mais extensa do desenvolvimento da técnica pode consultar o livro de David Grand, pois aqui, pretendi ilustrar o emprego do *Brainspotting* como uma forma de trabalhar os conteúdos mais complexos de traumas manifestos nos casos mais difíceis, nos quais a fragmentação do eu é mais pronunciada e, portanto, carecem de um trabalho com um enquadramento mais limitado e mais restrito. E nos casos em que o impacto do trauma transgeracional tem um peso muito significativo, convém ser abordados de forma mais específica.

Bibliografia

Abraham, N. (1974-1975). *Notes du séminaire sur l'unité duelle et le fantôme*. In *L'Ecorce et le Noyau*. Paris: Flammarion, 1978.

Abraham, N. y Torok, M. (1978); *L'écorce et le noyau*, De. Flammarion, Paris.

Assagioli, R. (1973) *Principi e Metodi della Psicosintesi Terapéutica*, Astro-labio. Roma. (Edição em espanhol: *Psicosíntesis. Ser Transpersonal: El nacimiento de nuestro ser real*. Ed. Gaia, 2010)

Badenoch, B. (2008). Being a Brain-wise therapist. A practical guide to interpersonal neurobiology. W. W. Norton & Company: Nova Iorque.

Barry, C. (2014). *Méditer avec les grands Maitress* (Meditar con los grandes maestros), Presse du Châtelet.

Balsekar, R. S. (2015). *El buscador es lo buscado: Las enseñanzas eseciales de Sri Nisar Gadatta Maharaj*. Ed. Gaia

Bowlby, J. (1988). *A Secure Base: Parent-Child attachment and healthy Human Development*. Nova Iorque: Basic Books.

Berne, E. (1973) *What do you say after you say Hello!*. Grove Press, Inc. Nova Iorque, (Edição em espanhol Berne, E. ¿Qué dice usted después de decir hola? Barcelona: Grijalbo, 1974)

Bion, W. R. (1962). *Learning from experience*. Nova Iorque: Basic Books.

Bion, W.R. (1970). *Attention and interpretation*. Londres: Heinemann

Bourquin, P. & Cortes, C (2014). *El Gemelo Solitario*. Ed. Descleé de Brower

Brach, T. (2003). *Radical Acceptance: Embracing Your Life With the Heart of a Buddha*. Bantam Books

Breuer, J. & Freud, S. (1955a). Studies on hysteria. In J. Struchey (Ed. & Trans.). *The standard Edition of the complete psychological Works of Sigmund Freud* (Vol. 2). Londres: Hogarth Press. (Trabalho original publicado em 1893-1895).

Bugenthal, J.F. (1987). *The Art of the Psychotherapist*. Nova Iorque, W.W. Norton.

Calof, D.L. (1992). Adult children of incest and child abuse: Holograms of the trace generational family. *American Family Therapy Academy Newsletter, 50, 34-40*.

Carvalho, E (2012). *Sanando la Pandilla que vive dentro. Como las nuevas terapias de reprocesamiento pueden sanar nuestros roles internos*. Ed Santa Cruz, Brasil

Cook, J. J. (1964) Silence in psychotherapy. *Journal of Counseling Psychology*, Vol 11(1), 1964, 42-46.

Corrigan F, Grand D. (2013), Brainspotting: Recruiting the midbrain for accessing and healing sensorimotor memories of traumatic activation. *Medical Hypotheses* 80 (2013) 759-766 (http://dx.doi.org/10.1016/j.mehy.2013.03.005

Corrigan, F.M., Wilson, A. y Fay, F. (2014). The Compassionate Self. En Lanius, U. F., Paulsen, S. L. & Corrigan, F. M.. *Neurology and Treatment of Traumatic Dissociation. Toward an Embodied Self*. Springer Publishing Company, Nova Iorque.

Cyrulnik, B. (1983). *Mémoire de singe et paroles d'homme*. París, Hachette.

Cyrulnik. B. (2005). *Bajo el signo del vínculo*. Ed. Gedisa, Barcelona

Damasio. A. (2005). *En busca de Spinoza. Neurobiología de la emoción y los sentimientos*. Ed. Crítica, Barcelona

Damasio, A. (1999). *The feeling of what happens: body and emotion in the making of conciousness*. Nova Iorque: Harcourt Brace.

Damasio, A. (2010). *Y el cerebro creó al hombre. ¿Cómo pudo el cerebro generar emociones, sentimientos, ideas y el yo?*. Ed. Destino, Barcelona.

Doidge, N. (2007) *The brains that changes itself: Stories of personal triumph from the frontiers of brain science*. Nova Iorque: Penguin Books.

Dowling, A.L.S., Martz, G.U., Leonard, J.L. & Zoeller, R.T. (2000). Acute changes in maternal thyroid hormone induce rapid and transient changes in gene expresión in fetal rat. *Journal of Neuroscience*, 20, 2255-2265.

Dumas, D. (1985). *L'angle et le fantôme*. París: Minuit.

Emerson, W. R. (1999b) *Shock: A universal malady −Prenatal and perinatal origins of suffering*. (Disponível en Emerson Training Seminars, **www.emersonbirhtrx.com**)

Engel, A.K., Fries, P. y Singer, W. (2001). Dynamic predictions: oscillations and synchrony in top-down processing. *Nature Reviews Neuroscience.* Out;2(10):704-16.

Erskine, R.G., Moursund, J.P., & Trautmann, R.L. (1999). *Beyond Empathy: A Therapy of Contact in Relationship*. Brunner/Mazel,

Philadelphia, PA. (Edição em espanhol: Más allá de la empatía. Una terapia de contacto en la relación. Ed. Desclée de Brouer: Bilbao, 2012).

Erskine, R.G. & Zalcman, M.J. (1979) The racket system: a model for racket analysis. *Transactional Analysis Journal*, 9, 51-59.

Faimberg, H.(1996). *Transmisón de la vida psíquica entre generaciones.* Buenos Aires: Amorrortu.

Faimberg, H. (1993): *A la escucha del telescopaje de las generaciones. Pertinencia del concepto.* En *Transmisión de la vida psíquica entre generaciones*, René Kaës y colab.. Buenos Aires: Amorrortu, 1996.

Faimberg, H. (1993). *El telescopaje [encaje] del las generaciones (Acerca de la genealogía de ciertas identificaciones)*, en Transmisión de la vida psíquica entre generaciones. Amorrortu editores. 1996.

Ferrucci, P. (2000). *Psicosíntesis.* Ed. Sirio: Málaga

Field, T., Diego, M. & Hernández-Reif, M. (2006). Prenatal depression effects on the fetus and the newborn: A review. *Infant Behavior and Development, 29 (3), 445-455.*

Freud, S. (1912/1958). *The dynamics of transference.* En *Standard Edition* (Vol. 12, pp. 97-108). London: Hogarth Press.

Field, T., Diego, M. & Hernández-Reif, M. (2006). Prenatal depresión effects on the fetus and newborn: A review. *Infant Behavior and Development, 29 (3), 445-449.*

Field, T., Healy, B., Goldstein, S., Perry, S, Bendell, D., Schanberg, S. Et al. (1988). Infants of depressed Mathers show 'depressed' behavior even with nondepressed adults. *Child Development, 59(6), 1569-1579.*

Fraiberg, S., Adelson, E., & Shapiro, V. (1975). Ghosts in the nursery: A psychoanalytic approach to the problems of impaired infant-mother relationships. *Journal of the American Academy of Child Psychiatry, 14, 387–422.*

Fosha, D. (2004). Nothing that feels bad is ever the last step: 'the role of positive emotions in experiential work with difficult emotional experiences. *Clinical Psychology & Psychotherapy. Volume 11, Edição 1. 30-44*

Fosha, D. (2005). Emotion, true self, true other, core state: toward a clinical theory of affective change process. *Psychoanalytic Review, 92 (4), 513-552.*

Fosha, D. (2008) Transformance, Recognition of Self by Self, and Effective Action . In K. J. Schneider (Ed.) *Existential-Integrative Psychotherapy: Guideposts to the Core of Practice*, pp. 290-320. New York: Routledge.

Francis, R. C. (2011). *Epigenetics – TheUltimate Mystery of Inheritance.* W. W. Norton & Co.

Freud, S. (1912). Dinámica de la transferencia. En: *Obras Completas.* Amorrortu Editores, Vol. XII.

Geertz (1973). *La interpretación de las culturas.* Ed. Gedisa, Barcelona , 2003

Geller S.M., Greenberg, L.S. & Watson, J.C. (2010). Therapist and client perceptions of therapeutic presence: the development of a measure. *Psychotherapy Research; 20(5): 599-610.*

Genpo Merzel, D. (2007). *Big Mind, Big Heart, Finding your way.* Big Mind Publishing. (edición en castellano: *Gran Mente Gran Corazón.* Ed. La Liebre de Marzo, Barcelona, 2008).

Gendlin, E.T. (1957). A Descriptive Introduction to Experiencing. *Counseling Center Discussion Papers, 3* (25). *The University of Chicago (Special Collections: Archival Monographs).*

Gibson, R. (2008). *My Body my Earth.* iUniverse

Grand, D. (2010). Brainspotting, un nuevo modelo de sintonía dual para la psicoterapia. *Revista de Psicoterapia, época II, vol XVIII, n° 80, 4° trimestre, pags 39-50*

Grand, D. (2014). *Brainspotting. La técnica revolucionaria que logra un cambio rápido y efectivo.* Ed. Sirio: Málaga.

Grand, D. (2015) . *Este es tu cerebro cuando haces deporte.* Ed. Eleftheria: Barcelona.

Green, A. (1970). L'Objet. *Revue française de psychanalyse.* Vol XXXIV, n° 5-6, pp. 885-1218.

Green, A. (1983). *The dead mother.* In *On Private Madness.* London: Hogarth.

Green, A. (1993). Childhood sexual and physical abuse. In J. P. Raphael (Ed.). *International handbook of traumatic stress syndromes* (pp. 577–92). Nova Iorque: Plenum Press.

Geller, S.M. & Greenberg, L.S. (2012). *Therapeutic Presence. A Mindful approach to effective therapy.* Published by American Psychological Association: Washington.

Hutterer, J. & Liss, M. (2006). Cognitive develpment, memory, trauma, treatment: An integration of psychoanalytic and behavioral Concepts in Light of current neuroscience research. *Journal of the American Academy of Psychoanalysis and Dynamic Psychiatric Annals, 374,* 236-241.

Hycner, R. (1993). *Between person and person: towards a dialogical psychotherapy.* Nova Iorque: Gestalt Journal Press.

Hycner, R. & Jacobs, L. (1995). *The healing relationship in gestalt therapy: A dialogical/self psychology approach.* Nova Iorque: Gestalt Journal Press.

Janet, P. (1887) L'anesthesie systématisée et la dissociation des phénomènes psychologiques [Ststematic anesthesia and the dissociation of psychological phenomena]. In P. Janet, *Premiers écrits* psychologiques (pp. 87-112) (Editado por S. Nicolas). Paris: L'Harmattan (Trabalho Original Publicado em 1887).

Janet, P. (1907). *The major symptoms of hysteria.* London & New York: Macmillan.

Janet, P. (1919/25). Psychological healing. New York: Macmillan

Jung, C. G. (1961). Erinneragen Träume Gedanken. Pahnteon Book: New York. (Edição em espanhol. Recuerdos, Sueños, Pensamientos. Ed. Seix Barral Los Tres Mundos: Barcelona, 2002).

Kaës, R. (1989). *Le pacte dénégatif Dans les ensembles transubjectifs,* en Missenard et al. *Le négatif. Figures et modalités,* Paris: Dunod. [El grupo y el sujeto del grupo. Elementos para una teoría psicoanalítica de grupo, Buenos Aires: Amorrortu Editories, 1995).

Kaës, R. (1993). *El sujeto de la herencia. En: Transmisión de la vida psíquica entre generaciones.* Buenos Aires, Amorrortu.

Kabat-Zinn, J. (1990). *Full catastrophe living. Using the Wisdom of Your Body and Mind to Face Stress, Pain, and Illness.* Delta Book Publishing. Nova Iorque.

Kluft, R. P. (1993b). *Clinical approaches to the integration of personalities.* In R. P. Kluft & C.G. Fine (Eds.), *Clinical perspectivas on multiple personality disorder (pp. 101-133).* Washington, DC: American Psychiatric Press.

Kohut, H. (1982). Introspection, empathy, and the semi-circle of mental Elath. *International Journal of Psychoanalysis, 63, 395-407.*

Kurtz, R. (1990). *Body-centered psychotherapy: The Hakomi Method.* Mendicino: LifeRhythm.

Laborde, N.E. (1991). *La voyance et l'inconscient.* París: Seuil.

Laing, R.D. (1976): *The Facts of Life*. London: Penguin

Lambert, M.J. & Barley, D.E. (2002). *Research summary on the therapeutic relationship and psychotherapy outcome*. In J.C. Norcross (Ed.), *Psychotherapy relationships that work: Therapist contributions and responsiveness to patients* (pp.17-32). New York, NY: Oxford University Press.

Lambert, M.J. & Simon, W. (2008). The therapeutic relationship: Central and Essentials in psychotherapy outcome. In S.F. Hick & T. Bien (Eds.), *Mindfulness and therapeutic relationship* (pp. 19-33). New York, NY: Guilford Press.

Lanius, U. F., Paulsen, S. L. & Corrigan, F. M. (2014). *Neurology and Treatment of Traumatic Dissociation. Toward an Embodied Self.* Springer Publishing Company, NY.

Levine, P. (2010). *In an unspoken voice. How the body releases trauma and restores goodness.* North Atlantic Books. (Edición en castellano: *Una voz no hablada. Cómo el cuerpo libera el trauma y restaura el bienestar.* Ed. Alma Lepik: Buenos Aires, 2013).

Levine, S. (1989). *Healing Into Life and Death*. Anchor Books. (edición en castellano: Sanar en la vida y en la muerte. Ed. Los libros del comienzo, 1996)

Levine S. (1998) *A Year to Live: How to Live this Year as If It Were Your Last*. G K Hall & Co, (Edición en castellano: Un año de vida. Ed. Los libros del comienzo, 2001)

Lovelady, H.V. (2005). *The role of silence in the counselling relationship*. Working Paper Series, nº 7. CTPDC Counselling Training Limited.

McCarty, W. A. (2004/2008). *La consciencia del bebé antes de nacer. Un comienzo milagroso.* Editorial Pax México.

MacLean, P.D. (1952). Some psychiatric implica - usar "na xxx, bla"tions of physiological studies on frontotemporal portion of limbic system (visceral brain). *Electroenceph Clinical Neurophysiology.* 4:407–418.

Mayberg, H.S.; Liotti, M.; Brannan, S.K.; McGinnis, S.; Mahurin, R. K.; Jerabek, P. A.; Silva, J. A.; Tekell, J.L.; Martin, C.C.; Lancaster, J.L.; and Fox, P.T. (1999). Reciprocal Limbic-Cortical Function and Negative Mood: Converging PET Findings in Depression and Normal Sadness. *American Journal of Psychiatry.* May; 156: Pages 675-682.

Nachin, C. (1995). *Del símbolo psicoanalítico en la neurosis, la cripta y el fantasma, en El psiquismo ante la prueba de las generaciones. Clínica del fantasma.* Dunod, París. Amorrortu editores. 1997.

Moreno, J.L. (1965) *Psicodrama.* Ed. Hormé. Buenos Aires.

Milroy, H. (2005). Preface. In S. R. Zubrick, S. R. Silburn, D. M. Lawrence et al. *The Western Australian Aboriginal Child Health Survey: The social and emotional wellbeing of Aboriginal children and young people.* Perth: Curtin University of Technology and Telethon Institute for Child Health Research.

Muid, O. (2006). *Then I lost my spirit: An analytical essay on transgenerational theory and its application to oppressed people of color nations.* Ann Arbor, MI: UMI dissertation Services/ProQuest.

Myers, C.S. (1940). *Shell shock in France 1914-1918.* Cambridge: Cambridge University Press.

Ogden, P. & Minton, K. (2000). Sensorimotor Psychotherapy: One Method for Processing Traumatic Memory. Traumatology, Vol. VI, # 3.

Ogden, P; Minton, K. & Pain, C. (2006). *Trauma and the body: A sensorimotor approach to psychotherapy.* New York: Norton. (edición castellana: Trauma y Cuerpo. Descleé de Brower, 2009)

Oh, D.H. and Choi, J. (2007). Changes in the Cerebral Perfusion After EMDR. *Journal of EMDR Practice and Research, 1 (1): Pages 24-30.*

Panksepp, J. (1998a). *Affective neuroscience: The foundations of human and animal emotions.* New York: Oxford University Press.

Paulsen, S.L. (2007). Treating disociative identity disorder with EMDR, ego state therapy and adjunct approaches. In C Forgash & M. Copeley (Eds.), *Healing the Heart of Trauma and dissociation with EMDR and ego state therapy.* New York, NY: Springer.

Paulsen, S.L. (2009[a]) *Looking through the eyes of trauma and dissociation: An illustrated guide for EMDR clinicians and clients.* Charleston, NC: Booksurge.

Pinco, S. (2008). Is it the Talking that Cures? An exploration of the Role of Silence and Words in the therapeutic process. *Doctoral Dissertation registered with International School of Graduate Studies.*

Porges, S. W. (1995). Orienting in a defensive World: mammalian modifications of our evolutionary Heritage –a polyvagal theory. *Psychophysiology, 32, 301-318.*

Porges, S. W. (2001). The polyvagal theory: Phylogenetic substrates of a social nervous system. *International Journal of Psychophysiology, 42, 123-146.*

Putnam, F. (1989) *Diagnosis and Treatment of Multiple Personality Disorder (Foundations of Modern Psychiatry).* New York, NY: Guilford.

Putnam, F. W. (1997). *Dissociation in children and adolescents.* New York: Guilford Press.

Rand, N. (1995). *Invención poética y psicoanálisis del secreto en le fantome d'Hamlet de Nicolas Abraham, en El psiquismo ante la prueba de las generaciones. Clínica del fantasma.* Dunod, París. 1995. Amorrortu editores. 1997.

Rauch, S.L.; Whalen, P. J.; Shin, L. M., et al. (2000). Exaggerated Amygdala Response to Masked Facial Stimuli in Post-Traumatic Stress Disorder: A Functional MRI Study. *Biological Psychiatry, 47 (9): Pages 769-776.*

Reik, T. (1948). *Listening with the third ear. The inner experience of a pshcoanalist.* New York: Farrar, Straus & Giroux.

Ricard, M. (2007). *Happiness: A Guide to Developing Life's Most Important Skill.* Little, Brown and Company

Rouchy, J.C. (1992). Réceptacle d'un secret: jeux interdits. *Connexions, 60, pp. 59-78.*

Rowan, J. (1990). *Subpersonalities: The People Inside Us.* New York: Routledge

Rozenbaum, A. (2005). Trauma, transmisión generacional e historización. *Revista de Psicoanálisis, LXII, 2.*

Ruffiot, A. (1981). *Appareil psychique familial et appareil psychique individuel. Hypothèse pour une onto-éco-genèse,* Dialogue, 72, AFCCC. 31-43. Paris.

Salvador. M. (2008). El guión de vida en el cuerpo. *Revista de Análisis Transaccional y Psicología Humanista, nº 59, 238-246.*

Salvador, M. (2010). El Trauma psicológico: un proceso neurofisiológico con consecuencias psicológicas. *Revista de Psicoterapia,* época II, vol XVIII, nº 80, 4º trimestre, pags 5-16.

Salvador, M. (2012). La Psicoterapia como "ir de pesca": una aproximación al neuroprocesamiento. *Revista Bonding, Edición especial 2002-2012, febrero del 2012, pag. 2-6.* (**www.galene.es**).

Scaer RC. (2001) *The body bears the burden: trauma, dissociation, and disease.* New York: The Haworth Medical Press

Scaer, R (2005). *The Trauma Spectrum: Hidden Wounds and Human Resiliency.* W. W. Norton & Company

Schore, A. (1994). *Affect regulation and the origin of the self: The neurobiology of emotional development.* New York: Erlbaum

Schore, A. (2003ª). *Affect Regulation and disorders of the self.* New York: Norton.

Schore, A. (2003b). Affect Regulation and the repair of the self. New York: Norton.

Schore, A. (2007). *The science of the art of psychotherapy.* Paper presented at conference. Los Angeles, CA.

Schore, A. (2012) *The Science of the Art of Psychotherapy*, New York, W.W. Norton.

Schwartz, R. (1995). *Internal Family System Therapy.* New York: Guilford Press (Edición castellana: Los Sistemas de la Familia Interna, Ed. Eleftheria, 2015)

Shapiro, S.L. & Carlson, L.E. (2009). *The art and science of mindfulness: Integrating mindfulness into psychology and the helping professions.* Washington, DC: American Psychological Association. Doi: 10.1037/11885-000. (Edición en castellano: *Arte y Ciencia del Mindfulness. Integrar el mindfulness en la psicología y las profesiones de ayuda.* Ed. Desclée de Brouer: Bilbao, 2014).

Shütztenberger, A. A. (2006): *¡Ay, mis ancestros!: Vínculos transgeneracionales, secretos de familia, síndrome de aniversario, transmisión de traumatismos y práctica del genosociograma.* Ed. Omeba.

Siegel, D (1999). *The Developing Mind. How relationships and the brain interact to shape who we are.* Guilford Press, New York (edición castellana: La Mente en Desarrollo. Ed. Desceé de Brouwer, Bilbao 2007).

Siegel, D. J. (2001). Toward an interpersonal neurobiology of the developing mind: attachment relationships, "mindsight," and neural integration. *Infant Mental Health Journal, 22 (1–2):* 67–94.

Siegel, D. & Hartzell, M. (2003). *Parenting from the inside out: How a deeper self-understanding can help you raise children who thrive.*

New York: Tarcher/Putnam. (edición en castellano: Ser padres conscientes. Ediciones La Llave, 2005).

Siegel, D. 2006. An interpersonal neurobiology approach to psychotherapy: Awareness, mirror neurons, and neural plasticity in the development of well-being. *Psychiatric Annals, 36 (4), 247-258.*

Siegel, D. J. (2007). *The Mindful Brain.* Norton & Company. New York. London. (Edición en castellano: *Cerebro y Mindfulness. La reflexión y la atención   plena para cultivar el bienestar.* Ed. Paidós, Barcelona, 2010)

Sogyal Rimpoche (1992). *The Tibetan Book of Living and Dying .Noetic Sciences   Review* (edición en castellano: *El libro   tibetano de la vida y de la muerte.* Ed.   Urano, 1994)

Stern, D. (1991). *El mundo interpersonal del infante.* Ed. Paidós, Buenos Aires.

Stone, H. & S. (1989). *Embracing Our Selves: The Voice Dialog Manual.* New York: the New York Library. (Edición en castellano. *Manual del Diálogo de Voces.* Ed. Eleftheria, Barcelona. 2014).

Sunderland, M. (2006). *The science of parenting: How today's brain research can help you raise happy,, emotionally balanced children.* New York: DK Publishing.

Suzuki, S. (2000). *Zen Mind, Beginner's Mind.* Weatherhill. New York.

Thich Nhat Hanh (2000). *El corazón de las enseñanzas de Buda.* Oniro. Barcelona.

Thich Nhat Hanh (2006) *The Nature of Mind.* Berkeley, CA: Parallax Pre

Thich Nhat Hanh (2007). *El Milagro del Mindfulness.* Ed. Oniro

Tisseron, S. (1989). *Des mots et des images. Revue Française de Psychoanalyse.* Paris, LIII (6), 1993-1997.

Tisseron, S. (1995). Las imágenes psíquicas entre generaciones. En *El psiquismo ante la prueba de las generaciones.* Amorrortu editores, 1997.

Tisseron, S., Torok, M.; Rand, N.; Nachin, C.; Hachet, P. & Rouchy, J.C. (1997). *El psiquismo ante la prueba de las generaciones.* Amorrortu Editores: Buenos Aires.

Tronik, E.Z. & Weinberg, M.K. (1996). Infant affective reactions to the resumption of maternal interaction after the still-face. *Child Development, 67, 905-914*

Urry, H. L., Nitschke, J.B., Dolski, I., Jackson, D.C., Dalton, K.M., Mueller, C. J. Et al. (2004) . Making a life worth living: Neural correlates of wellbeing. *Psychological Science, 15 (6), 367-372.*

Van der Hart, O; Nijenhuis, E. & Steele, K. (2006). *The haunted self: Structural dissociation and the treatment of chronic traumatization.* New York: Norton (traducción castellana: El Yo Atormentado. Descleé de Brower, 2008).

Van der Kolk (2014). *The body keeps th escore: brain, mind and body in the healing of trauma.* Viking Penguin. (publicado en castellano: *El cuerpo lleva la cuenta.* Ed. Eleftheria: Barcelona, 2015).

Vivino, B.L., Thompson, B.J., Hill, C.E. & Ladany, N. (2009). Compassion in psychotherapy: The perspective of therapist nominated as compassionate. *Psychotherapy Research,* 19(2), 157-171.

Wade, J. (1996). *Changes of mind: a holonomic theory of the evolution of consciousness.* New York State University Press, Albany, NY.

Winnicott, D. W. (1965). *The maturational process and the facilitating environment.* New York: International Universities Press.

Winnicott, D.W. (1992) *The Family and Individual.* London, Routledge.

Sobre o Autor

Mario C. Salvador é psicólogo clínico e psicoterapeuta, fundador e diretor do *Instituto Alecés de Psicoterapia Integradora del Trauma*. É formador internacional acreditado em Psicoterapia Integrativa, Análise Transacional e Brainspotting, além de consultor de EMDR. É também conferencista e docente atuante no Brasil, Romênia, Eslovênia, Equador, Áustria e Itália. Diretor e professor principal no Seminário de Desenvolvimento Profissional em Integração e Reprocessamento do trauma, do Instituto Alecés. Autor de diversos artigos na área de psicoterapia e tratamento do trauma.

Mais Livros da
TraumaClinic Edições

Leia mais sobre nossos livros em nosso site
www.traumaclinicedicoes.com.br

Oferecemos desconto para aquisição em quantidade para livros impressos

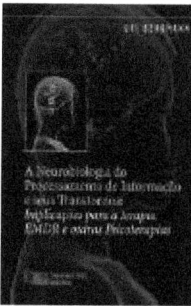

A Neurobiologia do Processamento de Informação e seus Transtornos
Uri Bergmann, Ph.D.

A Revolução EMDR
Tal Croitoru

Brainspotting
David Grand, Ph.D.

Casal em Foco
Silvana Ricci Salomoni

Cura Emocional em Velocidade Máxima
David Grand, Ph.D.

Curando A Galera Que Mora Lá Dentro
Esly Carvalho, Ph.D.

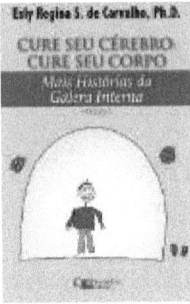

**Cure Seu Cérebro,
Cure Seu Corpo**
Esly Carvalho, Ph.D.

**Definindo e
Redefinindo EMDR**
David Grand, Ph.D.

**Deixando O Seu
Passado no Passado**
Francine
Shapiro, Ph.D.

**Dia Ruim...
Vá Embora**
Ana Gómez

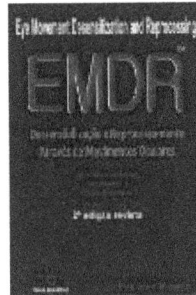

**EMDR: Princípios
Básicos, Protocolos e
Procedimentos**
Francine Shapiro, Ph.D.

**EMDR e Terapia
Familiar**
Francine
Shapiro, Ph.D.

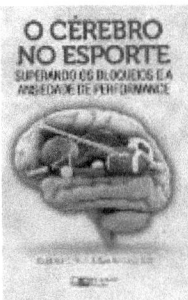

O Cérebro no Esporte
David Grand, Ph.D.

O Gêmeo Solitário
Peter Bourquin e
Carmen Cortés

**O Mensageiro
EMDR**
Tal Croitoru

**Resolva Seu
Passado**
Esly Carvalho, Ph.D.

Ruptura e Reparação
Esly Carvalho, Ph.D.

Saindo Dessa
Esly Carvalho, Ph.D.

**Terapia EMDR e
Abordagens Auxiliares
com Crianças**
Ana Gómez

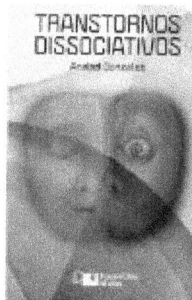

**Transtornos
Dissociativos**
Anabel Gonzalez

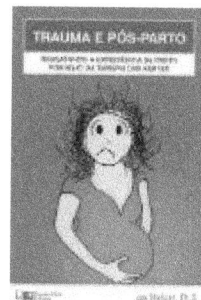

**Trauma e
Pós-Parto**
Jay Noricks, Ph.D.

**Para conhecer mais o material da TraumaClinic Edições visite
nosso site: www.traumaclinicedicoes.com.br**

**Para receber mais notícias e aviso de promoções do nosso
material, inscreva-se aqui: http://bit.ly/2wEzW2j**

www.ingramcontent.com/pod-product-compliance
Lightning Source LLC
Chambersburg PA
CBHW031424270326
41930CB00007B/560